AVANT-PROJET

D'UN

CODE DES LOIS MORALES

FONDÉ SUR LES PRINCIPES

DÉMOCRATIQUES ET SOCIALISTES

ET PRÉSENTÉ AU

CONGRÈS UNIVERSEL DES LIBRES-PENSEURS

réuni à Paris en 1889

PAR JEAN-PAUL CÉE

Prix : 1 fr. 50

PARIS
IMPRIMERIE DU PROLÉTARIAT
(ASSOCIATION OUVRIÈRE)
51, Rue Saint-Sauveur, 51

1890

AVANT-PROJET

D'UN

CODE DES LOIS MORALES

FONDÉ SUR LES PRINCIPES

DÉMOCRATIQUES ET SOCIALISTES

AVANT-PROJET

D'UN

CODE DES LOIS MORALES

FONDÉ SUR LES PRINCIPES

DÉMOCRATIQUES ET SOCIALISTES

ET PRÉSENTÉ AU

CONGRÈS UNIVERSEL DES LIBRES-PENSEURS

réuni à Paris en 1889

Par JEAN-PAUL CÉE

PARIS
IMPRIMERIE DU PROLÉTARIAT
(Association Ouvrière)
51, Rue Saint-Sauveur, 51

1890

INTRODUCTION

Le 15 septembre 1889 s'ouvrait, à Paris, le Congrès universel des Libres-Penseurs, convoqué par la Commission d'organisation élue le 15 juillet 1888.

Le 20 septembre au soir, après six jours d'un travail acharné et huit séances employées à l'analyse rapide, mais fructueuse, des questions étudiées par le Congrès, conformément au programme de ses travaux, un banquet fraternel réunissait les divers délégués des sociétés et des groupes de Paris, de la province et de l'étranger.

Après un repas pendant lequel la gaieté la plus cordiale n'a cessé de régner entre les convives, le citoyen Deluc, président du banquet, a prononcé quelques paroles parmi lesquelles se trouvent les suivantes :

Notre Congrès universel est clos. Grâce à l'ardeur infatigable, à la verve un peu endiablée de quelques citoyens que je ne nommerai pas, mais dont les noms sont sur toutes les lèvres, nous sommes parvenus à parcourir toutes les étapes de notre vaste programme. Il ne serait pas exact de dire que toutes les parties en ont été approfondies avec le soin qu'eût exigé l'importance du sujet; le temps ne l'a pas permis. Mais, et c'est là l'essentiel, sur chaque question nous avons fait une déclaration de principes absolument conforme aux idées de la Démocratie la plus avancée. Il est probable que les auteurs du programme n'espéraient pas davantage.

Ces paroles du citoyen Deluc répondaient à une préoccupation bien naturelle qui existait dans l'esprit de tous les convives. La réunion du Congrès universel, dont l'époque avait été fixée plus d'un an auparavant par la Commission d'organisation, se trouvait avoir lieu du 15 au 22 septembre 1889, c'est-à-dire pendant la semaine même qui devait précéder le grand scrutin politique du 22 septembre pour le renouvellement intégral des membres de la Chambre des Députés, celui d'où dépendait tout l'avenir de la patrie française, de son gouvernement républicain et de sa société démocratique.

L'obligation, pour les délégués de la province, de remplir leurs devoirs électoraux dans une circonstance aussi décisive, avait mis le Congrès en demeure de sacrifier deux journées, sur les huit qu'elle avait d'abord jugées strictement indispensables pour l'accomplissement de sa mission, et de clôturer ses travaux le 20 septembre au soir, au lieu du 22 qui avait été fixé en premier lieu.

D'autre part, les rapports et mémoires adressés au Congrès universel sur les dix articles de son programme étaient nombreux et importants, surtout ceux concernant l'intéressante et grave question de la morale, que le numéro 4 de ce programme présentait sous une forme des plus séduisantes pour les imaginations avides de perspectives nouvelles et progressives.

Dans ces conditions de hâte fiévreuse, de préoccupation grave causée par un avenir politique incertain, dont l'énigme allait se dévoiler dès le lendemain même, que pouvait espérer et attendre du Congrès universel un nouveau venu dans le monde de la Libre-Pensée, empêché de venir y plaider lui-même la cause pour laquelle il avait pris la plume ; sans expérience, sans relations, sans notoriété, sans le moindre titre préalable à la bienveillance et à la simple attention des juges dont il sollicitait l'appréciation ?

Mis tardivement en possession d'un programme des travaux du Congrès universel dont j'ignorais à la fois le mode d'organisation et la nature intrinsèque, j'avais été vivement frappé par l'énoncé du numéro 4 de ce programme, je m'étais mis à l'œuvre aussitôt; et dès que mon travail, à peine ébauché, m'avait paru de nature à laisser entrevoir les solutions demandées, je m'étais hâté de l'adresser au citoyen E. Pasquier, secrétaire général du Congrès, qui a bien voulu se charger, malgré la tâche écrasante qui lui incombait d'autre part, d'être mon représentant et mon répondant.

En soumettant aux délibérations du Congrès un long rapport suivi d'une longue annexe dont la simple lecture ne devait pas demander moins de quatre à cinq heures d'attention soutenue, je ne devais pas m'attendre à ce que mon travail pût devenir l'objet d'un examen sérieux et d'une appréciation raisonnée. Je ne l'avais conçu, rédigé et envoyé dans de semblables conditions qu'en raison de ma profonde ignorance du mode de fonctionnement du Congrès, et du genre de travail qui lui était accessible.

Toutefois, l'événement s'est plu à démentir la légitime inquiétude que j'avais conçue au dernier moment, lorsque j'avais pu me rendre compte des difficultés de mon entreprise.

La quatrième Commission du Congrès, en dépit de l'énorme travail dont elle était surchargée, et du temps matériellement insuffisant dont elle pouvait disposer, a pu formuler, au sujet du travail que je lui avais adressé, grâce à une rare activité et à un dévouement au-dessus de toutes les fatigues, le jugement suivant qui a été rédigé par le citoyen Allix, rapporteur :

Le numéro 1, le premier déposé pour le Congrès, est le mémoire en trois parties volumineuses de Jean-Paul Cée. Il en a été déjà parlé au Congrès par le secrétaire général et par le rapporteur.

La question de l'immoralité des religions y est longuement traitée et prouvée. L'auteur voudrait avoir du Congrès un avis favorable pour son œuvre. La quatrième Commission le lui donne complet, et s'il peut lui être utile pour favoriser la propagande de ses idées, elle est heureuse de le faire, sauf des questions de détail qui pourraient donner lieu à des discussions dans lesquelles le Congrès ne peut entrer.

L'auteur propose la réunion d'un aréopage de Libres-Penseurs, pour chercher à établir une doctrine précise et pratique, pensant que ce tribunal pourrait s'entendre mieux qu'un aréopage de philosophes, dont les esprits et les raisonnements sont par trop systématiques. L'auteur se trompe peut-être à cet égard, mais, en tous cas, ce n'est pas le but de ce Congrès de traiter de cette question un peu personnelle, et qui le réduirait à l'étude et à l'approbation d'un ouvrage ou d'un système. Le Congrès doit être lui-même une œuvre active en faveur de la Libre-Pensée en général.

En présence de cette appréciation aussi bienveillante que judicieuse, mon devoir m'est apparu tel qu'il m'était tracé par le Congrès lui-même. J'ai conclu de ce qui précède que mon travail était œuvre de propagande ou de publicité, plutôt que de discussion au sein du Congrès, et j'ai été d'autant mieux amené à cette conclusion, qu'elle se trouvait conforme à l'opinion que m'avait d'abord exprimée, à son sujet, le citoyen E. Pasquier, secrétaire général, qui avait bien voulu lire mon manuscrit, dès que celui-ci était arrivé en sa possession.

Je me résous donc à le publier, malgré l'inquiétude grave que me cause la présentation aux Libres-Penseurs d'une œuvre improvisée, trop hâtivement rédigée, faite pour ne pas dépasser les limites de l'examen d'une Commission; dépourvue, enfin, des qualités littéraires et techniques dont le sujet que j'ai osé traiter eût demandé l'emploi, et qu'une longue carrière maritime ne m'a pas permis d'acquérir.

Je devais, de plus, dans cette publication, et afin de bien marquer le profond respect que m'inspirent les déterminations du Congrès, supprimer tout ce qui m'était signalé comme pouvant être un sujet de discussion stérile ou funeste, ainsi que tout ce qui était relatif à une application immédiate des principes que j'établissais théoriquement.

Le lecteur trouvera, dans le compte rendu des séances du

Congrès universel, les parties de mon rapport qui ont paru dignes à ce dernier d'attirer l'attention des Libres-Penseurs. Ce serait faire double emploi que de les reproduire ici, et ce serait aller contre les instructions du Congrès que d'en citer des fragments autres que ceux auxquels il a bien voulu donner lui-même la publicité.

Je supprimerai donc, dans la présente publication, la totalité du texte de mon rapport proprement dit. La seule chose qu'il soit utile d'en retenir, pour l'intelligence de ce qui va suivre, c'est l'énoncé des principes fondamentaux en vertu desquels a été conçu et rédigé l'avant-projet de Code des lois morales que je soumets directement à l'appréciation des Libres-Penseurs.

Ces principes sont les suivants :

1° En dehors de la liberté, il n'existe pas d'ordre moral;

2° Le travail est la forme morale de l'activité humaine;

3° L'autorité morale réside dans l'universalité des consciences.

Le premier de ces principes est celui qu'ont formulé et proclamé les philosophes encyclopédistes du dix-huitième siècle, et duquel est issue la Révolution française. Il établit que l'homme moral ne peut être distinct de l'homme libre, puisque ce dernier est le seul qui puisse être considéré comme jouissant d'une initiative, d'une spontanéité et d'une responsabilité qui établissent sa qualité, sa mission supérieure dans le monde, sa dignité et sa noblesse, et qui légitiment l'emploi fait par le suffrage universel de ces éléments majeurs de toute action sociale pure et morale.

Le second est une nouvelle forme donnée à l'antique précepte ainsi conçu :

L'Oisiveté est la mère de tous les vices.

Il résulte, en effet, de ce dernier que le travail est le père de toutes les vertus, d'où la formule que j'ai adoptée pour les besoins de la cause démocratique et socialiste, parce qu'elle m'a paru, mieux que toute autre, mettre en relief la valeur morale du travailleur, en même temps que l'ignominie de l'oisif et du parasite.

Le troisième, enfin, n'est pas autre chose qu'une énonciation spéciale du grand principe suivant promulgué par la Révolution française :

La Souverainete réside dans l'universalité des citoyens.

L'autorité et la souveraineté ne sont, en effet, qu'une seule et même chose, dans le domaine de la conscience. Celui-là seul doit régner, qui possède l'autorité nécessaire pour exercer la souveraineté; et pour rester conforme au plus pur esprit démocratique, cette souveraineté n'existant que dans le principe du plus grand nombre, l'autorité elle-même ne peut avoir une origine différente. C'est ainsi que la conscience libre de chaque citoyen ne peut accepter d'autre règle morale que celle qui lui vient de cette autorité souveraine, comme le citoyen libre ne peut accepter aucune loi civile ou politique, en dehors de celles qui sont formulées par des assemblées législatives élues par lui, émanées de lui-même, et investies temporairement de sa souveraineté imprescriptible.

C'est grâce à ce principe que peuvent coexister l'ordre moral et la liberté de conscience, sans lesquels il ne peut y avoir de société morale; la disparition de l'ordre moral impliquant le relâchement des liens sociaux, et la suppression de la liberté de conscience ayant pour corollaire fatal la perte de toute moralité.

Ces principes étant admis par tous les hommes qui ont placé dans le triomphe de la Révolution française l'objet de leurs perspectives d'avenir; il était nécessaire, pour envisager ces perspectives, de faire une hypothèse, de concevoir une forme de réalisation de ces principes qui permît de les examiner théoriquement, dans une application pratique supposée, laquelle ne peut avoir encore de valeur intrinsèque proprement dite, et qui ne peut jouer d'autre rôle que celui de faire admettre l'utilité de la création d'un comité d'études morales, ayant pour mission d'élaborer les diverses questions traitées dans les pages suivantes, et d'en préciser les points susceptibles de réalisation.

Cette hypothèse escompte la marche du progrès dans le sens démocratique et socialiste, suivant ce qu'en ont déjà présumé les meilleurs esprits de la Démocratie, et conformément à un commencement de réalisation qui se produit dans la législation moderne. Elle préjuge de la direction que prendront les efforts des hommes de bonne volonté, dans le seul but d'étudier les conséquences possibles ou probables qui résulteraient d'une impulsion pratique dans le sens indiqué, mais sans aller au-delà.

Ces prémisses étant acceptées par le lecteur, je me plais à espérer que la présente publication pourra lui faire entrevoir une perspective d'ordre moral compatible avec l'exercice de la liberté la plus complète dont l'homme puisse jouir dans l'état de Société. J'espère, de plus, qu'elle pourra présenter quelque intérêt, non seulement pour les Libres-Penseurs, mais encore pour tous les démocrates socialistes, pour les Cercles d'études sociales; pour les vaillantes femmes vouées à l'étude et à la recherche de la libération de leur sexe; pour tous les cœurs généreux qui se préoccupent des questions philosophiques, politiques et économiques, par lesquelles notre siècle de recherches actives, de transformations incessantes est perpétuellement agité; qui répudient le passé, qui interrogent l'avenir, qui cherchent à deviner le secret de ce dernier, et qui sont désireux de joindre leurs efforts à ceux des Libres-Penseurs pour aider le progrès dans sa marche, pour préparer aux générations qui succèderont à la nôtre des perspectives de bien-être matériel et moral dont nous avons été privés.

Ces derniers trouveront sans doute, dans les pages suivantes, bien des énoncés de problèmes sociaux qui peuvent être envisagés au point de vue politique ou économique, aussi bien qu'au point de vue moral. Ils y trouveront encore bien des solutions ébauchées ou indiquées de ces mêmes problèmes, qui seront peut-être de nature à leur faire entrevoir des perspectives nouvelles, à leur laisser deviner des régions encore inexplorées où l'investigation philosophique, où la spéculation pratique trouveront sans doute quelque motif de se déployer, pour le plus grand bien du mouvement d'idées auquel donne lieu la rénovation sociale qui se poursuit et qui s'accomplit partout de nos jours, avec lenteur, il est vrai, mais aussi avec une sûreté et une continuité qui montrent bien, à celui qui les constate, la grande confiance qu'il y a lieu d'avoir dans le triomphe final de la justice devant résulter des efforts combinés de tous les champions du progrès.

C'est donc dans l'espoir que l'accueil bienveillant fait par le Congrès universel des Libres-Penseurs au résultat de mes premiers efforts, en vue d'un grand but à atteindre, sera ratifié par celui des Groupes de Libres-Penseurs, que je m'adresse directement à eux pour soumettre à leur appréciation, ainsi qu'à celle de la Démocratie socialiste tout entière, le fruit, encore bien imparfait dans sa forme, mais très mûrement conçu, des méditations de ma longue existence et de mon travail récent.

Qu'il me soit permis d'exprimer ici mes plus vifs remerciements comme ma plus profonde reconnaissance aux citoyens laborieux, à la fois intègres et indulgents, qui ont été, dans le sein de la quatrième Commission du Congrès, les juges compétents et consciencieux du volumineux dossier, dont faisaient partie les pages ci-après, confié à leur examen, et d'adresser en particulier l'hommage de ma plus affectueuse gratitude au citoyen Emile Pasquier, secrétaire général du Congrès, dont l'amitié et le dévouement m'ont été du plus précieux secours, en raison des circonstances au milieu desquelles s'est produite la présentation de mon travail à l'examen de la quatrième Commission du Congrès universel.

JEAN-PAUL CÈE.

AVANT-PROJET

D'UN

CODE DES LOIS MORALES

CHAPITRE PREMIER

DE L'HOMME ET DE LA DESTINÉE HUMAINE

L'homme est un organisme vivant qui sent, qui pense, qui aime et qui agit (1).

La vie humaine se décompose théoriquement en deux existences connexes, inséparables, l'une matérielle et l'autre intellectuelle et morale, dont on peut étudier séparément les origines, les moyens et le but, mais dont on ne peut séparer la marche et l'action unies, en vertu des lois de la nature, par un lien que la mort seule peut délier.

La vie, les sensations, les pensées, les sentiments et les actions de l'homme sont régis, soit par les lois de la nature extérieure pour l'accomplissement de ses destinées matérielles; soit par les lois de sa nature intime pour l'accomplissement de ses destinées intellectuelles et morales; les unes étant d'ailleurs inséparables des autres.

La vie matérielle de l'homme est le résultat d'une action simultanée des forces mécaniques, physiques et chimiques

(1) Cette première formule d'une morale démocratique est conçue de manière à donner la même valeur intrinsèque à l'homme qui pense et à celui qui agit; à mettre sur le même rang le travailleur intellectuel et le travailleur manuel. Elle permet, de même, de donner à la femme, dont les facultés essentielles résident dans la sensation vive et dans l'amour profond, la même valeur morale qu'à l'homme de pensée et à l'homme d'action.

régissant l'ensemble du monde, et agissant en lui conformément aux lois que la nature a établies pour l'existence et la conservation du règne animal sur la surface du globe terrestre.

La vie intellectuelle et morale de l'homme est le résultat des impulsions diverses qui sont produites sur sa volonté par ses facultés immatérielles ou internes.

La vie matérielle de l'homme est régie d'abord par les lois mécaniques, physiques et chimiques auxquelles elle est soumise; puis par les lois physiologiques spéciales qui règlent l'action des premières dans l'organisme, et enfin par les lois intellectuelles et morales qui s'exercent sur les fonctions organiques pour les assujettir à la volonté.

L'action des forces mécaniques, physiques et chimiques, agissant selon les lois physiologiques, est obligatoire et souvent inconsciente, tandis que celle des forces intellectuelles et morales est facultative, c'est-à-dire soumise aux décisions de la volonté.

C'est par l'enchaînement fatal des obligations mécaniques, physiques, chimiques, physiologiques, et par les impulsions de la volonté, que la vie matérielle et la vie intellectuelle et morale de l'homme s'unissent, sans se confondre, pour l'accomplissement simultané de ses destinées matérielles, intellectuelles et morales.

Les sensations sont les intermédiaires de l'organisme, de la pensée et de la conscience. Elles sont les points de jonction de la vie matérielle et de la vie intellectuelle et morale de l'homme. Elles résultent de l'action du sens et éveillent successivement les instincts, les appétits, les idées, les sentiments et les passions.

Les sens sont de deux sortes : matériels ou immatériels. Les premiers, générateurs des instincts et des appétits, sont nécessaires pour la conservation et la propagation de la vie matérielle. Les seconds, générateurs des idées, des sentiments et des passions, éveillent les facultés immatérielles ou internes, et ils fournissent les aliments de la vie intellectuelle et morale.

Les sens matériels sont au nombre de cinq. Ce sont : la vue, l'ouïe, le toucher, le goût et l'odorat; les trois premiers considérés comme supérieurs, et les deux derniers comme inférieurs.

Le sens de la vue perçoit la forme et la couleur des objets, lorsqu'ils sont soumis à l'action de la lumière. Il réside dans les yeux.

Le sens de l'ouïe perçoit la nature et l'intensité des sons. Il réside dans les oreilles.

Le sens du toucher perçoit la forme et la nature des objets en contact avec le corps humain. Il réside sur toute la surface extérieure de ce dernier, mais avec une puissance et une délicatesse supérieures à la surface des doigts des deux mains.

Le sens du goût perçoit la saveur des corps. Il s'applique plus spécialement à celle des substances alimentaires ou médicamenteuses. Il réside dans les muqueuses de la bouche et de ses dépendances.

Le sens de l'odorat perçoit le parfum ou l'odeur des corps. Il réside dans les muqueuses nasales.

Les sens matériels agissent sur le système nerveux. Ils y provoquent l'éveil de la sensibilité, ou faculté de sentir, que l'homme partage avec les animaux, et dont l'action interne se joint à l'action extérieure des sens matériels pour produire des sensations.

La faculté de sentir fait connaître la joie, la tristesse, la crainte, l'espérance, le désir et le regret, qui sont les premières manifestations par lesquelles l'homme se sent en possession d'un sens particulier, purement immatériel, nommé sens intime, qui met ses facultés immatérielles en relation avec le système nerveux et avec l'organe cérébral, comme les sens matériels avaient mis le monde extérieur en relation avec ce même organe.

Les sens matériels et le sens intime combinent ainsi leurs actions réciproques pour mettre l'homme en communication avec le monde extérieur, et de cette combinaison résulte le sentiment, ou conscience philosophique, qu'il ne faut pas confondre avec la conscience morale. Le sentiment proprement dit n'est, en effet, qu'une impression instinctive et spontanée causée par le sens intime, et dans laquelle la pensée n'agit pas encore, tandis que la conscience morale est le produit de la conscience philosophique ayant déjà éveillé la pensée, et appliquant cette dernière à la recherche du bien. Il ne faut pas le confondre non plus avec le sentiment affectif qui est le produit de l'amour, et dont il sera question ci-après.

Le sens intime donne l'essor à toutes les sensations internes par lesquelles la conscience philosophique et la pensée se développent, au fur et à mesure que les sensations extérieures éveillent ces facultés, et dans ses manifestations diverses il prend les noms de sens intellectuel, de sens moral ou de sens esthétique, suivant que la conscience perçoit plus particulièrement la sensation du vrai, celle du bien et du juste, ou celle du beau.

Le sens intellectuel perçoit à la fois les phénomènes du monde extérieur et les phénomènes internes de la vie intellectuelle. Il en compose la matière intellectuelle, ou l'intelligence proprement dite, qui possède la faculté de concevoir, c'est-à-dire de produire la pensée, par laquelle l'homme est apte à posséder la notion du vrai.

Le sens moral perçoit de même les phénomènes externes et internes, et il fait servir la faculté de penser déjà acquise, ainsi que les aperceptions spéciales dont il a le privilège, à la constitution de la conscience morale. Celle-ci possède la faculté de sentir (1) et de juger, c'est-à-dire de produire le sentiment moral et le jugement, par lesquels l'homme est apte à posséder la notion du bien et celle du juste.

Le sens esthétique perçoit, comme les précédents, les phénomènes du monde extérieur en même temps que ceux de la vie intellectuelle et morale, pour produire des sensations et des sentiments d'un ordre particulier qui rendent l'homme apte à posséder la notion du beau, à la définir et à la manifester.

Le sens intime, envisagé dans son ensemble, c'est-à-dire en possession des notions du vrai, du bien, du juste et du beau, engendre à son tour l'amour et la passion. Enfin, tous les divers éléments énumérés ci-dessus provoquent la volonté, et celle-ci produit à son tour l'action qui réunit, dans un même phénomène, le concours de toutes les opérations matérielles et morales dont le corps, l'intelligence et la conscience morale sont respectivement le siège, dont les sens matériels et les facultés internes sont les agents communs, et dont le point de jonction, ou le foyer central, se trouve dans l'ensemble du système nerveux, et en particulier dans l'organe cérébral.

De même que le sens intime perçoit, l'intelligence conçoit. Par la puissance de conception qu'elle doit à l'action du sens intellectuel, l'intelligence s'empare des faits; elle les cons-

(1) La langue française pourrait être légitimement accusée de pauvreté, à l'égard des idées très différentes que sont appelées à exprimer les mots : sentir et sentiment. La sensation, le sentiment philosophique, le sentiment moral et le sentiment affectif se confondent dans ces mêmes expressions, comme il arrive pour la conscience philosophique et pour la conscience morale, qu'il est nécessaire de spécifier, sous peine de confusion de langage. Il est essentiel de mettre le lecteur en garde contre les erreurs d'interprétation que peuvent produire les mots : *sentir, sentiment et conscience*, lorsque les exigences du langage ne permettent pas de les faire suivre du qualificatif spécial qui leur convient.

tate, elle les compare, et elle en fait jaillir l'idée et la pensée, d'où proviennent successivement le raisonnement, la logique, la raison et le désir de la vérité.

Le sens intime, agissant selon les inspirations particulières du sens moral, éveille la conscience morale et le jugement, d'où proviennent le sentiment du bien, ou sentiment moral, et celui du juste, lequel produit à son tour l'idée de la justice (1).

Le sens esthétique donne naissance, de son côté, au sentiment et à l'idée du beau qui est la joie de l'intelligence, en même temps que l'ornement de la pensée et de la conscience morale.

Le vrai, le bien, le juste et le beau sont les quatre produits principaux de l'activité du sens intime dans l'intelligence proprement dite, dans la conscience morale et dans le domaine esthétique. Leur ensemble constitue l'aliment majeur de la vie intellectuelle et morale, par laquelle l'homme se sent en possession de ses facultés et de l'usage qu'il peut en faire, conformément aux décisions de sa volonté.

Le désir, perçu par le sens intime comme produit immédiat de la sensibilité, et simplement instructif dans ce premier état, engendre les sentiments affectifs, c'est-à-dire l'amour et la haine, lorsqu'il est précisé par l'intelligence, fécondé par la conscience morale ou exalté par le sens esthétique.

L'amour féconde, agrandit et élève toutes les facultés intellectuelles et morales. Par lui le sentiment proprement dit, qui n'est d'abord que le produit d'une sensation, devient

(1) La conception du sens moral, existant et agissant en dehors du sens intellectuel, est la base fondamentale de toute doctrine démocratique. Si le sens moral était, en effet, une conséquence, un simple développement du sens intellectuel, ou une branche jaillissant de ce dernier, il en résulterait que la conscience morale ne serait pas autre chose qu'une forme particulière de la pensée, un mode spécial de l'intelligence; et, par suite, que l'homme de pensée pourrait seul être considéré comme un homme moral.

Or, l'expérience prouve le contraire. Elle nous enseigne que le sens moral et la conscience morale sont plus purs, et souvent plus développés, chez les hommes sans instruction que chez les lettrés et les savants; chez les hommes d'action que chez les hommes de pensée. Ce n'est pas à dire que l'intelligence et le savoir soient funestes en principe à l'élévation du sens moral, et ce serait plutôt le contraire qui serait vrai théoriquement; mais, dans la pratique de la vie, la réalité des faits établit que l'orgueil humain, exalté par la culture du sens intellectuel, obli-

affectif, manifeste des préférences, et agit ainsi sur la volonté avec une puissance de plus en plus grande.

La haine, de sens inverse à celui de l'amour, stérilise, rapetisse et avilit les facultés immatérielles de l'homme, à moins qu'elle ne s'exerce sur le faux, sur le mal, sur l'injuste et sur le laid, c'est-à-dire qu'elle ne soit une des formes de l'amour du vrai, du bien, du juste et du beau.

L'amour du vrai, d'abord instinctif, se traduit en premier lieu par la curiosité. Lorsqu'il agit sur l'intelligence, il donne à la pensée, au raisonnement, à la logique et à la raison, une force et une précision qui engendrent la science. L'amour du vrai, s'exerçant dans l'ordre des faits, conformément aux règles de la méthode d'observation, produit la certitude et la vérification, bases fondamentales de la science certaine.

L'amour du bien, d'abord instinctif, se traduit en premier lieu par la charité et par l'aumône, qui en sont les manifestations inférieures. Lorsqu'il agit sur une conscience morale éclairée, c'est-à-dire guidée par les lumières de la raison et par les enseignements de la science certaine, il se traduit par la pratique de la bienfaisance, qui n'avilit pas, comme la charité, celui qui est l'objet de ses sollicitudes. Une bienfaisance intelligente et désintéressée se fonde, en effet, sur les principes d'égalité et de fraternité dont doit s'inspirer tout homme modeste et moral, soucieux de ne pas se laisser atteindre par les vices de vanité et d'orgueil, et désireux de n'humilier aucun de ses semblables, ce qui est la meilleure manière de faire le bien et la meilleure façon de s'honorer soi-même.

L'amour du beau fait naître le sentiment de l'art, et il agit ainsi sur la volonté pour présider à toutes les manifestations littéraires, poétiques et artistiques produites par le génie de l'homme.

tère ou détruit d'autant mieux le sens moral et la conscience morale, qu'il s'unit à une plus grande finesse intellectuelle pour arriver à des fins de domination et de despotisme spirituel et moral, c'est-à-dire d'immoralité.

L'expérience prouve de plus que si la notion morale qui est innée, et qui se révèle spontanément, par le sens moral, dans la conscience individuelle de chacun de nous, est un peu vague, un peu incertaine et précaire, celle qui résulte de l'emploi du suffrage universel est au contraire très pure, très noble et très élevée. Pour arriver à une grande élévation morale, il est plus pratique et plus sûr d'agir par la condensation d'un grand nombre de consciences individuelles, que par l'affinement d'une conscience particulière, livrée aux suggestions de l'orgueil résultant fatalement d'une haute culture intellectuelle.

L'amour du vrai, du bien, du juste et du beau donne naissance à une vive impulsion de toutes les facultés intellectuelles et morales, et c'est par l'intensité de cette impulsion que l'homme sent s'éveiller son activité et sa volonté.

Lorsque l'amour prend des proportions excessives, ou lorsqu'il se soustrait à l'action de la raison qui doit en régler l'essor, il produit la passion qui agit puissamment sur la volonté, mais par des impulsions souvent désordonnées et funestes. La passion est aussi produite par le déchainement des appétits matériels, et dans l'un comme dans l'autre cas, elle est plutôt redoutable qu'utile. Cependant, lorsqu'elle s'applique au triomphe du vrai et du bien ; lorsque la puissante impulsion qui l'inspire se renferme dans l'amour exclusif du vrai, du bien, du juste et du beau, elle peut donner naissance aux sublimes manifestations du dévouement et de l'héroïsme, et elle devient alors la plus noble comme la plus puissante des facultés morales de l'homme.

La volonté, qui est la faculté essentiellement active de l'homme, concentre la puissance de toutes les autres facultés en vue de l'action qui est la manifestation suprême de la vie humaine.

La destinée de l'homme, qui est le total de ses actes, est d'autant plus élevée, d'autant plus noble, d'autant plus utile, qu'elle se compose d'actes plus conformes au vrai, au bien, au juste et au beau, c'est-à-dire de manifestations plus pures de l'emploi de la volonté.

CHAPITRE II

DE LA MORALE

La morale est la science du devoir. Elle détermine la volonté vers le bien.

Le droit est la conséquence nécessaire et immédiate du devoir. Il est même, dans certains cas, antérieur au devoir. L'un et l'autre sont corrélatifs.

La morale se manifeste par des lois qui règlent les droits et les devoirs de tout homme et de toute société. Elle se subdivise en morale individuelle et en morale sociale.

La morale individuelle règle les mœurs ; la morale sociale règle les institutions. Elles agissent et réagissent indéfiniment l'une sur l'autre et s'engendrent réciproquement.

La loi politique et la loi civile, qui ne sont légitimes que lorsqu'elles se proposent de faire régner la justice dans les relations sociales, doivent s'inspirer indéfiniment des lois morales et faire passer, dans le domaine des institutions et des mœurs, les prescriptions de la science morale qui sont devenues successivement réalisables à la suite des progrès antérieurs.

La morale est donc la base fondamentale des mœurs publiques ou privées et des institutions sociales, dans tout pays soucieux du triomphe de la justice.

La notion du juste et de l'injuste, qui préside à l'établissement de la loi politique et de la loi civile, et la notion du bien et du mal, qui préside à l'établissement de la loi morale, dérivées l'une de l'autre en vertu de ce qui précède, sont intimement liées, l'une et l'autre, à celle du vrai et du faux.

Le bien n'est pas autre chose que le produit de l'action du vrai dans la conscience ; le vrai n'est pas autre chose que le produit de l'action du bien dans l'intelligence, et inversement. De même, le juste n'est pas autre chose que le produit de l'action du vrai et du bien dans le jugement, et réciproquement.

La première de toutes les conditions que doit remplir la loi morale, pour être conçue selon le bien, est donc de se conformer à la vérité, d'où la nécessité de l'établir sur des bases scientifiques, les seules qui soient uniquement fondées sur la réalité des faits, sur l'emploi de la méthode d'observation, et qui donnent des résultats certains, vérifiables, conformes aux inspirations des consciences droites et éclairées.

La loi morale doit donc être basée, avant tou[illegible]ur la connaissance de la nature humaine. Sa conception se [illegible] de l'étude des facultés humaines, de l'expérience acquise par le jeu libre de ces facultés, et son application a pour but le bonheur individuel, ainsi que la fondation de l'ordre moral au sein des sociétés, en vue du règne de la paix et de la justice parmi les hommes..

L'observation de la nature humaine fait reconnaître d'abord, dans les actes produits par la volonté, deux grands courants qui se rapportent à deux points de vue distincts appelés égoïme et altruisme.

Un homme seul, isolé du reste du monde, comme Robinson dans son île, n'a guère à s'inspirer d'autres considérations, dans la conduite de sa vie, que des exigences de son égoïsme. Le soin de la conservation de son existence est l'argument suprême de ses actes; il légitime tout, depuis la destruction des végétaux jusqu'au meurtre des animaux ou à leur réduction en servitude. Son isolement le préserve du mal qu'il pourrait faire à son semblable, et son égoïsme de celui qu'il pourrait se faire à lui-même. Mais l'homme ne peut vivre seul, sous peine de disparaître tout entier de la surface du globe. Aussitôt que l'homme et la femme s'unissent pour fonder une famille, c'est-à-dire pour constituer le premier terme de toute société, la morale naît avec ce commencement d'"état social.

Son rôle est de restreindre l'indépendance de chacun sans nuire à la liberté des uns et des autres (1). Le devoir, qui est le produit de la morale, n'est opposé qu'à la licence, sans l'être à la liberté qu'il fortifie, au contraire, en donnant

(1) La liberté est le pouvoir de faire le bien. Il ne faut la confondre, ni avec l'indépendance, qui est le pouvoir de faire tout ce qui convient, ni avec la licence, qui est le pouvoir de faire le mal.

naissance au droit corrélatif qui est la garantie et la sauvegarde de toute liberté.

Le moraliste doit tenir compte de l'égoïsme comme d'un élément légitime à introduire dans les prescriptions de la morale individuelle, et il doit l'exclure de la morale sociale. L'homme est soumis, en effet, au double devoir de se conserver lui-même et de conserver la société dont il est membre. Le devoir de se conserver soi-même implique une part d'égoïsme; celui de conserver la société implique une part d'altruisme ou de sacrifice.

Les deux devoirs parallèles de conservation de l'individu et de la société ne doivent pas être opposés l'un à l'autre; l'individu étant directement intéressé à la conservation de la société, et réciproquement. Mais il peut arriver que le salut de la société réclame le sacrifice partiel ou total d'un ou de plusieurs individus, et dans ce cas, les individus doivent se soumettre; comme il peut arriver aussi que le salut partiel ou total d'un ou de plusieurs individus réclame le sacrifice de certaines règles sociales mal conçues, injustes ou injustifiées; et dans l'un et l'autre cas, la science morale doit prononcer, entre les intérêts individuels et les intérêts sociaux, l'arrêt qui exige le sacrifice des uns ou des autres, en vue du plus grand bien de tous. Elle doit aussi rechercher les conditions de stabilité sociale qui permettent de limiter les sacrifices réciproques au minimum irréductible.

Une loi fondamentale de la nature impose à l'homme une souffrance pour toute faute commise par lui contre le soin de sa propre conservation. Le sacrifice est un oubli volontaire de ce soin de conservation personnelle ou de l'égoïsme, en vue d'un acte de conservation altruiste ou sociale, c'est-à-dire qu'il est caractérisé par l'acceptation d'une souffrance personnelle, logique mais imméritée, en vue du bien d'autrui ou de tous. Il est donc essentiellement méritoire et il donne lieu, par la vertu de reconnaissance, à l'amour des hommes les uns pour les autres, d'où proviennent d'abord l'union et la solidarité, qui sont les éléments premiers de toute cohésion sociale; puis la fraternité, qui est le gage de la paix entre les hommes; et enfin le progrès matériel et moral, dont la société entière recueille le bénéfice.

De même que l'individu doit consentir au sacrifice de ses instincts, de ses plaisirs, de ses appétits et de ses penchants, autant qu'ils sont contraires au bien de la société, de même la société doit consentir au sacrifice de celles de ses prescriptions qui sont contraires aux intérêts des individus, toutes les fois qu'il ne doit en résulter aucun danger pour son existence et aucun dommage pour sa stabilité ; mais si la société se considère comme ayant le droit d'exiger le sacrifice de l'individu pour son salut, la réciproque est obligatoire.

Il en est de même pour les droits et pour les devoirs réciproques existant entre l'individu et la patrie. Une loi supérieure de justice, inscrite dans le fond du cœur de l'homme, lui fait sentir que lorsque le sacrifice est totalement exigible d'un côté, il doit en être de même du côté opposé. S'il est vrai qu'un marin doive périr pour le salut de son navire ou de ses compagnons, ceux-ci doivent sacrifier le navire et eux-mêmes pour le salut de l'un quelconque d'entre eux. Si le soldat doit se faire tuer pour le salut de sa patrie, la patrie tout entière ne doit pas souffrir qu'il soit touché à un cheveu d'un seul de ses enfants sans engager, pour son salut, la totalité des ressources d'où dépend son existence même. Si le citoyen doit se sacrifier pour la société, la société doit périr plutôt que de laisser dans la misère, dans l'ignorance, dans la souffrance ou dans le danger, le plus humble de ses membres.

Le sacrifice individuel en vue du bien social se nomme le devoir de l'individu. Le sacrifice social en vue du bien de l'individu se nomme le droit de ce dernier. Le sacrifice individuel, qui est le devoir de l'individu, est en même temps le droit de la société. Le sacrifice social, qui est le devoir de la société, est en même temps le droit de l'individu.

Le droit et le devoir doivent être égaux et corrélatifs en toute chose pour que la justice soit accomplie, pour que le bien de l'individu et celui de la société soient également assurés.

L'exercice du droit, sans l'obligation du devoir correspondant, se nomme despotisme ou tyrannie, et l'obligation du devoir, sans la jouissance du droit corrélatif, se nomme servitude.

La tyrannie et la servitude proviennent de la méconnaissance de la loi de sacrifice réciproque qui est inscrite dans la conscience humaine, qui est obligatoire dans le contrat social, et qui n'est autre que le principe supérieur de liberté proclamé par la Révolution française. La notion de liberté se puise ainsi tout entière dans celles de devoir et de sacrifice, hors desquelles il n'y a que licence et dissolution des liens sociaux. Quant à la tyrannie et à la servitude, elles dégradent à la fois ceux qui en sont les auteurs et ceux qui en sont les victimes.

Par une réciprocité évidente, la liberté, qui combat les tyrannies et les servitudes, est le lien social par excellence.

Elle est la source même de la loi morale et doit être son inspiratrice constante.

Il en résulte qu'une société fondée sur le principe de liberté, c'est-à-dire qu'une société démocratique et socialiste, est plus morale, en principe et en fait, qu'une société aristocratique ou théocratique fondée sur la tyrannie d'une part, et sur la servitude de l'autre. Il en résulte enfin qu'une société démocratique et socialiste ne peut vivre et prospérer sans la constitution d'une morale bien définie, bien conçue et bien obéie, sans laquelle son titre pourrait paraître usurpé, en dehors de laquelle la légitimité de ses revendications pourrait se voir constestée.

Cette dernière conclusion des considérations ci-dessus est celle par laquelle se trouvent justifiés les termes du problème posé par la Commission d'organisation du Congrès universel des Libres-Penseurs, dans le n° 4 de son programme.

L'homme vertueux est celui qui respecte et qui pratique les lois morales. L'homme vicieux est celui qui les méprise, qui les renie ou qui les élude. Il en résulte que la vertu n'existe pas en dehors de l'obéissance à la loi morale, et comme celle-ci ne peut exister sans la liberté, qui seule implique la responsabilité, la vertu n'est possible que dans une société d'hommes libres, c'est-à-dire dans une société démocratique et socialiste. Il n'appartient qu'à cette dernière, c'est-à-dire à une société puisant directement la notion du bien dans une science morale établie elle-même sur la connaissance de la vérité, de produire des hommes véritablement vertueux, parce qu'elle se compose d'hommes libres, et par suite responsables.

La vertu inspire l'estime ; le vice inspire le mépris.

L'estime de ses semblables est la juste récompense de l'homme vertueux.

Le mépris de ses semblables est le juste châtiment de l'homme vicieux.

La morale individuelle, qui règle les mœurs, doit indiquer à chaque individu les devoirs qu'il a à remplir, dans toutes les situations où peuvent le placer les exigences de la vie publique ou privée, pour que sa conservation soit assurée en même temps que la conservation sociale ; et la morale sociale, qui règle les institutions, doit déterminer les règles à observer, dans l'élaboration des lois politiques et civiles qui établissent ces institutions, pour que ces dernières soient conformes au bien des individus comme à celui des sociétés. L'une et l'autre doivent régler de même les conditions dans lesquelles doit se produire le sacrifice partiel ou total de l'individu, ou celui de la société, suivant les circonstances à prévoir ou les intérêts majeurs à sauvegarder.

Pour remplir ce double but dans des conditions pratiques, il faut que la morale individuelle et la morale sociale soient basées, toutes les deux, sur la connaissance de la nature humaine; il faut qu'elles tiennent compte de toutes les exigences de la vie individuelle et de la vie sociale, des charges qui pèsent sur chaque homme en particulier et sur chaque groupe humain, des forces individuelles ou collectives disponibles en vue du bien réciproque des individus et de la société, de ce qu'il est juste, légitime et rationnel d'attendre des bonnes volontés ou du sentiment du devoir de chacun, pour atteindre le double but du bonheur individuel et de l'ordre social, de la liberté individuelle et de la stabilité sociale.

Toute faute contre la morale sociale est la cause d'un trouble profond dans la morale individuelle. Celle-ci doit faire l'hypothèse que la Société, dont il est impossible de modifier les institutions au jour le jour, pour la satisfaction des caprices personnels de chaque individu, a toujours raison contre ces caprices. Elle doit considérer la morale sociale comme indiscutable et inviolable, et bâtir sur elle sans se préoccuper d'abord de ses variations possibles. Elle doit suivre ensuite les évolutions de la première, et harmoniser indéfiniment son action sur les mœurs avec celle que la morale sociale produit à la même heure sur les institutions.

La morale sociale est donc hiérarchiquement placée au-dessus de la morale individuelle, et elle doit être étudiée avec un soin tout spécial, avec une sollicitude proportionnelle à l'importance du rôle prépondérant qu'elle doit jouer dans les destinées humaines. Cependant, son étude ne sera pas distincte de celle de la morale individuelle, dans les pages qui vont suivre le présent exposé préliminaire. Elle y tiendra sans doute une place prépondérante, en raison de son importance que je constate dès à présent, mais les considérations morales qui doivent servir de base à l'une et à l'autre ne peuvent être différentes. Autant il me parait utile de les réunir, dans un avant-projet de code des lois morales, destiné à préciser l'ordre d'idées dans lequel devra être conçu un projet proprement dit, autant j'estime cependant qu'il sera nécessaire de les séparer dans ce projet lui-même, en vue des applications pratiques de nature diverse qu'elles comportent l'une et l'autre.

Les devoirs imposés, soit par la morale individuelle, soit par la morale sociale, peuvent recevoir les classifications les plus complexes et les plus variées. Ils sont généraux ou particuliers, personnels, familiaux, professionnels, politiques ou sociaux; différents suivant l'âge et le sexe; relatifs, soit aux facultés intellectuelles et morales, soit aux organes matériels; et ils concernent l'individu lui-même ou ses relations avec le prochain, la famille, la patrie et la société.

Pour ne pas m'égarer dans ce dédale, et afin de suivre un ordre naturel et logique dans l'énumération des droits et des devoirs qui peuvent affecter des formes variant à l'infini, j'adopterai l'ordre chronologique de la vie humaine, depuis la naissance de l'individu jusqu'à sa mort, en tenant compte, pour chaque âge successif de la vie, des distinctions établies ci-dessus.

Ce mode de classification me permettra de plus de faire d'une destinée humaine, conforme aux perspectives que fait entrevoir l'application d'une morale démocratique et socialiste, une sorte de tableau dans lequel les citoyens membres de la Commission spéciale chargée de l'examen de mon avant-projet pourront apprécier, sans recourir à un travail de déduction personnelle, combien cette application est souhaitable dans un avenir aussi rapproché que possible; et combien il est urgent, par suite, de constituer sans précipitation, mais aussi sans délai, une morale démocratique et socialiste désormais indispensable à la société moderne, en y apportant tous les soins nécessaires, mais sans perdre un instant pour en recueillir le bénéfice.

CHAPITRE III

DE LA PREMIÈRE ENFANCE

A sa naissance, l'enfant jouit d'abord du privilège, que lui confère sa faiblesse, d'avoir des droits à exercer avant d'avoir un devoir quelconque à remplir. Cependant, ce droit primordial ne vient pas seulement de sa faiblesse; il est dû aussi à ce que sa naissance n'est pas un acte libre de sa part, mais plutôt une force majeure qu'il subit.

N'ayant aucune responsabilité dans cet acte, c'est à ceux qui l'ont provoqué, à la mère de l'enfant d'abord, puis à son père, et enfin à la société qui a réglé les conditions de l'union des époux, qu'il appartient de remplir, chacun en ce qui le concerne, les devoirs dont ce droit primordial est corrélatif.

Nous trouvons ici une première application du grand principe fondamental de la morale démocratique et socialiste, que la liberté est la source de tout ordre moral. En effet, sans liberté, pas de responsabilité; et sans responsabilité, pas de devoir. Voilà ce que la morale individuelle proclame pour établir le droit de l'enfant; droit formel, absolu, puisqu'il doit s'exercer quoi qu'il puisse arriver; droit tout aussi légitime lorsque l'enfant est chétif, malingre, infirme, incapable de restituer plus tard, à la famille et à la société, ce qu'il en aura reçu, que lorsqu'il est viable, bien constitué, et lorsque sa destinée doit s'accomplir intégralement.

Mais la morale sociale intervient, avec ses légitimes exigences, pour corriger ce que l'exercice d'un droit, sans celui du devoir corrélatif immédiat, pourrait apporter de trouble dans l'esprit, si l'on s'en tenait aux seules considérations que fait envisager d'abord la morale individuelle.

La morale sociale nous enseigne, en effet, que les devoirs corrélatifs du droit absolu de l'enfant existent et s'imposent, mais en faisant observer que leur application n'est pas immédiate. Ces devoirs se répartiront sur les diverses périodes de la vie humaine, dans les situations multiples qui se présenteront dans la destinée de cet enfant devenu adulte et majeur, et ils seront exigibles, bien moins comme corrélatifs du droit exercé par l'enfant, sans quoi le principe de son irresponsabilité dans le fait de sa naissance serait faussé, sans quoi l'infirme incurable n'aurait aucun droit aux bienfaits familiaux et sociaux, que comme résultant du droit de la famille et de la société à la conservation de leur existence, à laquelle celle de l'individu lui-même est liée.

Les devoirs corrélatifs des droits de l'enfant pourront encore être considérés, lorsqu'ils seront exigibles à l'âge des responsabilités effectives et obligatoires, comme la conséquence d'un acte libre, de l'union conjugale spontanée, voulue par les adultes majeurs, responsables et libres, consacrée par leur choix réciproque, et dans lequel la morale sociale puisera le droit d'injonction, vis-à-vis de l'homme et de la femme, des devoirs qu'ils auront à remplir à leur tour envers les enfants issus de leur union.

La corrélation des droits des enfants et des devoirs similaires qu'ils auront à remplir plus tard, lorsqu'ils seront adultes, doit donc être conçue plutôt comme le fruit d'une simple réciprocité que comme celui d'une dérivation directe. Elle se fondera encore sur ce que nul ne peut se considérer comme libre sans posséder les droits qui garantissent sa liberté, et sur ce que ces droits eux-mêmes ne peuvent être acquis que par l'acceptation et l'accomplissement des devoirs corrélatifs.

Mais, quelle que soit la filiation théorique des droits de l'enfant et des devoirs de la famille et de la société, les uns et les autres n'en sont pas moins formels et impérieux, en vertu des droits à l'existence des uns comme des autres ; l'enfant, la famille et la société ayant, chacun de leur côté, le droit de vivre, de se développer et de se propager.

Cependant, l'enfant sera mis à même, de bonne heure, de faire l'apprentissage du devoir dont le sentiment doit être éveillé en lui le plus tôt possible. Dès que les premières manifestations de la pensée et de la conscience morale apparaîtront chez l'enfant, elles se traduiront par le besoin, que lui inspire la nature, de sourire à sa mère et à son père, de leur rendre leurs caresses, et de leur exprimer, dans son premier babil enfantin, sa joie de vivre et sa reconnaissance des services rendus. Cependant, si la conscience individuelle naissante ne suffit pas à le lui indiquer, la morale individuelle doit enseigner à l'enfant, aussitôt que celui-ci est à même de recevoir un enseignement quelconque, le devoir de se montrer affectueux pour ses parents, reconnaissant des soins qu'il leur doit, et respectueux de leur autorité. Elle lui fera comprendre ensuite que la société a autant de droits que la famille à son amour, à son respect, à sa reconnaissance et à sa soumission, puisque la sécurité dont il jouit, ainsi que les ressources consacrées aux soins de son existence et aux progrès de son développement, sont l'œuvre même de la société, de son activité et de sa stabilité.

L'énoncé successif des devoirs qui résultent de l'idée de réciprocité, à laquelle conduisent les considérations précédentes, devra se faire, dans la morale individuelle, conformément aux indications correspondantes de la morale sociale, au fur et à mesure qu'il y aura lieu d'envisager les diverses situations que la destinée humaine réserve à l'emploi des facultés individuelles. Dès le début cependant, il est essentiel de légitimer le point de vue auquel se placera la morale sociale, lorsqu'elle exigera de l'adulte l'exécution des devoirs corrélatifs aux droits de l'enfance, ainsi qu'il a été dit ci-dessus, sans toucher au principe d'irresponsabilité dont l'enfant a eu d'abord le bénéfice.

Il est évident, en effet, que l'enfant devenu adulte n'a pas pu s'acquitter, vis-à-vis de la famille et de la société, des soins, de l'affection, de la sollicitude et des sacrifices des uns et des autres, en leur en exprimant simplement sa reconnaissance. S'il se bornait à cela; s'il se considérait, à partir du jour où il a accompli ce premier devoir élémentaire, comme dégagé de toute obligation ultérieure; si la famille et la société n'avaient rien de plus à lui demander que l'hommage de ses sentiments de gratitude, non seulement l'une et l'autre seraient menacées dans leur existence même, par le fait de cet enfant dans l'intérêt duquel ont été faits les sacrifices antérieurs, ce qui donnerait à ce dernier un rôle d'ingratitude que la morale doit flétrir; mais la justice et la morale seraient encore blessées par le seul exercice des droits de l'enfant bien constitué, sans réciprocité effective des devoirs similaires que représentent les premiers.

La morale supérieure, celle dans laquelle se confondent et s'harmonisent les considérations individuelles, familiales et sociales, enseignera en effet à l'adulte que la famille et la société, en exigeant de lui l'accomplissement des devoirs corrélatifs aux droits exercés pendant l'enfance, n'excéderont ni leur droit de conservation, ni celui de la justice intrinsèque. Elle lui démontrera qu'il est le débiteur de la famille et de la société, tant qu'il n'aura pas rempli à son tour, vis-à-vis d'enfants issus de sa chair, les devoirs que sa mère et son père ont rempli à son égard; tant qu'il n'aura pas participé à la sécurité de la génération ultérieure, comme ceux qui l'ont précédé dans la vie ont assuré la sienne. Elle lui prouvera que le premier devoir du jeune garçon arrivé à l'âge d'homme est d'accomplir le devoir militaire, en vertu de la corrélation qui existe entre ce devoir et la sécurité dont il a joui étant enfant, et que celui de la jeune fille est de remplir le devoir de maternité auquel elle doit sa propre existence.

Le sacrifice consenti par le jeune homme, en se rendant sous les drapeaux, sera le produit de la légitime exigence de la société pour sa conservation, en même temps que le devoir corrélatif dont je viens de parler, et le devoir maternel de la jeune fille sera le seul qui ait une corrélation directe et immédiate avec les droits qu'elle a exercés en venant au monde, ce qui donne au devoir militaire et au devoir maternel, pour le jeune homme et pour la jeune fille, une importance morale telle qu'en dehors de leur accomplissement, toute morale est foulée aux pieds.

Les soins qu'ils ont reçu l'un et l'autre, en vertu de leur droit primordial d'enfants, et les ressources tenues en réserve par la famille et par la société pour subvenir à leurs besoins, ne trouveront que dans les soins qu'ils donneront à leur tour à leurs propres enfants, et dans les ressources correspondantes qu'ils créeront plus tard par leur travail, l'application du devoir corrélatif qui leur incombe; et la soumission, l'amour, le respect, la reconnaissance qu'ils auront le droit d'exiger de leurs enfants, seront la consécration du droit correspondant au même devoir qu'ils ont rempli, étant enfants, vis-à-vis de leurs parents.

Des considérations analogues légitimeront les droits acquis par les vieillards, en vertu des devoirs accomplis pendant la durée de leur vie active.

Les considérations qui précèdent sont applicables à toute constitution quelconque de la famille et de la société; que la première soit monogame ou polygame; que la seconde soit démocratique, aristocratique ou théocratique; mais elles ne pouvaient être formulées que par une morale démocratique et socialiste, la seule qui s'inspire véritablement d'un sentiment de justice, ainsi que le démontrent les institutions du passé; la seule qui puisse faire entrer, dans les institutions et dans les mœurs, les applications des grands principes d'égalité et de fraternité. Les vieilles institutions des sociétés en voie de décomposition étaient basées, en effet, sur l'abandon de la famille et sur le mépris du devoir militaire par les membres des divers clergés, sur l'oubli de tous les devoirs familiaux, patriotiques et sociaux, par ceux-là mêmes qui élevaient la prétention d'imposer aux autres leur morale, alors qu'elle était basée sur la glorification de leurs turpitudes et de leur ignominie.

Quelles que soient les institutions et les mœurs, l'enfant a donc le droit absolu de recevoir, de la famille qui l'a engendré, et de la société dont cette dernière fait partie, les soins que réclame sa faiblesse, la nourriture que réclame son existence, et les moyens de développement que réclame sa destinée. La morale individuelle se borne donc, pour l'enfant lui-même, à un petit nombre de prescriptions impérieuses, mais simples, qui se résument dans les quelques mots suivants : Droit absolu de l'enfant aux soins, à la nourriture, et aux moyens de développement que peuvent lui procurer la famille et la Société. Devoir impérieux d'obéissance, de respect, d'amour et de reconnaissance, de la part de l'enfant, envers la famille et envers la société ; quels que soient le mode et le principe de ces institutions.

Mais si la morale individuelle est à la fois simple et précise, en ce qui concerne la première enfance, la morale sociale est appelée à résoudre, à propos de l'enfant, les problèmes les plus redoutables.

Le meilleur mode de constitution de la famille est le plus grave et le plus difficile de ces problèmes. Il a reçu jusqu'ici diverses solutions qui n'ont produit que de médiocres résultats. La monogamie consacrée par le mariage civil et religieux, qui est celle dont nous avons sous les yeux le spectacle le plus fréquent, n'a jamais pu exister qu'avec le concours du hideux fléau de la prostitution officielle, dont la loi civile consacre et protège l'existence, dans la crainte de fléaux plus terribles peut-être que ceux qui lui sont dûs, et auxquels le mariage donnerait lieu, si elle était supprimée.

Des philosophes, des savants qui ont traité cette question avec une grande sincérité, ont attribué la prostitution officielle à la misère. Il y a du vrai dans cette appréciation, mais la misère toute seule, bien qu'elle soit un des facteurs importants de ce genre de prostitution, n'en est pas la cause essentielle. Des populations profondément misérables, comme il en existe dans les campagnes stériles, dans les montagnes peu productives, ne connaissent pas la prostitution proprement dite, et ne lui fournissent aucun contingent. Il est plus exact d'affirmer qu'elle est le produit de trois éléments combinés, dont le premier est la misère, le second, la richesse oisive, avec tous les vices qu'elle implique, et le troisième le mariage monogame.

La preuve en est fournie par les résultats indiscutables de l'expérience et de la statistique. Dans tous les pays de la terre et à toutes les époques de l'humanité, la prostitution officielle a toujours vécu dans les villes, et surtout dans les grandes villes, c'est-à-dire dans les centres communs de la plus grande misère et du plus grand luxe, où la richesse oisive trouve la possibilité de satisfaire ses vices, et seulement dans les villes où règne le mariage monogame, civil ou religieux, tandis qu'elle n'existe pas et qu'elle n'a jamais existé dans les campagnes, non plus que dans les villes où la richesse oisive vit conformément aux traditions de la famille polygame.

Rome a toujours été la ville du monde où la prostitution a fait le plus de victimes, bien que les gouvernements pontificaux qui s'y sont succédés l'aient tolérée sans la reconnaître officiellement. Londres, Vienne, Berlin, Paris, et quelques autres capitales en sont infestées, tandis que Constantinople, Salonique, Smyrne, Alexandrie et Le Caire ne la connaissent pas, ou ne la voient se produire timidement que dans les quartiers européens, c'est-à-dire partout où règne le mariage monogame.

D'autre part, si parmi les victimes de la prostitution officielle, il est facile d'en trouver que la misère ait réduites à cette hideuse condition, beaucoup d'autres y ont été poussées par les vices qu'engendre l'oisiveté ; et parmi celles qui abritent leur infamie sous l'excuse de la misère, il serait sans doute facile, en faisant une enquête minutieuse et impartiale, de constater que cette excuse n'est pas aussi valable qu'on veut bien le dire. La misère est une excuse commode beaucoup plus qu'un motif déterminant, dans un grand nombre de cas ; et les vrais coupables sont surtout l'oisiveté et la richesse, d'une part, et le mariage monogame de l'autre.

Il faut, du reste, ajouter que le mariage civil et religieux est une institution immorale à d'autres points de vue, surtout en ce qu'il supprime la liberté. Il se fonde en effet sur des serments, sur des engagements dont toute liberté ultérieure est bannie; et il produit ainsi une sorte de prostitution légale de la femme, toutes les fois que celle-ci se trouve liée à un homme dont elle subit les caresses en dehors de son plein assentiment.

L'innocence de la jeune fille, résultat problématique, et d'ailleurs insignifiant, de l'éducation toute d'hypocrisie et de mensonge qu'elle reçoit dans les couvents, offerte comme prime et comme appât aux passions sensuelles du jeune homme déjà blasé par les moyens ordinaires de la luxure et de la prostitution officielle, telle est l'entrée en matière, tel est le préambule du mariage contemporain, religieux et civil.

Qu'un vieillard épouse une jeune fille de quinze ans, ni la morale religieuse ni la loi civile ne protesteront, ne feront la moindre opposition à cette monstruosité, à ce crime; et elles s'y associeront sans le moindre scrupule, parce qu'elles sont absolument inconscientes de la différence qu'il y a entre la liberté et la licence, entre le bien et le mal, entre la liberté, qui est le pouvoir de faire le bien, et la licence qui est le pouvoir de faire le mal.

Dans le cours ordinaire de la vie conjugale, la contrainte matrimoniale produit de plus une prostitution légale au sein de la vie commune et intime, prostitution aggravée par ce fait que la femme ne possède aucun droit, aucune garantie, et que tout, pour elle, dépend d'un mari à qui elle est forcément amenée à prodiguer des caresses intéressées, et qu'elle s'habitue ainsi à exploiter et à tromper, aux dépens de sa propre dignité comme de celle de sa victime. Cette prostitution légale est d'ailleurs parfaitement admise en principe; elle est parfaitement acceptée par la famille et par la société modernes, puisque la jeune fille est censée ignorer, lorsqu'elle prononce les serments matrimoniaux, la nature des engagements qu'elle contracte envers son fiancé, et que sa révolte ultérieure contre eux est une éventualité dont il faut absolument tenir compte pour rester dans le vrai.

La contrainte matrimoniale produit enfin une prostitution officielle en dehors de la famille, et cette exigence de l'ordre familial moderne implique de vrais sacrifices humains, analogues à ceux qui furent pratiqués aux époques de la plus extrême barbarie.

L'alliance de la monogamie avec les servitudes matrimoniales est escortée, de plus, par des crimes tels que la séduction, le viol et l'adultère, dont le meurtre est parfois la conséquence d'autant plus grave qu'il est amnistié par la loi civile, dans le cas d'adultère.

Tel est le bilan de ce que nos aïeux ont trouvé de mieux pour fonder et garantir l'ordre moral dans la famille: tel est le cortège d'horreurs et d'infamies qui fait envisager le mariage monogame, civil et religieux, par le moraliste indépendant, scientifique, démocrate et socialiste, avec une sévérité que justifient trop l'expérience, l'étude de l'histoire et la réalité des faits contemporains.

La polygamie, de son côté, bien que ne donnant lieu à aucun des crimes imputables au mariage monogame, n'est pas sans présenter de graves inconvénients. Elle supprime, il est vrai, les horreurs de la prostitution officielle ou extérieure, en donnant à l'homme la pleine satisfaction des besoins dépendant de ses facultés viriles, que la nature a faites en lui de plus longue durée que les facultés génératrices de la femme, mais elle donne naissance aux servitudes du harem, ainsi qu'à l'avilissement qui en résulte pour la femme privée de toute liberté, exempte par suite de toute responsabilité, et dépouillée ainsi de tout pouvoir pour le bien.

La polygamie, qui supprime la prostitution extérieure, consacre donc et généralise la prostitution intime de la femme, en la parquant dans le harem où nulle ne peut lui échapper, tandis que la monogamie comporte parfois quelques exceptions à cette fatalité, et il n'y a pas lieu, pour la science morale, d'exprimer pour la première une préférence bien marquée.

D'un côté comme de l'autre, la femme est asservie et avilie, et l'éducation des enfants s'en ressent.

Les sociétés aristocratiques et théocratiques, se basant sur ces servitudes et sur ces avilissements, en vue du triomphe de leurs appétits de domination, n'ont jamais sérieusement réagi contre des fléaux dans lesquels elles puisent le principe même de leur vitalité; mais une société démocratique et socialiste, soucieuse de morale pure et de justice effective, doit se préoccuper de placer la femme, la mère et l'enfant, dans des conditions d'affranchissement qui garantissent leur existence, leur liberté et leur moralité, si elle veut mériter la confiance et l'amour de celles et de ceux qui ont placé dans son avènement l'objet de leurs plus chères espérances.

Cet affranchissement n'a jamais existé jusqu'à présent dans les institutions sociales proprement dites. Cependant il existe partiellement dans les mœurs modernes, comme privilège de la fortune. Une jeune fille riche peut, dans de certaines limites, épouser l'homme de son choix, ce qui lui permet, si les réalités de la vie commune ne détruisent pas en elle des illusions antérieures, d'échapper à la prostitution légale que je viens de signaler. De plus, si elle possède des ressources dotales suffisantes pour subvenir à ses propres besoins, ainsi qu'à ceux de ses enfants, et si ces ressources ont été solidement garanties contre toute éventualité de dilapidation conjugale, elle pourra affronter l'abandon de l'époux, la séparation de corps et le divorce, sans que ces calamités lui causent aucun préjudice grave, sans qu'elles l'atteignent dans aucune des exigences fondamentales de sa libre destinée.

La science morale trouvera dans cet exemple une précieuse indication. Elle peut déjà formuler, grâce à la considération ci-dessus, et conformément à des faits réels, bien constatés, connus de tous, que l'affranchissement de la femme consiste dans la possession de ressources propres, d'une dot nécessaire à la satisfaction de ses propres besoins et de ceux de ses enfants, ainsi que dans la suppression des serments et des engagements quelconques, tendant à perpétuer indéfiniment les souffrances des malheureux époux rivés à un joug odieux, lorsque leurs cœurs ou leurs caractères ne peuvent pas sanctionner les servitudes acceptées dans une heure de jeunesse, d'illusion ou de folie. Mais, après avoir établi ce premier point, elle est obligée de constater que l'immense majorité des femmes est en dehors de ce privilège, ce qui lui impose le devoir, pour être fidèle aux principes démocratiques et socialistes, de rechercher les moyens d'en généraliser les bénéfices.

Dans une société démocratique et socialiste, en effet, dans une société fondée sur les principes d'égalité et de fraternité, aucun des privilèges de naissance ou de fortune qui ont rendu immorales les sociétés aristocratiques ne doit subsister; toutes les mères doivent être mises en mesure d'élever convenablement leurs enfants, tous les enfants doivent être mis en possession des éléments constitutifs d'une destinée normale.

Il arrive souvent, dans les sociétés modernes, que la mère pauvre ne dispose d'autres ressources, pour elle et pour ses enfants, que de celles qui proviennent du travail du père. Mais si ces ressources deviennent insuffisantes, ou si le chômage, la maladie ou la mort viennent plonger la famille dans la misère, quelles mesures a prises jusqu'ici la société pour venir au secours des déshérités de la fortune ou des victimes du malheur? Il faut le dire à la honte des sociétés aristocratiques et théocratiques: non seulement elles n'ont jamais pris aucune mesure efficace pour soulager les familles plongées dans l'infortune, mais encore elles ont exploité la misère, sous le manteau d'une hypocrite charité, pour obtenir certaines capitulations de conscience et de dignité; et ces concessions, arrachées à la misère, ont été les sources les plus fécondes de la démoralisation publique, de l'asservissement matériel et moral des populations.

De là sont nées les diverses sortes de mendicité; de là proviennent les parasitismes immoraux qui ont rongé de tout temps les sociétés, comme une lèpre contractée par l'emploi des morales religieuses directement intéressées à ce que la mendicité se perpétue pour le principe, pour ce que les clergés considèrent comme le bon exemple, pour le plus grand profit des caisses sacerdotales et des prébendes ecclésiastiques. De là sont issues les capitulations de fierté des prolétaires, sur lesquelles une aristocratie orgueilleuse et criminelle, mais habile, fonde ses classifications sociales et le triomphe de ses revendications despotiques.

La société a-t-elle le droit de rester impassible devant de tels spectacles? N'a-t-elle pas le devoir impérieux d'intervenir pour empêcher que la misère précipite un homme et une femme, qui n'ont que de bons instincts, qui ne demandent qu'à se conformer aux exigences des lois morales et des lois civiles, dans un abîme où sombreront leur conscience et leur vie morale tout entière; pour empêcher que le père et la mère d'une nombreuse famille soient écrasés sous le fardeau de leurs bonnes mœurs, dont leurs enfants sont le témoignage? Ne doit-elle pas éviter ce scandale que de deux familles, s'il en est une se conduisant conformément aux lois morales, dans laquelle la vie régulière et l'honnêteté des sentiments ont eu leurs résultats naturels, c'est-à-dire un grand nombre d'enfants, et une autre dans laquelle le vice, la débauche et l'inconduite ont produit la stérilité; c'est la famille morale qui souffre, qui est dans la misère, qui est vouée au désespoir, tandis que l'autre jouit d'une abondance relative?

La morale sociale peut-elle admettre que c'est la famille donnant à la société le secours de ses nombreux enfants qui tendra vainement vers elle ses bras confiants, et qui, ployée sous le faix, sera obligée de conclure que les honnêtes gens sont dupes ici-bas, et que, dans la vie réelle, le vice est récompensé et la vertu punie? Et si ces désespérés se soulèvent contre la société ingrate et marâtre, que pourra arguer cette dernière pour protester contre leurs violences?

La science morale a ici un grand et noble rôle à jouer. Elle doit signaler à la société les fautes qu'elle commet; elle doit lui faire voir et sentir qu'elle est la cause première des souffrances et du désespoir des malheureux, et elle doit enfin lui indiquer la marche à suivre pour faire son devoir envers les familles pauvres, afin d'avoir le droit d'exiger des misérables les mêmes sacrifices que ceux qu'elle demande aux riches et aux puissants.

Si la société n'intervenait pas, à toute heure, dans la vie privée des individus, pour réclamer le secours des enfants devenus adultes, et du père lui-même pendant toute la période de virilité et de maturité de ce dernier, pour exiger des uns et des autres l'accomplissement du devoir militaire, le paiement de l'impôt, et toutes les obligations de travail, de soumission aux lois, de sujétion aux autorités constituées, etc., qui pèsent parfois d'une manière si lourde sur le bien-être des familles, peut-être pourrait-elle, en se plaçant au point de vue des intérêts égoïstes, et en négligeant le côté purement moral de la question, arguer de son indifférence pour des souffrances dans lesquelles elle n'aurait aucune part et qui ne seraient pas de son ressort. Mais c'est le contraire qui a lieu; mais c'est la société elle-même qui, par ses exigences multiples, est souvent la cause première des privations et des souffrances sous lesquelles le père se désespère dans son impuissance, la mère succombe et l'enfant est abandonné.

Dès lors le devoir de la science morale est impérieux. Elle doit élever la voix; elle doit se faire entendre de tous. Elle doit proclamer bien haut que la société doit venir au secours des familles, proportionnellement aux charges qui pèsent sur ces dernières, et elle doit faire comprendre que ce devoir est indiqué, non seulement par la loi morale, dont les habiles de ce monde croient pouvoir se passer pour leur propre usage, mais encore par le bon sens le plus vulgaire, par le simple instinct de l'intérêt bien entendu.

Or, la seule chose qui puisse garantir sérieusement l'existence et l'indépendance de la mère et des enfants, êtres faibles, incapables de se procurer par eux-mêmes les ressources les plus indispensables, est une dotation, un pécule indépendant du travail du père, placé sur la tête de la mère, garanti contre toute déprédation ou spoliation, inaliénable, incessible et insaisissable, mis à l'abri de toute dilapidation possible.

La société doit donc fournir cette dot, ce pécule; et même dans le cas où elle ne connaîtrait pas de moyen pratique pour arriver à l'accomplissement de ce devoir, la morale sociale devrait le lui désigner, le lui recommander, sans cesse et sans relâche, parce que la loi du bien doit prévaloir parmi les membres de toute société qui se respecte, et qui veut être respectée lorsqu'elle le mérite. La société devrait donc rechercher avec ardeur le moyen de remplir ce devoir, jusqu'à ce qu'elle l'ait découvert, et elle devrait ensuite poursuivre sa réalisation jusqu'à ce qu'elle l'ait rempli, afin de mettre sa responsabilité à couvert, afin de n'avoir pas à rougir de son impuissance et à en subir les conséquences: afin de donner aux individus l'exemple de l'accomplissement de ses devoirs envers eux, et de pouvoir exiger légitimement l'accomplissement des devoirs réciproques, lorsqu'elle l'imposera au nom de la loi morale et de la loi civile.

Mais ce moyen pratique se peut concevoir facilement, et il est d'une extrême simplicité. Je ne me hasarderais cependant pas à le signaler à l'attention des hommes encore imbus des préjugés du passé, parce que je sais d'avance qu'il provoquerait, de la part de ces derniers, des objections intéressées et des résistances insurmontables; mais dans un milieu de démocrates socialistes et de Libres-Penseurs, dans un monde où le souci de la justice, de la vérité et de l'honnêteté prime celui des intérêts matériels, où le sacrifice, le dévouement et l'abnégation sont considérés comme plus méritoires que les vaines gloires de l'orgueil et de la puissance, je pense pouvoir en parler sans qu'il y soulève de trop vives appréhensions.

D'ailleurs, je ne le considère nullement comme obligatoire, et tout moyen quelconque remplissant le but moral que je viens d'indiquer, présentant un caractère plus pratique que celui dont je vais dire quelques mots, obtiendrait mon plein assentiment, aussitôt que j'en aurais reconnu les chances d'efficacité.

La richesse publique peut se décomposer en trois branches principales qui sont : le travail, les instruments de travail et le capital; ce dernier étant considéré comme le produit du travail accumulé par les aïeux et transmis à notre génération par celles qui l'ont précédée.

Or, la femme ne peut se livrer à un travail rémunérateur quelconque sans porter atteinte à l'accomplissement de ses devoirs familiaux et maternels; sans que l'enfant, dont elle a le devoir strict de surveiller incessamment la frêle existence, ainsi que le développement physique et moral, souffre dans sa destinée tout entière d'une insuffisance de sollicitude effective, et sans que la société elle-même se trouve ainsi atteinte dans ses sources vives; donc le travail rémunérateur lui est interdit, donc les instruments de travail lui sont inutiles, donc le capital peut seul lui procurer ses légitimes moyens d'existence.

L'homme, au contraire, est armé pour le travail, soit par l'instruction professionnelle, dont sa famille et la société ont le devoir de le munir pendant sa jeunesse, soit par les forces viriles dont la nature l'a doué, soit par l'indépendance personnelle que lui assure son rôle spécial dans l'acte de la génération.

Lorsque l'homme peut disposer du capital autrement que

comme d'un instrument de travail ; aussitôt qu'il en a la jouissance au lieu du simple maniement, l'expérience prouve qu'il est, entre ses mains, une arme à deux tranchants, dangereuse et perfide, produisant facilement l'oisiveté et tous les vices qui en sont la conséquence. Il est donc rationnel, il est juste, il est moral, il est honnête et pratique, légitime et bon que la société fasse, ainsi qu'il suit, la répartition de la richesse publique :

A l'homme le travail et les instruments de travail, et à la femme le capital.

En d'autres termes, la société doit modifier les lois de succession, de manière à retirer à l'homme la jouissance et la possession du capital créé par les générations antérieures, pour donner cette jouissance et cette possession à la femme, à la mère, qui l'emploiera à sa propre subsistance et à celle de ses enfants ; et, par cette nouvelle destination, elle en fera un emploi utile et moral.

Je ne puis entrer ici dans l'énumération des mille détails d'organisation que comporte la conception dont je viens d'indiquer, en peu de mots, le principe fondamental ; mais, pour les imaginer et les faire passer au rang des choses pratiques, il suffirait de trouver, dans les législateurs civils, une bonne volonté dont la source ne peut provenir que d'un ardent amour de la démocratie socialiste, de la justice et de la vertu.

Il appartient à la législation civile de répartir par voie d'hérédité, ou par tout autre moyen qu'il lui conviendra d'employer, les diverses ressources de la fortune publique. A l'homme elle donnera la charrue, le champ, l'usine, la mine, l'outil, le navire, etc. A la femme elle donnera la maison d'habitation, la rente, les valeurs mobilières et immobilières dont les marchés financiers opèrent le trafic, en ayant soin d'exiger que leur placement sur la tête de la mère soit forcément nominatif.

L'homme sera mis ainsi dans l'impossibilité de posséder entièrement tout autre capital que celui qui sera le produit de son activité personnelle, de sa propre industrie : et cette activité, cette industrie n'en seront ainsi que plus surexcitées, que mieux encouragées et plus utilement employées.

Cette répartition plus équitable de la fortune publique ne pourra d'ailleurs porter aucune atteinte au bien-être des individus. Le travail, les instruments de travail et les capitaux se retrouveront ainsi tout entiers, avec leurs privilèges et leur concours réciproque, dans la vie de famille où ils seront dès lors la source d'une prospérité de bon aloi, les générateurs de puissants moyens d'action dont la société bénéficiera autant que la famille, selon les enseignements classiques de la science économique. Les capitaux seront ainsi ce qu'ils doivent être : les associés du travail et des instruments de travail, dans la famille et pour la famille, au lieu d'être les excitateurs de l'oisiveté et du vice, en dehors d'elle. Ils seront les soutiens de l'industrie du père, les garanties de l'existence de la mère et des enfants, et leur emploi fructueux n'en sera que mieux assuré et plus moralement distribué, sans que personne en souffre, sauf peut-être les débauchés et les oisifs, les égoïstes et les célibataires, les parasites et tous ces gens que l'on rencontre, soit sur les champs de courses ou dans les maisons de jeu, soit dans les cloîtres et dans les temples, et dont la démocratie socialiste n'a pas à se préoccuper, n'ayant pas le souci, comme les sociétés aristocratiques et théocratiques, de cultiver les vices, de favoriser les corruptions sociales, de régner sur l'avilissement des mœurs, des caractères et des consciences.

Je ne développerai pas davantage, pour le moment, la conception à la fois morale et pratique dont je viens de donner un premier aperçu. J'en reprendrai l'exposition et la justification, lorsque j'aurai mis en relief de nouvelles considérations morales, tirées de points de vue nouveaux, qui se joindront à celles que je viens d'invoquer pour en recommander l'emploi.

La valeur morale des arguments ci-dessus est d'ailleurs indépendante des moyens pratiques à adopter pour remédier efficacement aux souffrances signalées. Il suffit à la science morale, qui n'a pas à s'immiscer dans les moyens d'application, ceux-ci étant du domaine de la législation civile, et qui doit rester dans la région sereine des principes, sous peine de déchoir ou d'empiéter, de signaler le devoir impérieux, pour la société, de doter la famille et les faibles, c'est-à-dire la femme, la mère et l'enfant, des ressources qui doivent garantir leur existence, leurs moyens de développement et leur indépendance ; et si je me suis laissé entraîner à sortir du sujet spécial que je traite dans cet avant-projet, c'est que j'ai voulu rassurer les citoyens, membres du Congrès, contre toute appréhension de nature à leur faire supposer que le législateur civil, mis en demeure par la conscience publique de réaliser le but moral que je viens d'indiquer, serait impuissant à faire passer dans le domaine de la pratique, les résultats de l'investigation théorique et morale.

Quel que soit d'ailleurs le système social en vigueur, quel que soit le principe adopté pour l'union des sexes et pour la constitution de la famille, le premier droit de l'enfant est celui qui se rapporte aux soins et à la nourriture dont il a besoin. Ce droit répond à divers devoirs qui incombent d'abord à la mère, conformément aux lois de la nature, puis au père dans la mesure de ses ressources et de son pouvoir, et enfin à la société pour ce qui la concerne.

Ces soins et cette nourriture doivent être donnés conformément aux indications et aux prescriptions de la science hygiénique. La science morale n'a pas à intervenir directement dans la question spéciale technique, mais elle a le droit et le devoir d'unir ses efforts à ceux de l'hygiène pour agir sur les volontés individuelles, de manière à éviter des dommages sérieux, des fautes contre la santé qui sont en même temps des fautes contre la morale, telles que les complaisances conjugales de la mère, pendant la période d'allaitement, qui peuvent tarir les sources mêmes où l'enfant puise la vie.

Il est impossible de méconnaître, à ce point de vue, la supériorité morale de la polygamie sur la monogamie. Dans le harem, il est de règle formelle que la jeune mère est environnée des hommages respectueux de toutes et de tous, et plus spécialement de ceux de l'époux ; de telle sorte qu'elle peut se consacrer tout entière aux soins que réclame son enfant, sans avoir à craindre d'en être détournée, soit par les soins domestiques, soit par les exigences d'une affection conjugale exclusive.

La dignité maternelle est d'ailleurs considérée, dans la vie du harem, comme donnant à la femme une supériorité hiérarchique auprès de laquelle celle qui provient des préférences de l'époux est insignifiante ; et chez plusieurs peuples polygames, le fils adulte ne peut se présenter devant sa mère et lui adresser la parole, qu'agenouillé devant elle.

La science morale doit encore combiner ses enseignements avec ceux de l'hygiène pour imposer à la mère le devoir de l'allaitement, toutes les fois que celle-ci peut le faire sans danger pour sa propre santé, conformément à l'avis du médecin. Elle doit lui enjoindre, en outre, de suivre toutes les prescriptions hygiéniques qui permettent de donner à son lait toutes les qualités de nutrition et de salubrité par lesquelles la santé de l'enfant sera fortifiée, de prendre toutes les mesures que lui enseigne la science et que lui permettent ses ressources, pour que le développement de son enfant soit aussi rapide, aussi complet et aussi harmonieux que possible ;

et ainsi de suite pour une foule de questions dans lesquelles l'hygiène et la morale marchent parallèlement, en vue du bien commun des individus et de la société.

Après l'allaitement, la première nourriture solide de l'enfant devra être, de la part des parents, l'objet des soins les plus attentifs. Les droits de l'hygiène sont ici les premiers, comme précédemment, mais ceux de la morale ont une valeur qu'il est impossible de méconnaître, et s'il est essentiel que la nourriture soit saine, simple et frugale, pour que les organes de la digestion ne soient pas surchargés et exposés à des maladies inflammatoires ou à des dilatations funestes, il n'est pas moins essentiel qu'elle jouisse de ces mêmes qualités pour ne pas éveiller ou surexciter le défaut de gourmandise, qui est un des premiers dont l'apparition et la répression devront faire l'objet des sollicitudes paternelles et maternelles.

D'ailleurs, l'hygiène et la morale ne se contredisent jamais dans ces questions; et elles ne peuvent pas être en désaccord, tant que la morale restera fidèle au principe fondamental que j'ai établi dans les considérations préliminaires ci-dessus, en vertu duquel le bien et le vrai ne sont que deux manifestations de forme différente du même fait, dans la conscience morale et dans l'intelligence (1).

(1) Le vrai et le bien, conçus comme étant deux manifestations différentes du même fait, dans la conscience morale et dans l'intelligence, n'en restent pas moins distincts l'un de l'autre, ainsi qu'il a été dit dans le chapitre précédent. L'unité existe dans la personnalité, mais elle se traduit par des moyens différents, et elle se révèle sous des aspects divers. L'intelligence et la conscience morale n'en sont pas moins des organes immatériels parfaitement distincts l'un de l'autre, bien qu'appartenant au même individu. Suivant les personnalités diverses, il n'est pas rare de voir le sens intime s'exercer presque exclusivement, chez l'un, dans le mode intellectuel, pendant que, chez l'autre, il fait de même dans le mode moral ou dans le mode esthétique, ce qui donne lieu à la grande diversité des individualités humaines, et ce qui explique, en quelque sorte, comment l'homme, doué très richement dans le domaine intellectuel, ne l'est parfois que pauvrement, dans le domaine moral, ou inversement; et que l'humble de cœur, le pauvre d'esprit, sont souvent ceux chez qui la conscience morale est la plus pure ou la plus élevée.

Il en est de même dans l'organisation physique de l'homme, où la substance uniforme du sang se transforme, d'un côté, en matière osseuse, alors que, de l'autre, elle produit des muscles, des viscères, des tuniques, des sécrétions, etc., toutes manifestations diverses qui ont la même origine, mais des aspects absolument distincts les uns des autres, suivant les organes qui ont présidé à l'emploi de la substance première, partout identique à elle-même.

Le droit de l'enfant aux soins et à la nourriture est immédiatement suivi de celui qui est relatif à son développement.

Le développement de l'enfant est de deux sortes : physique et moral.

Le développement physique de l'enfant est celui qui exige le mouvement, l'exercice, le déploiement et l'éducation de ses forces matérielles, en vue de la bonne conformation de ses organes et de l'accomplissement de sa destinée.

Il y a lieu d'admettre quelque conformité dans les prescriptions à établir pour le développement physique des enfants de l'un et de l'autre sexe, pendant les années de la première enfance, tant que l'innocence du premier âge permet de le faire sans danger pour les mœurs, ou, ce qui revient au même, tant que les organes sexuels ne sont pas entrés dans la période de leur développement spécial. Cependant, les jeux des enfants doivent toujours être surveillés de près par une sollicitude vigilante, et maternelle autant que possible, parce que leur curiosité, toujours en éveil, peut donner lieu à des attouchements de mauvais aloi, bien avant l'époque normale du développement des organes génésiques.

Dans cette question comme dans les précédentes, il est nécessaire de se conformer aux règles de l'hygiène qui réclament, pour l'enfant, la propreté corporelle la plus minutieuse, la bonne appropriation du vêtement à la liberté des mouvements et au jeu des organes, la jouissance de l'air pur, de l'espace nécessaire pour se mouvoir librement, le pouvoir de courir, de jouer, de s'ébattre sans contrainte, selon les lois de la science spéciale qui régit cette matière.

La nécessité de constituer la morale sur des bases scientifiques, indiquée par le Congrès universel des Libres-Penseurs dans le n° 4 de son programme, est l'une des conséquences de la marche parallèle que je viens de signaler entre l'hygiène et la morale. Celle-ci doit, en effet, marcher avec toutes les sources de la vérité, de manière à être une vérité elle-même et à s'imposer à ce titre, aussi bien qu'au titre moral proprement dit.

Cependant la mère pauvre, obligée de se livrer à un travail rémunérateur afin de pourvoir à sa propre subsistance ainsi qu'à celle de ses enfants, et à qui l'hygiéniste ou le moraliste reprocherait sa négligence des devoirs maternels, lorsqu'elle serait convaincue d'avoir laissé vagabonder son enfant sans surveillance, aurait raison d'accuser la société qui l'oblige à pourvoir, à la fois, à l'accomplissement d'un devoir professionnel et du devoir maternel, et elle aurait le droit de rejeter sur cette même société la responsabilité de ce qui peut advenir de l'exigence impérieuse à laquelle elle obéit. C'est en effet la société qui est la vraie coupable, et qui doit être mise en cause pour son incurie, toutes les fois qu'un enfant souffre dans son existence ou dans son développement, car la nature a généreusement doué le cœur de la plus humble femme, de la mère la plus bornée dans son intelligence ou dans ses sentiments, de manière à défier et à braver les plus grandes difficultés, à surmonter les obstacles les plus invincibles; et quand la mère est impuissante, la faute n'en est presque jamais à elle, mais aux conditions d'existence qui lui sont faites et qu'elle subit.

A côté et au-dessus du bénéfice que l'enfant retirera momentanément des soins minutieux consacrés à sa propreté corporelle, la science morale fera envisager aux parents que ces mêmes soins doivent lui faire contracter de bonne heure une excellente habitude, dont l'influence se fera sentir pendant le cours de son existence tout entière, et qui aura son effet réflexe dans l'ordre moral, en ce sens que la vie matérielle et la vie morale étant indissolubles, il existe une sorte de lien entre la propreté matérielle et la pudeur intime qui fait appréhender une souillure morale, de telle sorte que c'est généralement chez les mêmes individus que se rencontrent, à la fois, la délicatesse des soins extérieurs et la dignité des sentiments.

Le devoir des parents est de tenir compte, dans la mesure du possible, des exigences provenant du droit de développement physique de l'enfant. Ce devoir si naturel est cependant rarement observé, soit parce que la plupart des domiciles urbains ne s'y prêtent pas, soit parce que le développement des organes de l'enfant nécessite des ébats contraires au silence et à la tranquillité dont le père et la mère ont besoin, pour vaquer à leurs occupations et remplir leurs devoirs professionnels et familiaux.

A la campagne, lorsque l'enfant peut prendre ses ébats en plein air, si ses parents exigent de lui le calme, le repos et le silence dans la maison paternelle, rien n'est plus légitime. L'enfant doit apprendre, de bonne heure, à respecter les convenances diverses de la vie commune, et à subordonner ses caprices aux exigences légitimes de ceux qui l'entourent; mais dans les villes, lorsque les ébats nécessaires pour le développement de l'enfant n'ont pas reçu leur satisfaction normale, la prescription d'immobilité est à la fois tyrannique et immorale.

Les exigences de la vie de famille, ou bien celles provenant des devoirs imposés au père par sa profession, sont quelquefois un obstacle à l'accomplissement des devoirs du développement physique de l'enfant, surtout dans les grands centres de population; aussi est-ce un devoir à inscrire dans la morale sociale, pour les autorités municipales, de ménager dans l'intérieur des villes, des places publiques, des squares, des jardins, des boulevards ombragés et garnis de sièges, de manière à permettre aux familles d'envoyer les enfants se livrer à leurs ébats, à leurs jeux, à l'expansion de l'activité physique qui leur est indispensable, dans des conditions conformes aux indications de l'hygiène.

Ce devoir, méconnu de nos aïeux, est aujourd'hui généralement compris et obéi. Il est la conséquence de la substitution des prescriptions de la science à celles de la théologie, qui tenait en mépris et en haine le corps humain, qui ne se préoccupait que des facultés aptes à subir le joug de sa domination spirituelle, et qui trouvait même qu'une certaine atrophie des organes matériels était une bonne condition préliminaire de l'aptitude des individus à recevoir l'empreinte de son enseignement.

Dans la première enfance, c'est-à-dire jusque vers l'âge de sept à huit ans, le développement physique de l'enfant paraît devoir se borner à l'emploi des moyens élémentaires usités jusqu'à ce jour, c'est-à-dire la promenade, les jeux, les ébats, les cris, les exercices plutôt libres que réglés, en plein air, en pleine nature, sous la surveillance incessante de la mère.

En vertu de l'obligation qui en résulte, pour cette dernière, de ne confier à aucune sollicitude mercenaire l'accomplissement de ce devoir fondamental, la mère doit se trouver d'autant mieux libérée par la société, ou à son défaut par les ressources provenant du travail du père, de tout labeur autre que ceux dont la famille et la maternité lui imposent le devoir, que le droit de l'enfant à ses sollicitudes, à ses labeurs et à ses soins les plus attentifs est plus formel et plus absolu.

Il suffit d'indiquer le devoir, pour la mère et pour le père, de prodiguer leurs soins à l'enfant malade, sans s'y appesantir. La nature a façonné le cœur maternel et le cœur paternel, de manière à dispenser le moraliste d'entrer à cet égard dans des développements superflus. Cependant la science morale doit régler la part relative qui appartient à la mère, et celle qui appartient au père, dans l'administration de ces soins. Or, il n'est pas douteux qu'ils appartiennent, avant tout et par dessus tout, à la mère, dans la limite de ses forces.

Le père, qu'il est rationnel de supposer plus instruit, plus expérimenté que la mère, en raison du rôle plus actif qu'il joue dans la société, et à qui appartient d'ailleurs l'autorité suprême dans la famille, a le droit et le devoir de diriger les soins de la mère dans la voie que sa science et son expérience lui indiquent comme la meilleure. C'est à lui qu'appartiennent les décisions à prendre, les consultations médicales à provoquer, les démarches extérieures à accomplir en vue des soins que réclame l'enfant. Mais il faut admettre aussi que les exigences de sa profession l'éloignent du logis ou qu'elles l'obligent d'autant plus à se consacrer à son devoir professionnel que les ressources nécessaires sont plus impérieuses encore, dans la vie de famille, lorsqu'un malade réclame des soins, que lorsque tous les membres y jouissent de la meilleure santé.

La mère, au contraire, ne doit pas quitter le chevet du malade. Elle ne doit confier à des mains mercenaires la surveillance et les soins réclamés par l'état de l'enfant, que lorsque la limite de ses forces est atteinte. Ce devoir de la mère, de n'avoir recours aux soins mercenaires que lorsque ses propres forces sont épuisées, n'existe pas seulement pendant la maladie de l'enfant, mais pendant tout le premier âge où l'enfant est si frêle, si chétif, si délicat, exposé à tant de maux pouvant faire en très peu de temps des ravages irrémédiables, que la sollicitude maternelle ne doit pas se détourner de lui un seul instant.

Et c'est quand la science morale, s'appuyant en cela sur les sciences médicales, a constaté ce devoir absolu de la mère, qu'elle a de son côté le droit absolu et le devoir formel de signaler au législateur civil l'urgence, pour la société, de doter toute mère de famille des ressources qui lui sont indispensables, sous peine de se rendre complice, sinon directement coupable, du crime d'infanticide qui est trop souvent la conséquence de l'insuffisance des soins reçus par l'enfant, et d'accepter la responsabilité des vices que ce dernier peut contracter, comme conséquence d'une surveillance insuffisante et d'une éducation morale incomplète.

Il est évident d'ailleurs que si les forces et le dévouement de la mère sont insuffisants, le père doit prendre toutes les mesures nécessaires pour assurer l'administration des soins exigés par la situation, et que la société, de son côté, doit fonder des hospices, des crèches, des orphelinats et des hôpitaux destinés à recueillir temporairement ou d'une façon permanente, les enfants à qui les soins de la famille ne peuvent suffire, ainsi que ceux à qui ils manquent totalement.

Le devoir social que j'indique ici est absolument impérieux. Il est généralement compris et pratiqué par les administrateurs imbus des principes démocratiques et socialistes, par les édiles qui lui consacrent une bonne partie des ressources disponibles dans les caisses municipales ou autres, tandis que les administrateurs appartenant aux classes aristocratiques préfèrent s'en rapporter aux hasards des charités inspirées par l'esprit théocratique ; mais je crois aussi que la science morale ne saurait trop insister pour mettre, au premier rang de tous les devoirs sociaux, celui qui consiste à recueillir les enfants sans famille dans des édifices publics bien aménagés à cet effet, et à ne les laisser manquer de rien de ce qui leur est nécessaire en fait de soins, de nourriture et de moyens de développement.

L'impérieuse exigence du devoir social que je signale ici résulte de la corrélation qui existe entre ce devoir et les droits dont la société réclamera l'exercice un peu plus tard, droits en vertu desquels elle s'emparera de l'enfant arrivé à sa vingtième année, et elle lui réclamera l'accomplissement du devoir militaire, le paiement de l'impôt et la soumission à toutes ses exigences légales.

Le développement moral de l'enfant demande à son tour à être l'objet, dès l'âge le plus tendre, de la sollicitude la plus active et la plus éclairée. C'est une erreur encore trop répandue que celle qui consiste à considérer l'enfant comme inconscient, comme n'étant pas susceptible d'éducation morale, pendant les premières années, ou même pendant les premiers mois ou les premiers jours de l'enfance : et c'est une erreur qui a souvent les conséquences les plus funestes.

Les sensations les plus confuses de l'enfant éveillent en lui, dès le jour de sa naissance, des idées limitées dans leur champ d'action, mais très précises, bornées en général, dans l'âge le plus tendre, aux exigences immédiates de la nourriture, du repos et du mouvement, mais déjà très actives sur la volonté, qui se révèle de bonne heure avec la plus grande énergie.

Le devoir des parents est de diriger d'abord la volonté précoce de l'enfant dans le sens de la discipline nécessaire à la vie de famille. Ce devoir est souvent méconnu, au grand dommage de l'enfant et des parents eux-mêmes. Les heures de veille et de sommeil, de mouvement et de repos de l'enfant, ainsi que celles de son alimentation, doivent être réglées dès le premier jour par la mère, de manière à ce qu'elles soient conformes aux lois de l'hygiène d'une part, et d'autre part à l'obligation de tenir compte du repos nécessaire aux parents, afin que ceux-ci puissent remplir les devoirs étrangers à ceux de la famille auxquels ils sont assujettis.

L'obéissance aux caprices de l'enfant, qui est le défaut maternel par excellence, doit être signalé et condamné par la science morale. La jeune mère doit écouter en ceci la voix de la raison beaucoup plus que celle de son cœur, ou plutôt elle doit comprendre que la conduite la plus sage, pour un cœur bien placé, est celle qui consiste à sacrifier des complaisances funestes à l'intérêt bien entendu de son enfant; et elle doit se rendre compte de ce que la saine compréhension de cet intérêt bien entendu réside dans l'application d'un commencement de discipline familiale, dans la subordination de l'enfant aux prescriptions de la science et de la morale, sous l'œil vigilant de la mère, sous la sauvegarde de la sollicitude et de la tendresse maternelles.

L'oubli de ce devoir, ou la négligence de son parfait accomplissement, a pour conséquence une sorte d'indiscipline qui fait de l'enfant un tyran domestique, de la mère et du père deux victimes; et qui prépare, pour la famille et pour la société, des hommes et des femmes peu disposés à envisager plus tard, avec la bonne volonté nécessaire, l'accomplissement d'un devoir quelconque.

En même temps que la mère et le père ont le devoir de surveiller l'éclosion de la volonté de l'enfant, afin de la soumettre aux lois d'une discipline nécessaire, ils ont celui de surveiller, avec le plus grand soin, les premières manifestations de l'idée et de la pensée naissantes. Celles-ci se bornent d'abord, en général, au travail nécessaire à l'enfant pour se rendre maître de la parole, sans laquelle il ne peut rien; mais dès que cette faculté de manifester sa pensée lui est devenue accessible, les idées, éveillées par les sens, se pressent en foule et se manifestent par les *pourquoi* et par les *comment* dont les jeunes mères sont assiégées.

Le devoir maternel est alors très délicat, très difficile à remplir; mais outre qu'il est formel, il exige la plus grande patience, la plus grande sollicitude, la plus scrupuleuse application et la compétence la plus éclairée; sans quoi l'esprit de l'enfant recevra d'abord l'empreinte d'idées fausses qui oblitèreront à jamais son jugement, de telle sorte que le mal sera souvent sans remède, parce que les premières empreintes intellectuelles que reçoit l'organe cérébral d'un enfant sont parfois si profondes qu'elles sont absolument ineffaçables.

C'est en vertu de la préoccupation qui résulte de la considération ci-dessus, comme de quelques autres dont il sera question plus tard, que les religions sollicitent le suffrage des femmes avec plus d'insistance que celui des hommes, parce qu'elles ont hâte, dès que l'enfant peut articuler quelques mots, de lui mettre sur les lèvres, au moyen des premières leçons maternelles, les formules de la superstition et du fanatisme.

La saine morale doit combattre, avec la plus grande énergie, cette action funeste des religions, d'où proviennent les précoces oblitérations de jugement, les préjugés et tout le cortège d'erreurs qui précipitent l'homme dans la servitude. Elle doit affirmer avec force et avec autorité, de manière à être entendue de tous, que la morale doit être laïque, scientifique, démocratique et socialiste, soustraite à toute conception religieuse ou surnaturelle, et enseignée par le père, par la mère et par l'instituteur, si l'on veut qu'elle soit la base des vertus publiques et privées.

Elle doit surtout dicter à la jeune mère les premiers enseignements qui conviennent à l'éveil des idées de l'enfant. Ces enseignements devraient être formulés très brièvement, sous la forme et sous le nom d'axiomes de la sagesse, et réunir, en peu de mots, ce que l'expérience des siècles a permis de trouver de formules saisissantes, pour exprimer les vérités les plus indiscutables et les principes de morale les plus essentiels. Ces axiomes devraient être conformes à la vérité, à la science, à la raison, à la morale, à la justice, à l'honneur, à la noblesse et à la délicatesse des sentiments, et revêtir le charme d'un style clair, simple et élégant, de manière à donner au jeune esprit de l'enfant la notion et l'amour du vrai, du bien, du juste et du beau.

Je citerai les axiomes suivants comme pouvant servir de spécimens. Il y aurait lieu de les compléter, de les livrer à un scrupuleux examen, et de les revêtir de l'autorité d'une haute assemblée délibérante, d'un aréopage de philosophes et de Libres-Penseurs, par exemple, de telle sorte que leur promulgation solennelle pût constituer la garantie que doivent réclamer, pour un sujet si délicat, les mères et les pères de famille, ainsi que les instituteurs.

La Nature est avare de causes et prodigue d'effets.
Dans la Nature, rien ne se crée, rien ne se perd.
Fais ce que dois, advienne que pourra.
A chacun selon ses œuvres.
Sois sévère pour toi et indulgent pour les autres.
Aimez-vous et secourez-vous les uns les autres.
Le respect de la loi est le commencement de la sagesse.

Ne fais pas à autrui ce que tu ne voudrais pas qu'on te fît.

Il est bien de pardonner les offenses, il est mieux de les oublier.

La liberté et le travail sont le fondement de tout bien.

L'oisiveté et la servitude enfantent tous les vices.

Il n'y a pas de droit sans devoir correspondant.

L'orgueil est le privilège des sots.

Le mensonge est l'arme du lâche.

Savoir et vouloir, c'est pouvoir.

Cherchez et vous trouverez.

L'union fait la force.

Sois pur pour être fort, sois fort pour être bon.

Qui frappe par l'épée périra par l'épée.

La force brutale ne fonde rien de durable.

Les hommes sont égaux et frères.

Il n'y a pas d'honneur sans honnêteté.

Rien n'est perdu tant que l'honneur est sauf.

Le bonheur réside dans l'accomplissement du devoir.

Etc., etc.

Ces axiomes, et tous autres qu'il conviendrait d'y ajouter, pourraient être réunis en strophes ou versets, rimés, versifiés ou mis sous une forme mnémotechnique aussi accessible que possible aux intelligences les moins développées, puis insérées dans des catéchismes moraux, laïques, scientifiques, démocratiques et socialistes, à mettre en usage dans les écoles publiques.

L'empreinte des plus nobles sentiments, des plus belles comme des plus utiles pensées conçues par la sagesse humaine, sans distinction d'origine, sans parti pris d'école ou de système, pourrait ainsi se graver de bonne heure dans l'esprit des enfants, et y féconder leurs facultés naissantes conformément aux lois du vrai, du bien et du beau.

L'enfant doit recevoir les premières leçons de lecture, d'écriture et de connaissances usuelles, aussitôt que le développement de ses organes matériels, ainsi que celui de ses facultés intellectuelles et morales, sont assez avancés pour se prêter à un exercice intellectuel désormais salutaire, et dès lors nécessaire.

Les leçons doivent être données, autant que possible, par la mère et par le père, et sous la forme de jeux, conformément aux meilleures méthodes de la science pédagogique, en se servant des ressources que donne la curiosité de l'enfant, son désir de voir, de savoir, de se rendre compte du *pourquoi* et du *comment* de toutes choses. L'enfant pourra, par ce moyen, apprendre un grand nombre de choses usuelles, les lettres de l'alphabet, les chiffres de la numération usuelle, les signes du cadran de l'horloge, les noms des jours de la semaine, ceux des mois de l'année, ceux des saisons, des poids et mesures usuels, des monnaies, etc.

Toute idée erronée, pour si infime qu'elle soit, tout mensonge, pour si habilement déguisé qu'il puisse être, de quelque superbe manteau d'imagination ou de style qu'il soit revêtu, doivent être absolument exclus du premier enseignement donné à l'enfant. Les légendes, les contes de fées, les récits surnaturels ou macabres, les fables, les mystères, la mythologie, l'histoire sainte, les histoires de revenants, d'apparitions, de loups-garous, de sorciers, de croquemitaines, etc., doivent être sévèrement écartés de l'esprit des enfants.

L'imagination sera développée plus tard, lorsque la raison sera formée, lorsqu'il n'y aura plus à craindre ses écarts, lorsque les déviations que ces derniers peuvent apporter à l'équilibre intellectuel et moral ne seront plus à redouter. Toute crainte puérile, toute terreur superstitieuse doivent être évitées à l'enfant ; toute pression autre que celle de la discipline familiale, toute autorité autre que celle du père, de la mère et de la société, tout ascendant autre que celui de la vérité, de la raison et de la morale doivent être éloignés de son esprit, de son imagination et de sa conscience. La récompense et le châtiment doivent lui être mesurés le plus légèrement possible, de manière à ménager ses forces de sensibilité. La vérité et la morale doivent se faire aimer pour elles-mêmes, et non par la promesse d'une friandise.

Les sentiments doivent être dirigés par les parents avec autant de sollicitude que les idées naissantes de l'enfant. L'amour de la vérité, l'horreur du mensonge; l'amour de la générosité, de l'honnêteté, de l'honneur; le mépris de la bassesse ; l'amour de la liberté, du travail, du courage, de la patience, de la persévérance, doivent être les inspirateurs des premiers enseignements que l'enfant recevra.

Ici commence la première distinction à établir entre l'enseignement qui convient au jeune garçon et celui que réclame la petite fille. Au premier, il importe de donner d'abord des leçons qui doivent favoriser l'essor des qualités spéciales de raison, d'énergie, de volonté, de respect de soi-même, d'amour du vrai, du bien et du beau, qui doivent ennoblir sa virilité. A la seconde, il convient de donner, avant tout, les leçons de douceur, de modestie, de compatissance, de dignité, de générosité, de patience, de résignation, d'amour de la bienfaisance, qui doivent servir d'ornement à ses grâces d'adolescente.

Tous les devoirs de la mère, du père et de la société sont en même temps les droits de l'enfant. En échange de ce qu'il reçoit de soins matériels, de sollicitude affectueuse et de culture intellectuelle et morale, ce dernier n'a pas d'abord d'autres devoirs à remplir que ceux du respect, de l'obéissance, de l'amour et de la reconnaissance envers sa mère, son père et la société. Son amour spontané pour ceux qui lui ont donné la vie, et qui entourent son enfance de sollicitude, de tendresse et de soins, lui rendra généralement ces devoirs bien faciles à remplir envers ses parents.

Pour ce qui est de la société, outre que sa sollicitude est impersonnelle, et que son existence est une pure conception de l'esprit, elle n'a pas à rechercher des manifestations de sentiment qui ne sont à leur place que dans l'intimité de la famille. L'enfant n'aura donc pas à s'en occuper d'abord, et tout ce qu'il suffira de lui faire concevoir dans son jeune âge, c'est qu'il doit se soumettre aux lois, respecter les institutions et aimer son pays. Le cœur humain est fait de telle sorte que ces sentiments seront faciles à éveiller et à obtenir, surtout lorsque la société sera vraiment ce qu'elle doit être, lorsqu'elle sera la providence des familles, la bienfaitrice de la mère et des enfants, lorsqu'elle remplira envers les faibles tous les devoirs qui lui incombent, et qu'elle ne sera ni l'objet ni le sujet de justes récriminations, mais plutôt le thème des bénédictions paternelles et maternelles, par lesquelles l'enfant apprendra à l'aimer.

Cependant, si de mauvais instincts se déclaraient chez l'enfant dès l'âge le plus tendre ; si les exhortations, les bons conseils et les bons exemples ne suffisaient pas à lui faire accepter l'obligation morale des devoirs à remplir ; si de mauvais sentiments lui faisaient méconnaître ce qu'il doit à la famille et ce qu'il se doit à lui-même, la discipline familiale devrait recourir, pour corriger ses défauts ou châtier ses vices, à des moyens de plus en plus rigoureux.

Les premières punitions qu'il convient d'employer dans l'éducation des enfants, les seules qui puissent donner de bons résultats pendant la première enfance, doivent s'adresser aux sentiments. La privation d'une caresse habituelle, d'une marque d'attachement et de sollicitude, donne à l'enfant la notion du prix de cette caresse, de la valeur de cet attachement et de cette sollicitude. Quand ce moyen peut réussir et suffire, il ne faut pas en employer d'autre ; car la privation d'un plaisir convoité peut aigrir le caractère, le manque de distractions peut nuire à la santé, la suppression d'un mets préféré, d'un dessert, d'une friandise peut exciter la gourmandise, éveiller la jalousie de l'enfant envers ses parents, lorsqu'il les voit jouir du plaisir qui lui est refusé à lui-même. Les punitions basées sur les blessures d'amour-propre ou de vanité sont mauvaises en ce qu'elles peuvent surexciter le vice d'orgueil ; les moyens violents sont à éviter parce qu'il est essentiel de ne pas donner à l'enfant le spectacle et l'exemple de la colère, de la rancune, et parce qu'il faut ménager les moyens d'action, afin de donner aux sévérités à employer plus tard, en cas d'insuffisance des premières, tout le relief que ne peuvent obtenir ceux qui sévissent d'abord pour des peccadilles.

Lorsqu'un enfant a du cœur, sa mère obtiendra beaucoup de lui en lui faisant sentir que, par sa mauvaise conduite, il fait de la peine à son père. Ce dernier emploiera le moyen réciproque, d'autant plus légitime qu'il est conforme à la vérité, et l'enfant pourra développer ainsi ses sentiments affectueux en corrigeant les travers de son caractère et les défauts de sa nature, ce qui constituera pour lui un double bénéfice d'éducation.

Si l'enfant n'a pas de cœur, si la violence de son caractère et de sa volonté naissante se manifeste par des actes de désobéissance et de rébellion, il sera nécessaire de recourir à l'emploi de moyens de plus en plus sévères, mais dans lesquels la colère et la brutalité ne devront jamais prendre la moindre part, qui ne pourront jamais porter atteinte à la santé de l'enfant, et dont les marques d'une sollicitude affectueuse ne devront jamais être absentes.

Je reviendrai sur cette question, dans le chapitre suivant, pour examiner ce qu'il convient de faire lorsque l'enfant, d'un âge plus avancé que celui dont je m'occupe en ce moment, sera rebelle aux exhortations de la raison, aux effusions de la tendresse paternelle et maternelle, et lorsqu'il se mettra en état de révolte contre les devoirs que la famille et la société exigeront légitimement de lui.

CHAPITRE IV

DE LA SECONDE ENFANCE

La seconde enfance, que je considère comme s'étendant de l'âge de sept à huit ans environ, qui est celui des premières manifestations de la pensée et de la conscience, jusqu'à celui de quatorze à quinze, qui est celui où la puberté s'éveille, où le jeune homme et la jeune fille commencent à poindre et à se substituer à l'enfant, réclame encore les soins et la sollicitude de la mère et du père, mais à un degré moindre que dans la première enfance; tandis que le devoir de la société, borné jusque là à celui d'assurer la sécurité du foyer familial, devient de plus en plus important, au fur et à mesure que l'enfant se développe, en raison de l'admission de ce dernier dans les écoles publiques, lesquelles partageront dès lors, avec la famille, la responsabilité du développement matériel et moral de l'enfant.

Les devoirs qui incombent aux uns et aux autres sont de plusieurs sortes. La famille et la société se partagent ceux qui constituent le droit de l'enfant; et celui-ci à son tour, dès qu'il commence à sentir, à penser, à aimer et à agir, doit remplir ceux qui le concernent, et conformer sa conduite aux prescriptions des lois morales relatives au droit de la société de recueillir les bénéfices de ses soins et de ses sacrifices.

Envisageons d'abord les questions relatives au développement physique et matériel de l'enfant. La nourriture, qui est le premier devoir familial, doit toujours être l'objet des soins les plus attentifs du père et de la mère. Elle doit, ainsi que je l'ai déjà dit à propos de la première enfance, être conforme aux lois de l'hygiène qui la veulent simple et frugale, pour l'enfant normalement constitué; ou appropriée à l'état de sa santé, d'après les indications du médecin, si elle doit être conforme aux prescriptions d'un régime spécial.

La mère et le père devront éviter à l'enfant toutes les surcharges de nourriture, lui interdire toutes les friandises inutiles, aussi funestes à sa santé qu'à son état moral. La gourmandise est un des premiers défauts instinctifs que la mère et le père devront combattre; et pour cela, le mieux sera de ne pas la provoquer d'abord par des complaisances coupables.

Toutes les personnes autres que le père et la mère, qui fréquentent l'enfant et qui s'intéressent à lui : les oncles, les tantes, les cousins, les amis de la famille, devront conformer leur conduite à cet égard à celle de la mère et du père, et se garder de témoigner leur sollicitude à l'enfant sous la forme de cadeaux destinés à surexciter sa gourmandise, sa vanité, sa cupidité, ou tous autres défauts que l'expérience a démontrés être les manifestations les plus communes de l'éveil des appétits et des penchants coupables.

Après la nourriture, le point le plus essentiel sur lequel il convient d'attirer l'attention de la mère et du père est la propreté. Ce devoir, qui est de ceux que commande et que règle l'hygiène, doit être exercé par la mère, pendant la première enfance, avec les soins les plus minutieux, ainsi que je l'ai dit dans le chapitre précédent. Mais aussitôt que l'enfant arrive à l'âge où il peut y vaquer lui-même, la mère doit l'astreindre aux ablutions dont il devra contracter l'habitude, et elle doit lui faire comprendre, en même temps, que la propreté ne doit pas être seulement apparente, mais effective, pour la satisfaction intime de celui qui en est l'objet, beaucoup plus que pour la vanité qu'il peut en tirer; qu'elle ne doit pas se borner aux choses visibles, telles que le visage et les mains, mais s'étendre à toutes les parties du corps, et de là aux vêtements, aux objets mobiliers, à la demeure et à l'ameublement.

Beaucoup de mères et de pères confondent la propreté avec la coquetterie, ou subordonnent la première à la seconde. C'est un tort grave qui peut faire naître chez l'enfant des défauts et des vices dont il est essentiel de ne pas favoriser l'éclosion. Ces défauts et ces vices sont : la vanité, l'outrecuidance, l'orgueil, le mépris du prochain, l'esprit de domination et l'immodestie. D'autre part, les soins de propreté ne doivent pas servir d'argument contre les ébats, les jeux et les exercices nécessaires au développement de l'enfant, ainsi que voudraient le faire admettre quelques mères peu laborieuses, qui cherchent plutôt à limiter la peine que leur donnent ces soins qu'à remplir consciencieusement la totalité de leurs devoirs.

En même temps que la propreté, l'ordre est une des premières qualités qu'il sera bon de rechercher dans la première éducation de l'enfant. Les parents auront le devoir d'en donner l'exemple, ainsi que pour la propreté. Le désordre dans le vêtement, dans l'aménagement intérieur de la maison, sont l'acheminement à celui de la pensée et des actes. Une vie bien ordonnée est la conséquence d'une enfance autour de laquelle l'ordre matériel a régné.

Pour la nourriture, la propreté et l'ordre, les prescriptions hygiéniques et morales n'ont pas à faire de distinction entre les enfants de l'un et de l'autre sexe, ou les nuances à établir, s'il en existe, sont de très faible importance. Il n'en est pas de même pour les autres conditions du développement physique de l'enfant, pendant la période de la seconde enfance. C'est ainsi que les jeux, les ébats, les exercices du corps qui pouvaient, dans le premier âge, être communs aux enfants des deux sexes, doivent faire l'objet de distinctions essentielles, à la seconde période du développement corporel. Il sera nécessaire, par exemple, de diriger les jeux des jeunes garçons dans un sens qui favorise en eux l'éclosion de la hardiesse et de l'agilité, jusqu'aux limites de la turbulence; tandis qu'il faudra veiller à ce que les petites filles ne dépassent pas, dans leurs ébats, ce que commandent la modestie, la retenue, la pudeur et les autres qualités fondamentales de leur éducation morale spéciale.

D'autre part, la science gymnastique, dont les enfants des deux sexes auront à recevoir les leçons, dès que leurs forces le permettront, devra être entièrement fondée sur les lois du développement spécial des organes dans l'un et dans l'autre cas, de manière à éviter, dans la mesure du possible, les accidents qui pourraient résulter d'une méthode vicieuse, et à venir en aide à la nature pour la bonne conformation définitive des organes, en tenant le plus grand compte de l'utilité spéciale que chacun des deux sexes pourra retirer de son emploi.

Il existe, de nos jours, une association privée qui porte le nom de *Ligue de l'Éducation physique*, et qui s'est donnée pour but de recommander, dans tous les établissements d'éducation, l'introduction de jeux qui développent la force, la souplesse et l'agilité du corps. Elle a institué une école normale de jeux scolaires, où elle a formé des maîtres qui enseignent aux enfants des lycées les règles des jeux tombés en désuétude. Cette initiative est aussi heureuse et aussi louable que possible, mais elle indique, dans la société moderne, l'insuffisance d'institutions appropriées aux devoirs que cette dernière doit remplir.

Sous l'instigation des religions, l'enfance a été soustraite, pendant de longs siècles, aux prescriptions autres que celles d'où dépendait la suprématie sacerdotale. Il est donc du devoir des sociétés modernes de se mettre, le plus vite possible, en mesure d'accomplir les devoirs qui leur incombent, et dont elles ont trop longtemps méconnu le caractère impérieux.

Parmi les exercices qui conviennent à l'enfance, celui de la gymnastique est généralement apprécié et pratiqué aujourd'hui avec suite, avec méthode, du moins dans toutes les villes de quelque importance et parmi les enfants appartenant à des parents éclairés. Les petites filles, comme les jeunes garçons, peuvent en recevoir les leçons, et les méthodes qui conviennent aux unes et aux autres ont été déjà très sérieusement étudiées; mais d'autres exercices, non moins utiles sinon tout à fait indispensables, sont encore méconnus ou négligés. Tels sont le chant, la musique instrumentale, la danse, la natation, l'équitation, l'escrime et le tir. Le chant et la musique instrumentale sont souvent considérés comme des arts d'agrément, alors qu'ils sont d'abord des exercices très utiles pour le développement des organes phoniques et respiratoires. De même pour la danse, qui est la gymnastique spéciale des petites filles, la plus conforme aux exigences simultanées de leur développement corporel et de leur éducation artistique.

La natation est un exercice des plus hygiéniques qui convient aux deux sexes, sinon avec une importance égale, du moins avec de très légères distinctions.

L'équitation, l'escrime et le tir sont des exercices essentiellement virils. Ils ne doivent être appropriés au sexe féminin qu'avec la plus extrême prudence et dans des cas d'innocuité bien déterminés. Mais le point de vue fondamental qu'il importe à la science morale d'établir, c'est que le droit de l'enfant à jouir de tous les moyens de développement que nécessitent les exigences de sa nature implique le devoir, pour la famille et pour la société, de créer les moyens et ressources destinés à assurer l'exercice de ce droit. Or, ce devoir est en général au-dessus des ressources familiales, par conséquent la science morale doit inscrire dans le code des lois de la morale sociale le devoir essentiel, pour la société, de pourvoir aux exigences d'éducation physique répondant aux considérations ci-dessus.

En accomplissant ces devoirs, la société favorisera, en outre du développement physique des enfants qui sont destinés à la constituer plus tard, la préparation la plus immédiatement liée à leur développement moral, en vertu du principe que la sagesse antique a formulé de la manière suivante : *Mens sana in corpore sano*, ce qui veut dire qu'un esprit droit habite généralement un corps sain.

Enfin, la société doit envisager qu'il lui importe de se lier l'homme et la femme à venir par les bienfaits reçus pendant la période d'enfance. Ce n'est qu'en se faisant aimer que la société sera plus tard bien défendue. D'ailleurs, le devoir de l'adulte de participer aux charges sociales, lorsqu'il sera majeur, ne pourra se tirer que d'un droit acquis par la société, et celle-ci ne peut acquérir ce droit que par le devoir préliminaire accompli d'avoir entouré l'enfant de toutes les sollicitudes utiles, d'avoir été son bienfaiteur et le guide dont son inexpérience avait besoin pour échapper aux embûches de ceux qui voudraient l'asservir et l'exploiter.

Le développement intellectuel et moral de l'enfant, pendant la période de la seconde enfance, réclame à son tour, et à titre au moins égal, sinon supérieur à celui du développement physique, toutes les sollicitudes de la famille et de la société. Il se distingue en instruction et en éducation ; la première constituant essentiellement le devoir de la société, et la seconde celui de la famille. Cependant, cette distinction n'a rien d'absolu.

La mère et le père peuvent intervenir dans l'instruction de l'enfant, autant que leurs facultés le leur permettent, sans avoir d'autre devoir à remplir que celui de conformer leurs leçons à celles que l'enfant reçoit dans les écoles, sous peine d'amener dans son esprit une confusion, un désordre et un désarroi qu'il convient d'éviter. De même la société peut intervenir dans l'éducation de l'enfant, en ayant soin de ne pas heurter celle de la famille, en s'efforçant de ne pas détourner l'enfant des sentiments que la famille lui inculque, et dont il devra s'inspirer plus tard pour en perpétuer la tradition et en accepter les devoirs.

Les religions, qui détournent souvent les enfants de l'éducation et des sentiments de la famille, pour leur inspirer le fanatisme sacerdotal et les accaparer au profit de leur recrutement, commettent des actes essentiellement criminels en agissant ainsi. Elles sacrifient à de misérables intérêts d'influence et de domination les lois les plus sacrées de la nature, les sentiments les plus légitimes du cœur humain, et les assises même de la famille et de la société, dont elles prétendent hypocritement sauvegarder ainsi l'existence et la stabilité.

La science morale doit les flétrir avec indignation et

mettre la société en garde contre leurs menées immorales, antifamiliales et antisociales qui n'ont qu'un but, celui d'établir leur despotisme sur les ruines de la conscience publique.

La société, représentée par les gouvernements démocratiques et républicains, qui sont les seuls dont on puisse attendre des actes de justice et de pacification, doit tenir de son côté la haute main sur les écoles, et ne pas permettre que des intérêts hypocrites viennent soustraire les enfants à l'exercice de son devoir. Le principe de l'obligation, inscrit dans des lois d'instruction promulguées récemment, indique le souci de certains gouvernements libéraux de remplir leurs devoirs envers les enfants, mais cette première manifestation de leur sollicitude doit être suivie de nombreuses mesures complémentaires, pour porter tous les fruits que la société doit en attendre.

L'obligation ne devrait pas, en effet, s'entendre seulement d'une instruction quelconque, saine ou empoisonnée, mais s'exercer sur la qualité de l'instruction en même temps que sur sa réalité. Le père, la mère et la société sont aussi coupables, lorsqu'ils nourrissent l'esprit de l'enfant avec des mensonges, que lorsqu'ils nourrissent son corps avec des aliments malsains ou vénéneux. Les religions, habiles à équivoquer, réclament à tout propos le pouvoir de faire le mal, c'est-à-dire le droit à des actes licencieux, auprès des gouvernements assez peu soucieux du point de vue moral pour confondre la liberté avec la licence, ou assez peu soucieux de la liberté elle-même pour la compromettre et la prostituer aux mains de ceux qui n'ont d'autre souci que de la violer. La société ne devrait pas tolérer que des hommes qui se sont séparés d'elle violemment, qui se considèrent comme au-dessus de ses lois, qui ne lui sont attachés par aucun autre lien que celui du parasitisme, qui sont parvenus à se soustraire aux devoirs sociaux, qui ont renié la famille après avoir reçu ses soins, qui renient tous les jours la patrie après avoir joui de sa protection et de ses sacrifices, qui flétrissent la liberté et le travail après avoir abusé de la liberté et bénéficié du travail d'autrui; que ces hommes qui foulent aux pieds les sentiments les plus légitimes et les plus sacrés pour se dévouer, corps et âme, à des intérêts de domination dont l'histoire du monde nous a depuis longtemps appris les crimes et les infamies; que des prêtres ou des ministres quelconques de dieux plus ou moins arbitraires et fantaisistes puissent accaparer les enfants, et fabriquer des consciences malsaines, des esprits pervertis par le mensonge et par l'imposture; des ennemis de la famille, de la patrie et de la société, avec l'approbation, l'appui et les subsides de la famille, de la patrie et de la société elles-mêmes.

Il y a quelque honte, pour nous tous, à subir de pareilles sujétions, à accepter des servitudes aussi avilissantes: et tant que nous ne remplirons pas, envers nos enfants, la totalité des devoirs qui nous incombent, tant que nous ne leur garantirons pas une instruction et une éducation vraiment morales, exclusivement laïques, puisées aux sources vives du vrai et du bien, le devoir de la science morale sera de rappeler à la société son devoir évident, formel, avec l'insistance et l'autorité qu'il lui appartient d'exercer.

Il résulte de ce qui précède que non seulement l'instruction doit être obligatoire, mais encore qu'elle doit être obligatoirement laïque et publique, et par suite gratuite, dans une société démocratique, de manière à inculquer de bonne heure, dans l'esprit et dans le cœur des enfants, les principes de liberté, d'égalité et de fraternité sans lesquels toute justice sociale est illusoire, sans lesquels il n'y a ni vérité, ni honnêteté, ni vertu, ni élévation intellectuelle et morale, ni noblesse de sentiments.

Ces principes, admis déjà par les consciences libres, ne peuvent qu'être approuvés et consacrés par la science morale et inscrits dans le code des lois de la morale sociale. La société d'abord, puis le père et la mère, doivent pourvoir à l'instruction de l'enfant pendant sa seconde enfance. Il en sera de même pour l'éducation dont la responsabilité pèsera surtout sur la famille. La mère et le père doivent continuer, à cet égard, les leçons du premier âge, inculquer à l'enfant l'amour du vrai et l'amour du bien, et lui donner l'exemple des vertus privées comme le meilleur mode d'enseignement et d'éducation qui lui convienne. Ils doivent lui inspirer de plus en plus, au fur et à mesure que son jugement se forme, l'horreur du mensonge, le mépris de la bassesse et la haine de la servitude, en lui faisant comprendre le plus tôt possible la noblesse et l'utilité de la liberté, de la sincérité et de la vérité. Ils doivent enfin lui inspirer l'amour du travail, soit par leur propre exemple, soit par leurs leçons, et lui faire comprendre de bonne heure que la liberté et le travail sont les principes fondamentaux de tout bien, la garantie de toute morale, la base même de la famille et de la société.

L'emploi de catéchismes moraux, laïques, démocratiques et socialistes, émanés directement de la conscience individuelle, est à souhaiter dans l'avenir le plus rapproché qu'il sera possible, afin de donner à la mère, au père et à la société le pouvoir d'harmoniser leurs enseignements moraux.

Il appartient aux Libres-Penseurs, c'est-à-dire aux hommes exempts de toute superstition et de tout fanatisme, d'en réunir le plus tôt possible les éléments encore épars à travers le monde moderne, de condenser ces éléments dans une législation formelle, et d'en promulguer les textes après les délibérations que comporte la gravité et l'importance de pareilles matières. Aucun organe social n'est plus essentiel que celui dont je viens de parler; aucun ne demande à être mis plus rapidement à la disposition des familles et des écoles publiques. La Libre-Pensée ne faillira pas au devoir qui lui incombe d'assurer le fonctionnement social en ce qui ressort de ses attributions.

J'ai dit plus haut que, dans la première enfance, il était essentiel de garantir l'enfant contre tout enseignement chimérique, contre toute légende, contre toute fable ou toute mythologie pouvant imprimer à sa jeune imagination un caractère mystique et antiscientifique. Cette recommandation de la science morale doit être rigoureusement observée dans les premières années de l'enfance, surtout pour le jeune garçon, de manière à donner à l'esprit de ce dernier une rectitude indispensable, mais elle ne doit pas dépasser des bornes faciles à déterminer.

L'homme n'est pas en effet seulement un être de raison ; il est aussi un être de sentiment, et si sa raison doit être cultivée d'abord, il importe tout autant que ses sentiments soient l'objet des sollicitudes de la famille et de la société, lorsque l'heure sera venue de veiller à leur essor.

L'amour de la mère et du père, des frères et des sœurs, se propageant jusqu'aux parents plus éloignés pour arriver jusqu'à l'amour du prochain : l'attachement progressif qui se porte d'abord sur la maison paternelle, puis tour à tour sur le quartier d'origine, sur la ville natale, sur la commune, sur la province ou le département et sur la patrie ; et enfin, le sentiment essentiellement démocratique et socialiste qui fait rayonner sur l'humanité tout entière les expansions affectueuses d'un cœur bien placé, constituent les degrés successifs par lesquels l'éducation de l'enfant passera pour s'élever de l'amour du vrai et du bien, qui lui aura été inculqué d'abord, jusqu'à l'amour de ses semblables, embrassant la généralité de l'espèce humaine, auquel il devra arriver en dernier lieu.

Deux écueils diamétralement opposés sont à redouter dans l'éducation des enfants. Le premier, fondé sur la culture prédominante du sentiment, nous a été révélé par les résultats de l'éducation religieuse. Il se traduit par la superstition et par le fanatisme, dont nous connaissons les funestes effets. Le second est celui qui résulterait d'une culture philosophique trop exclusive, dirigeant sur le développement de la raison sociale tous les efforts de l'éducation et l'essor unique des facultés de l'enfant. L'exclusivisme rationnel pourrait devenir, si l'on n'y prenait garde, l'origine de la sécheresse du cœur assimilant la vie humaine à un théorème de géométrie et la destinée humaine à un problème algébrique.

Les sentiments sont en réalité les premiers mobiles de nos jugements et de nos actes, et le cœur a ses motifs légitimes que la raison ne connait pas toujours. Dès lors, pourquoi faire abstraction du sentiment ? Ceux-là même qui le renient jugent par lui quelquefois, mais ils ne s'en rendent pas compte ou ne veulent pas en convenir. A certains égards, la raison est à l'esprit ce que le vin est au corps humain. Prise à dose modérée, elle soutient et fortifie ; à haute dose, elle grise et débilite. Il faut de la sobriété dans tout, même dans la raison, sous peine de tomber dans les excès du philosophisme intolérant, du positivisme ennemi de toute liberté.

De plus, il faut tenir compte de ce que le sentiment fait mouvoir la volonté avec beaucoup plus d'énergie que ne le fait la raison. La Bastille n'a pas été prise, il y a cent ans, à la suite d'un calcul, mais sous l'influence d'un sentiment d'indignation contre les prérogatives royales qui blessaient l'esprit de justice dont la conscience du peuple de Paris était profondément pénétrée. A quoi servirait la logique pour élever un enfant, pour soigner un infirme ou un vieillard ? L'amour seul permet de prendre la peine nécessaire, ou à son défaut, le sentiment du devoir qui est une manifestation d'amour, de l'amour du bien.

D'ailleurs, l'homme est-il donc trop riche de facultés pour qu'il soit sage de négliger l'une quelconque d'entre elles ? Et si le sentiment n'a jamais produit jusqu'à présent que de mauvais fruits sous l'influence des religions, devons-nous en conclure qu'il n'en pourra donner d'excellents lorsqu'il sera développé sous la sauvegarde d'une morale scientifique, démocratique et socialiste ; lorsqu'il se greffera sur une raison saine et éclairée? Qu'est-ce que la raison, qu'est-ce que le sentiment, sinon deux facultés distinctes, mais connexes du même individu, toutes deux utiles, toutes deux nécessaires pour l'équilibre interne, faites pour marcher côte à côte, pour s'entr'aider au lieu de se combattre ? Le précepte de pure raison : *L'union fait la force*, et celui de pur sentiment : *Aimez-vous les uns les autres*, applicables tous deux aux relations de la raison et du sentiment, sont deux modes d'expression de la même pensée, de la même vérité. Dans la vie sociale ils produisent les mêmes résultats, en vertu du principe fondamental que j'ai établi dans un chapitre précédent, et qui est ainsi conçu : *Le vrai n'est pas autre chose que le produit du bien dans l'intelligence, et le bien, à son tour, n'est pas autre chose que le produit du vrai dans la conscience morale.* Lorsque la morale est scientifique, c'est-à-dire lorsqu'elle est basée sur la vérité, et lorsqu'elle est démocratique et socialiste, c'est-à-dire basée sur l'amour du bien et de la justice, il n'y a pas à craindre de voir le vrai et le bien, la raison et le sentiment entrer en conflit.

La Libre-Pensée et la saine morale doivent donc éviter, avec le même soin, le double excès qui conduit, soit au fanatisme soit à l'égoïsme, et elles doivent s'efforcer de produire l'homme équilibré, l'homme jouissant de toutes les ressources dont il peut disposer pour échapper à la servitude, l'homme aussi fort par sa raison que par son sentiment, et doublement fort par l'emploi simultané de ces deux éléments majeurs de son élévation ; l'homme en possession d'une destinée harmonisée dans ses divers éléments, à laquelle concourent toutes ses facultés matérielles et morales également développées en vue du bonheur individuel et de l'équilibre social.

Toutefois il ne faut pas oublier que dans cet harmonieux ensemble de toutes les facultés humaines, la raison doit toujours avoir le dernier mot et régler l'ordonnance générale de l'équilibre interne de l'esprit et du cœur ; de même que dans la famille, où l'homme et la femme ont des droits et des devoirs équivalents, l'homme doit avoir la direction supérieure, l'autorité définitive, en vertu des facultés plus spécialement rationnelles et plus effectivement énergiques qu'il a reçues de la nature.

La dernière considération que je viens d'invoquer fait ressortir cette vérité : que l'heure propice pour le développement des facultés d'imagination et de sentiment ne doit pas être la même pour le jeune garçon et pour la petite fille. Tandis que, pour le premier, il convient de retarder ce développement jusqu'au premier éveil de la puberté, jusque vers l'âge de quatorze à quinze ans, il parait de même convenable de le favoriser chez la petite fille dès le début de la seconde enfance, c'est-à-dire vers l'âge de sept à huit ans. La famille jouera ainsi un rôle harmonique nouveau dans l'équilibre des facultés humaines et des destinées familiales et sociales. L'homme, plus particulièrement rationnel, trouvera dans sa faculté majeure l'autorité qui lui revient pour la direction des destinées familiales, et la femme, plus spécialement bonne et tendre, corrigera, par une légère exagération de ses qualités de cœur, ce que le point de vue rationnel et positif peut avoir de raideur dans une nature virile. Cette dernière, sans désarmer, sans abandonner aucun de ses droits supérieurs, saura tenir compte des condescendances auxquelles ont droit la douceur, la faiblesse et la pitié, qui sont le privilège de la nature féminine ; et celle-ci, à son tour, apprendra à s'incliner devant l'autorité supérieure de la raison.

De ces condescendances réciproques, dont l'homme et la femme devront se donner le mérite respectif dans la vie de famille, et des condescendances de même nature qu'auront l'un pour l'autre la raison et le sentiment, dans la vie intime de l'homme comme dans celle de la femme, naitront l'harmonie et l'équilibre, d'abord dans la vie intellectuelle et morale des individus, puis dans la vie de la famille, et plus tard dans la vie sociale. Ainsi, lorsque la femme, libérée dans sa conscience, ayant échappé au joug funeste des religions qui paralysent ses moyens naturels, intellectuels et moraux, pourra se mêler utilement aux discussions législatives, et prendre la part qui lui reviendra plus tard dans l'élaboration des lois morales, et par suite dans la fondation des mœurs et des institutions, il paraît hors de doute que celles-ci en seront d'autant mieux conçues, soit pour le bonheur des uns et des autres, soit pour la paix sociale devant résulter de l'équilibre des éléments d'organisation de la société, qu'elles réuniront, à la fois, toutes les inspirations de la raison virile et du sentiment féminin, qu'elles tiendront compte de toutes les composantes de la nature intime, de l'intelligence, de la conscience et du cœur de chacun de nous.

Si l'éducation de l'enfant est surtout le devoir de la famille, l'instruction est surtout celui de la société ; d'où, ainsi que je l'ai fait voir ci-dessus, l'école publique obligatoire, gratuite et laïque, exclusive de toute école congréganiste signalée par la science morale comme un danger social, comme un danger analogue à celui qui résulte de l'emploi de matières alimentaires vénéneuses, et sur laquelle la société a le droit de mort, en vertu du principe fondamental de légitime défense, de ce même droit sur lequel elle s'appuie, lorsqu'elle fonde des laboratoires d'expertise alimentaire.

Cette école laïque devra s'inspirer, dans son enseignement, de programmes permettant de diriger l'instruction des enfants dans le sens de la plus grande utilité qu'ils pourront en retirer, soit pour leurs intérêts matériels, soit pour leur équilibre intellectuel et moral. Elle adoptera des méthodes et elle favorisera des études propres à faire triompher, au sein de la société, les principes de toute vérité et de tout bien, sans lesquels les destinées individuelles sont vouées au vertige, et les destinées sociales à l'abime.

La morale sociale doit étudier avec le plus grand soin toutes ces questions essentielles. Le passé nous a légué, à cet égard, les plus funestes traditions. Il a fait de l'instruction le privilège de la naissance et de la fortune; il a établi des programmes d'enseignement par lesquels l'esprit de l'enfant est tourné vers le passé, où son intelligence se repait de légendes menteuses, où sa voix balbutie des langues mortes qu'il ne comprend pas, afin de l'empêcher de voir ce qui se passe dans le présent et de tourner ses regards vers l'avenir.

L'influence des religions se reconnait, par des signes certains, dans les programmes d'enseignement dont les universités n'ont pas su secouer entièrement le joug, mais que la poussée du sentiment public les oblige à modifier depuis quelques années. La peur de la vérité, la terreur de la raison, se reconnaissent facilement dans le soin que prenaient les programmes d'instruction de naguère, d'éloigner de l'esprit de l'enfant l'enseignement scientifique, pour favoriser les matières purement littéraires. Les jeunes intelligences contractaient, dans les nuages et dans les fadeurs de la rhétorique et de la prosodie latine, dans les puérilités du thème latin et dans les sentimentalités de la poésie, l'empreinte de je ne sais quel orgueil de quintessence qui engendrait en eux le mépris de l'homme pratique, du travailleur effectif, de celui qui laboure la terre ou qui martèle le fer, et qui en atrophiait les énergies viriles, les facultés rationnelles, au profit de l'affinement des moyens par lesquels l'hypocrisie et la perfidie revêtent des formes patelines et trompeuses.

Le devoir de la science morale est de déjouer ces calculs, d'enlever à l'instruction publique le caractère dont l'avaient revêtu des hommes plus soucieux de favoriser, par elle, le recrutement des industries sacerdotales, que de produire des hommes équilibrés dans leurs facultés, loyaux, sincères, actifs, utiles, pratiques et libres. Son devoir est encore, est surtout de répandre l'instruction à pleines mains, de tracer à la société le devoir essentiel de ne pas en faire l'objet d'un privilège accessible à la fortune, et duquel le mérite intrinsèque serait exclu.

La démocratie socialiste qui a pour principes, non seulement la liberté, mais encore l'égalité et la fraternité, ne reconnait qu'une seule hiérarchie légitime parmi les enfants de toute provenance, celle du mérite acquis par le travail et par l'essor des facultés individuelles. De plus, la société, qui est un total constitué par l'ensemble d'un nombre de membres déterminé et limité, sera d'autant plus forte que les aptitudes natives de tous les individus qui la composent auront été plus fructueusement développées, et pour n'en laisser aucune dans l'ombre, ce qui serait à la fois une injustice et une déperdition de ressources, elle doit admettre aux bénéfices successifs de l'instruction secondaire et de l'instruction supérieure ceux qui auront témoigné de leur aptitude à la recevoir, et elle doit aussi la réserver exclusivement à ceux-ci. Pour cela, tous les enfants, sans exclusion quelconque, sans distinction d'origine, devront s'asseoir sur les bancs de l'école primaire, comme ils prendront tous leur place plus tard dans les rangs de l'armée, sans qu'un seul puisse être exempté de cette première comme de cette seconde obligation, et ils concourront à titre égal, sous la seule garantie de leur travail fécondé par leurs aptitudes, pour l'admission aux études de l'enseignement secondaire et supérieur, au moyen d'épreuves scrupuleusement impartiales, organisées de manière à appliquer, avec toute la rigueur possible, le principe d'après lequel chacun doit être jugé et classé selon ses œuvres.

Il résulte de ce qui précède que l'enseignement des écoles primaires ne doit pas être spécial; qu'il ne doit pas être considéré comme le commencement et la fin d'une instruction tronquée, bonne seulement pour les déshérités de la fortune, pour des enfants sur qui doit peser, dès l'âge le plus tendre, la fatalité des destinées de second ordre, mais comme le commencement de tout enseignement quelconque, comme le premier degré de toute instruction méthodique et rationnelle, aussi indispensable à l'enfant que ses études pousseront, un peu plus tard, jusqu'aux plus hauts sommets de la science, qu'à celui à qui ses facultés plus modestes ne permettront pas de s'élever au-dessus de la plus humble condition.

Le résultat des concours d'écoles primaires devra donc être le seul titre effectivement apte à donner accès aux études secondaires, non plus obligatoires, puisqu'elles seront le privilège du travail et des aptitudes constatées, mais toujours gratuites et laïques, en vertu des considérations énumérées précédemment.

La proportion à établir entre le nombre des enfants à admettre dans l'enseignement secondaire, et celui des enfants à maintenir dans l'enseignement primaire, devra d'abord être réglée par le nombre des places disponibles dans les établissements dont la société pourra disposer en faveur du premier. Elle pourra être par suite d'autant plus forte que les ressources sociales permettront à un plus grand nombre d'enfants d'accéder à l'enseignement secondaire.

Cependant, il y a un écueil à prévoir et un excès à éviter dans l'évaluation de cette proportionnalité. Rien n'est plus apte à faire des déclassés, et par suite des infortunés, que l'admission à l'enseignement secondaire et supérieur d'un enfant qui ne pourrait pas s'élever, plus tard, à un rang social conforme à l'élévation de son esprit et à l'amplitude de ses connaissances. La fondation d'établissements d'instruction secondaire et supérieure devra donc être limitée, par la société, à ce qui est nécessaire et suffisant pour l'instruction des enfants destinés, dans l'avenir, à remplir les fonctions de direction professionnelle des diverses branches de l'activité humaine. Toutefois, et afin de ne pas condamner à une infériorité intellectuelle, fatale et irrémédiable, que rien ne pourrait excuser, les jeunes gens que leur rang de concours n'aurait pu faire admettre à l'enseignement secondaire, les programmes de l'instruction primaire seraient de plus en plus développés, au fur et à mesure des progrès sociaux, de manière à élever indéfiniment le niveau moyen de l'instruction des populations.

Une organisation des écoles conforme aux principes énoncés ci-dessus est la seule qui tienne un compte satisfaisant, dans la pratique, des principes d'égalité et de fraternité qui sont l'honneur de la Révolution française, et sans lesquels le principe de liberté, qui les précède et les domine, ne pourrait porter les fruits dont il est l'heureux présage.

Les connaissances enseignées à l'école primaire doivent donc être celles dont aucun citoyen ne peut et ne doit être dépourvu. Ce sont : la lecture, l'écriture, l'orthographe, la langue natale avec sa grammaire et son dictionnaire, les éléments d'histoire et de géographie du pays natal et du globe terrestre, le calcul usuel, le dessin élémentaire, quelques notions pratiques d'histoire naturelle, d'hygiène élémentaire, de droit usuel et d'économie politique, et enfin le catéchisme moral et laïque.

Ce programme de l'instruction des jeunes garçons doit être le même pour les petites filles, en y substituant simplement l'économie domestique à l'économie politique.

Lorsqu'à un âge à déterminer entre la dixième et la douzième année, un enfant aura obtenu un rang de concours qui lui donnera accès à l'enseignement secondaire, il quittera l'école primaire pour recevoir l'enseigne- ment favorisé auquel son travail et ses aptitudes l'auront appelé.

Dans le cas contraire, il restera à l'école primaire jusqu'à l'âge de l'enseignement professionnel, et il y recevra, pendant cette nouvelle période d'instruction, un enseignement plus étendu que celui dont le programme est indiqué plus haut. Dans le nouveau programme qu'il conviendra d'adopter pour cette seconde période d'instruction primaire, les langues vivantes et les arts d'agrément, tels que la musique et la peinture, se joindront aux connaissances plus universellement utiles, telles que la géométrie, le dessin et la littérature, pour employer les années de l'enfance et de la première jeunesse selon la meilleure formule de développement intellectuel et moral que la pratique fera reconnaître, et dont l'expérience permettra de fixer les termes.

Ce qui précède est aussi bien applicable aux écoles de filles qu'à celles de garçons, mais, à partir du point où je suis arrivé, il faut établir des distinctions nécessaires entre les méthodes à suivre dans les unes et dans les autres.

Le jeune garçon, d'une douzaine d'années environ, qui sera admis dans un établissement d'enseignement secondaire, y trouvera d'abord les matières de l'enseignement primaire élargies, amplifiées, mais toujours conformes aux exigences générales de la vie de tous les citoyens, c'est-à-dire l'étude, plus approfondie que précédemment, de sa langue natale et de sa littérature, des connaissances historiques et géographiques, des sciences mathématiques, physiques et chimiques, de l'histoire naturelle, de l'hygiène générale, du droit usuel, de l'économie politique et de la science morale. En outre, et à côté de cet enseignement commun à tous les élèves de l'enseignement secondaire, s'en trouvera un second qui se donnera parallèlement au premier, sans se confondre avec lui, et qui permettra de cultiver avec un soin particulier les aptitudes spéciales de chacun, au fur et à mesure qu'elles se développeront, en vue d'un premier acheminement vers les études professionnelles techniques.

C'est ainsi qu'un enfant pourra opter pour l'enseignement secondaire littéraire, scientifique, artistique, agricole, industriel ou commercial, suivant le désir qu'il exprimera spontanément de se diriger vers une carrière à laquelle l'un de ces enseignements spéciaux sera mieux approprié, ou suivant que ses parents et ses professeurs croiront distinguer, dans ses facultés naissantes, des aptitudes spéciales de nature à le déterminer vers le genre d'études qui leur est le mieux approprié.

L'étude des langues mortes et vivantes, de la linguistique, des littératures nationales et étrangères du passé et du présent, des sciences de toute nature, des arts divers, prendra place dans les programmes d'enseignement secondaire spécial, de manière à ouvrir à l'esprit des enfants de premières perspectives positives, desquelles se déduira le choix définitif de la carrière à suivre, ou de la profession à embrasser à la fin des études de l'enseignement secondaire.

La petite fille admise à l'enseignement secondaire y trouvera, de même que le jeune garçon, les matières amplifiées de l'enseignement primaire. A côté de ce premier programme destiné à développer son intelligence en vue de la perspective rationnelle, qu'elle aura dès lors le droit d'envisager, de devenir plus tard la compagne d'un homme instruit et distingué, s'en trouvera un second, essentiellement littéraire et artistique, qui lui permettra de développer toutes les ressources de son imagination, de son esprit et de son goût, qui la mettra en mesure d'acquérir tout le charme dont la nature a mis en elle les éléments; et enfin un troisième, qui se donnera aussi bien à l'école primaire qu'à l'école secondaire, à partir du jour où les matières de l'instruction élémentaire seront considérées comme suffisamment acquises, et qui comprendra toutes les connaissances spécialement relatives à l'accomplissement des grands devoirs de la maternité, aux occupations domestiques et à l'administration des soins à donner aux enfants, aux malades, aux infirmes et aux vieillards.

Ce dernier enseignement technique et professionnel sera donné à toutes les petites filles sans exception, en raison de ce qu'il n'existe pour la femme qu'une seule forme d'activité essentielle, qu'une seule vocation possible, qu'une seule carrière, qu'une seule profession, qu'une seule destinée : celle de la maternité ; et il sera parallèle aux deux autres. A l'école secondaire, il recevra des développements théoriques et scientifiques en harmonie avec l'amplitude des matières de l'enseignement secondaire proprement dit, mais les connaissances pratiques nécessaires à toute femme, à toute mère, pour remplir convenablement ses devoirs de famille, seront enseignées à toutes les petites filles sans exception, aussi bien dans les écoles primaires que dans les établissements d'instruction secondaire, ainsi que certains arts d'agrément, tels que la musique et la danse, dont toute jeune fille doit être pourvue pour développer les grâces et le charme que comportent sa nature et son sexe.

Telles sont, dans leurs grandes lignes, les prescriptions que la morale sociale doit proclamer en vue de l'amélioration du sort des enfants. Ces prescriptions constituent le devoir de la famille et de la société, et par suite le droit corrélatif de l'enfant. Elles impliquent, par une corrélation nouvelle, le droit, pour la famille et pour la société, d'exiger que l'enfant, par son travail, par sa soumission, par son application, se rende digne des sollicitudes dont il est l'objet, et ce droit de la famille et de la société constitue à son tour le devoir de l'enfant de se conformer à leurs justes exigences, afin de ne pas rendre stériles les mesures prises en vue de son développement physique et moral. Il en résulte enfin, pour la société, le droit de récompense et de punition que la famille avait d'abord exercé pour des motifs de même nature, et pour l'enfant, le devoir d'accepter, avec reconnaissance et modestie, les récompenses accordées, comme de subir, sans révolte et sans murmure, les punitions infligées en vertu des droits de la famille et de la société.

J'ai parlé, dans le chapitre précédent, de la façon dont il convient d'envisager la répression des fautes pendant la première enfance, et j'ai fait ressortir combien il était nécessaire d'user d'abord de ménagements, de graduer les moyens d'action, de s'adresser aux mobiles affectueux, et d'obtenir l'assentiment des enfants à l'accomplissement de tous leurs devoirs, sans avoir recours à d'autres moyens qu'aux exhortations de la raison, aux effusions de la tendresse maternelle et paternelle, et à la privation d'une caresse ou d'une simple privauté affectueuse.

Lorsque ces premiers moyens d'action seront insuffisants, il conviendra d'en employer de plus sévères, tirés de l'accroissement des heures de travail, soit physique, soit intellectuel, aux dépens des heures de simple récréation. La fermeté du père ou du maître devra se faire sentir dans leur application ; toutefois la sollicitude, la douceur et la tendresse même devront y être toujours apparentes. Les parents ne doivent jamais se laisser aller à la colère envers leurs enfants. Outre qu'elle est d'un mauvais exemple et le sujet d'un scandale, elle est toujours injuste, puisque l'enfant n'est pas responsable de ses actes, puisque pendant toute la période d'enfance, sa nature, ses instincts, ses penchants, ne peuvent pas être considérés comme dominés par sa volonté et par son libre arbitre, sans quoi les soins de son éducation n'auraient aucune raison d'être.

En punissant leur enfant, un père et une mère ne peuvent pas, ne doivent pas se placer à un autre point de vue que celui de l'accomplissement d'un devoir, quelquefois douloureux mais nécessaire, qui exige de la fermeté, de la raison, du sang-froid et la connaissance du but à atteindre qui est le perfectionnement moral de l'enfant, et non pas une vengeance à exercer contre lui en raison des ennuis et des désagréments causés par sa mauvaise conduite.

Lorsque la discipline familiale et scolaire est insuffisante pour réduire au devoir l'enfant rebelle, la société doit venir au secours des familles au moyen de maisons de correction organisées pour la répression et pour l'amendement moral, de telle sorte que le retour au bien y soit toujours possible, que l'indulgence y ait toujours le dernier mot, que le mauvais exemple et le scandale y soient épargnés à l'enfant rebelle, et que les punitions rigoureuses n'y soient employées que dans les cas extrêmes, sans jamais contrevenir, ni aux règles de l'hygiène ni à celles de la modération.

Dans le plus grand nombre des cas, la discipline familiale et scolaire suffira pour réprimer les fautes de l'enfant. Pour qu'il en soit ainsi, la science morale viendra au secours du père et de la mère en étudiant, avec le plus grand soin, les méthodes les plus efficaces et les plus légitimes permettant de réprimer la faute sans aigrir le caractère de l'enfant, et en agissant même sur ce dernier par ses représentants autorisés, par les hommes qui auront pour mission, dans la démocratie socialiste de l'avenir, d'enseigner la morale et d'en donner l'exemple. Les sollicitudes paternelles et maternelles et les règlements scolaires feront le reste. Le père et la mère auront à déployer, dans l'accomplissement d'un devoir fait à la fois de sévérité, de fermeté, de sollicitude, de patience, de tendresse, et même de douceur jusque dans ses plus grandes rigueurs effectives, les plus hautes qualités de l'esprit et du cœur. Mais rien n'est inaccessible à l'amour maternel ou paternel, et la science morale, en signalant ces devoirs, trouvera dans les trésors du cœur humain le puissant auxiliaire qui lui permettra de compter sur leur accomplissement, au delà de ce que les forces de la raison seule pouvaient le faire espérer.

Quels que soient d'ailleurs les modes d'instruction et d'éducation dont la famille et la société auront adopté l'emploi, les devoirs de l'enfant seront des plus rigoureux.

L'enfant doit considérer ses devoirs envers les maîtres qui lui assurent les bienfaits de l'instruction et de l'éducation comme de même nature que ceux dont sa mère et son père sont l'objet. Il doit considérer ses maîtres comme des parents d'une nouvelle espèce, qui lui donnent la vie intellectuelle et morale et qui la développent; qui remplissent par suite, à son égard, des devoirs paternels et maternels, et il doit leur vouer des sentiments filiaux.

Le premier de ces devoirs est celui de la reconnaissance, de ce sentiment de justice envers ses bienfaiteurs dans lequel il trouvera le germe de l'amour du bien, la source des efforts de la volonté, le principe même des mobiles qui le pousseront à la pratique des lois morales.

Le vice opposé à la reconnaissance est l'ingratitude. Il est odieux parce qu'il indique, chez celui qui en est affligé, non seulement l'absence de tout élan du cœur, de tout sentiment noble, de toute générosité, mais encore la perversion du sens intellectuel en même temps que celle du sens moral, l'inaptitude à saisir la relation qui existe nécessairement entre le bienfait reçu et la reconnaissance due, la sécheresse de cœur qui fait envisager sans remords la dette contractée et laissée sans rémunération équivalente, toutes choses par lesquelles le sentiment du devoir est oblitéré ; desquelles il résulte qu'aucune harmonie ne peut exister dans les facultés humaines, et qu'aucune action utile, bonne ou généreuse, ne peut jaillir de l'effort de la volonté.

Le second de ces devoirs est celui de l'obéissance, qui consiste à conformer ses actions au désir de ceux en qui réside l'autorité. L'enfant ne sait rien et ne peut rien par lui-même. Sans l'assistance de sa mère, de son père et de ses maîtres, il périrait misérablement, soit par les privations et par les maladies, soit en s'exposant à des dangers qu'il ne saurait prévoir. Il a donc besoin qu'on lui procure ce qui lui est nécessaire, qu'on veille sur lui et qu'on le protège contre les effets de sa propre inexpérience. L'enfant qui, en grandissant, abuserait de la faiblesse affectueuse de ses parents ou de ses maîtres pour agir selon ses propres volontés, usurperait un droit qui ne lui appartient pas, qu'aucun devoir préalablement accompli ne peut légitimer. Aussi le châtiment ne se ferait pas attendre. L'expérience de la vie lui faisant défaut, l'enfant désobéissant commettrait nécessairement des imprudences qui, de faute en faute, le conduiraient fatalement à de cruelles expiations.

La science morale doit signaler à l'attention de l'enfant le précepte suivant qui est conforme à la raison, à la justice et au sentiment des choses pratiques : Avant d'avoir acquis le droit de commandement, il faut avoir pratiqué le devoir d'obéissance, et avant de pouvoir se conduire soi-même, il faut avoir conformé sa conduite aux conseils de ceux qui ont l'expérience de la vie et qui ont reçu, de la nature ou de la société, l'autorité nécessaire pour faire prévaloir leurs avis.

Les devoirs qui précèdent doivent être sanctionnés par l'amour filial qui est aussi un devoir, en même temps qu'un sentiment naturel dont l'expression est dans le sincère et fidèle accomplissement des devoirs d'obéissance, de respect, de soumission et de reconnaissance prescrits par la raison, par la justice et par la science morale. La meilleure preuve d'amour qu'un enfant ait à donner à ses parents est donc d'éviter toujours ce qui peut leur déplaire, et de faire tout ce qui peut leur être agréable, sans désobéir aux lois morales dont l'autorité est supérieure à celle des parents eux-mêmes, puisque ces derniers parlent toujours en son nom.

Il en est de même pour l'attachement, dérivé de l'amour filial, que l'enfant doit vouer aux maîtres qui développent ses facultés intellectuelles, les ressources de son esprit, la voix de sa conscience morale et le germe de ses aptitudes.

En outre des devoirs que l'enfant doit remplir envers ses parents et envers ses maîtres, la science morale doit lui enseigner ceux qui lui incombent envers les membres quelconques de la société, et plus spécialement envers ses frères et ses sœurs dans la vie de famille, et envers ses condisciples dans la vie scolaire. La morale laïque, démocratique et socialiste, en faisant valoir de bonne heure, aux yeux de l'enfant, la grandeur des principes d'égalité et de fraternité, lui enseignera qu'il a le devoir d'être bon et affectueux envers ses frères, ses sœurs et ses condisciples pour avoir, de son côté, le droit d'attendre de leur part des procédés réciproques, grâce auxquels la paix de la vie de famille sera assurée, ainsi que celle de la vie scolaire. Elle lui fera voir ensuite que la paix sociale et la paix internationale s'obtiennent par des moyens analogues, et elle lui fera comprendre enfin combien sont urgents les devoirs de cette nature dont elle lui recommandera l'accomplissement, puisque de leur acceptation sincère dépendent les sentiments qui seront plus tard la garantie de la paix entre les hommes.

La science morale enseignera encore aux enfants que leur âge, leur inexpérience et les convenances leur imposent le devoir de se montrer respectueux de toute personne à qui son âge plus avancé donne l'autorité de la raison éprouvée et de l'expérience acquise. Le respect des vieillards, des femmes, des enfants plus jeunes, en un mot de toutes les créatures débiles, lui sera recommandé, non seulement comme chose due, mais encore comme la marque de nobles sentiments chez celui qui le pratique et qui s'en trouve honoré. L'enfant apprendra ainsi de bonne heure qu'il doit être humain, généreux et bon, même envers les animaux domestiques, dont l'homme reçoit les plus précieux secours, et que leur soumission et leur rang subalterne doivent mettre à l'abri des violences de l'homme qui se respecte.

La corrélation de la puissance et de la bonté, de la vigueur morale et de la générosité, de la vigueur corporelle et de la douceur, sera plus particulièrement désignée à l'attention du jeune garçon, tandis que la petite fille se pénétrera, le plus tôt possible, des devoirs de douceur, de modestie, de soumission, d'abnégation et de sacrifice de sa volonté, qui doivent résulter pour elle du rôle spécial qu'elle aura à jouer plus tard dans la famille, lorsqu'elle aura à subordonner son sentiment à l'autorité de la raison, sa volonté à celle de l'époux.

CHAPITRE V

DE LA PREMIÈRE JEUNESSE

La période de la première jeunesse, qui est celle où la puberté s'éveille et où le jeune homme et la jeune fille se dégagent de l'enfant, s'étend, pour le jeune garçon, de l'âge de quinze ans à celui de vingt, et pour la jeune fille, de l'âge de quatorze ans à celui de dix-huit.

Les lois françaises permettent le mariage entre les jeunes garçons de l'âge de dix-huit ans et les jeunes filles de celui de quinze. Les lois anglaises l'autorisent à partir de l'âge de quinze ans pour le jeune homme, et à partir de celui de douze ans pour la jeune fille. Toutes les législations européennes et américaines sont conçues dans un sens analogue, et les religions n'y apportent aucune entrave, n'élèvent contre de pareils abus aucune protestation, ne voient aucun inconvénient à sanctionner de leurs bénédictions de telles imprudences. Cette latitude est, non seulement une immoralité de plus à ajouter à celles que j'ai déjà signalées dans l'institution du mariage moderne, religieux ou civil, mais encore la source de désordres dont la science morale doit se préoccuper.

Pour les jeunes gens des deux sexes, mais surtout pour les jeunes filles, l'union prématurée peut avoir des inconvénients trop graves pour que la science et la morale n'interviennent pas légitimement dans la question. L'exemple que je viens de citer, de l'aberration des lois civiles, complices des religions dont les indulgences sont acquises à tout ce qui ne touche pas aux intérêts sacerdotaux, montre combien la constitution d'une morale laïque, scientifique, démocratique et socialiste est nécessaire à notre société moderne; combien sa mise en pratique s'impose à bref délai, si nous voulons que nos enfants jouissent des bienfaits d'une sollicitude sociale éclairée. C'est ainsi que le législateur civil, dépourvu de ce guide indispensable de ses délibérations, aveuglé par les insuffisances et les erreurs des morales religieuses, peut se tromper grossièrement, donner l'estampille légale aux pires imprudences, et légitimer, en les sanctionnant, les mesures les plus contraires à l'intérêt social comme aux intérêts familiaux et individuels.

La science et la morale ne peuvent reconnaître, en effet, le droit d'union qu'aux jeunes gens remplissant les conditions matérielles et morales nécessaires pour l'accomplissement des devoirs qui résulteront de la fondation d'une famille. Une morale scientifique, démocratique et socialiste, ne peut donner son adhésion à l'union d'un jeune homme avec une jeune fille qu'autant que ceux-ci auront reçu, chacun de leur côté, d'une commission médicale instituée à cet effet, un certificat de nubilité acquise, complète, exempte de vices rédhibitoires; et qu'ils auront prouvé, conformément à des certificats d'étude établis par une autorité scolaire publique, qu'ils sont arrivés au terme de la période normale d'instruction et d'éducation, et qu'ils sont physiquement, intellectuellement et moralement aptes à remplir les devoirs de la paternité et de la maternité.

Il n'y a pas lieu d'insister, dès à présent, sur cet ordre d'idées qui se retrouvera un peu plus tard, lorsqu'il sera question des conditions morales à remplir, pour que l'union normale de l'homme et de la femme se produisent selon les lois du bien. Il suffit d'indiquer, pour le moment, que la loi morale, ne pouvant admettre l'union des sexes dans la première jeunesse, n'a pas à envisager autre chose, pendant cette période, que la continuation rationnelle et méthodique de l'instruction et de l'éducation des jeunes gens des deux sexes.

Avec la puberté se déclarent, chez le jeune homme et chez la jeune fille, les premières manifestations de l'éveil des passions. La famille et la société, chacune en ce qui les concerne, doivent redoubler de vigilance et d'attention, à cette époque critique du développement des organes et des facultés, de manière à détourner, à éviter ou à étouffer, tout ce que les premières effluves de l'adolescence peuvent entraîner de conséquences funestes, soit dans l'équilibre des facultés humaines, soit dans la marche normale des destinées individuelles.

Leur sollicitude pourra s'exercer utilement, à cet égard, aussi bien dans l'ordre matériel que dans l'ordre moral. Dans l'ordre matériel, il sera bon de multiplier les exercices corporels jusqu'à la fatigue, sans dépasser la mesure que commandent les lois du développement normal des organes, mais en allant jusqu'à la limite qu'elles permettent d'atteindre, et par lesquelles la santé générale des jeunes garçons et des jeunes filles ne sera pas compromise.

Dans l'ordre moral, il sera nécessaire de faire envisager aux jeunes gens la nécessité pour eux, avant de songer à la fondation d'une famille, ce qui est la seule manifestation morale à envisager pour la satisfaction des désirs qui s'éveillent dans leurs sens et dans leurs cœurs, de remplir la totalité de leurs obligations sociales préliminaires, telles que celles d'instruction et d'éducation générale, qui sont communes aux deux sexes. Il faudra leur faire comprendre qu'une famille ne peut être fondée que par un homme et une femme accomplis, arrivés au terme de leur croissance et de leur développement, et que la liberté, c'est-à-dire le droit, c'est-à-dire la responsabilité, ne peut être acquise que par l'accomplissement de certains devoirs qui sont, pour la jeune fille, ceux d'instruction spéciale des connaissances maternelles, domestiques et hospitalières; et pour les jeunes garçons, ceux d'apprentissage professionnel et de service militaire actif. Ces conditions remplies peuvent seules leur donner, en effet, les qualités indispensables pour fonder des familles morales, des familles aptes à pratiquer et à transmettre les traditions de l'honneur familial, et pour élever leurs enfants selon toutes les règles indiquées par la science et par la morale.

La prostitution officielle ne pouvant pas et ne devant pas exister dans une société démocratique et socialiste, non plus que la prostitution clandestine, de grandes précautions seront nécessaires pour empêcher les séductions réciproques; et pour cela, les mères de famille devront redoubler de vigilance, ce qui leur sera facile si la société, en les dotant, leur a donné le moyen de s'occuper exclusivement de leurs époux et de leurs enfants. C'est ainsi que le jeune garçon et la jeune fille devront être tenus éloignés l'un de l'autre par les convenances sociales, par les usages résultant de mœurs pures, pendant toute la période qui sépare l'éveil de la puberté de l'époque à laquelle aura lieu l'union libre, normale et morale des deux sexes.

S'il y a lieu, pour les uns et pour les autres, à refouler quelques ardeurs sensuelles trop précoces ou quelques élans prématurés du cœur, ils le feront pour obéir aux considérations morales desquelles il résulte que, pour être vraiment pur et fort, c'est-à-dire digne d'exercer toutes les responsabilités de l'homme et de la femme émancipés et libres, il est nécessaire de savoir et de pouvoir dompter sa chair, son imagination, et même son cœur, lorsque la raison l'indique, lorsque la morale l'ordonne.

La résignation des jeunes gens à ce genre d'abnégation sera obtenue si leur conscience leur fait voir, dans les devoirs que la famille et la société exigeront de leur bonne volonté, la conséquence d'une force logique et majeure qui s'impose, le souci d'un ordre social harmonieux et puissant à sauvegarder, de pures et nobles traditions à perpétuer, plutôt qu'un caprice arbitraire du législateur à satisfaire. Elle leur sera même facile si leur enfance a été très efficacement surveillée ; si toute cause d'excitation sensuelle a été sévèrement écartée de leur éducation ; si leur imagination n'a pas été éveillée trop vite ; si leurs sentiments n'ont été développés qu'après leur raison ; si des exercices physiques un peu violents ont émoussé l'exubérance de leurs forces ; si une forte discipline familiale et scolaire a rompu, de bonne heure, les jeunes garçons à l'observation scrupuleuse d'une règle de conduite moralement conçue, puis aux exigences de la discipline militaire ; et les jeunes filles à la réserve, à la modestie et à la pudeur imposées par les bonnes traditions familiales ; et enfin si les ardeurs de leurs facultés intellectuelles et morales ont été contenues par des programmes d'instruction plutôt rationnels et scientifiques que littéraires et poétiques. Une bonne mesure à prendre dans ce sens serait encore d'aménager les écoles professionnelles à la façon des casernes, et d'y faire coucher les jeunes garçons, en les autorisant seulement à se rendre dans leurs familles aux heures de repas ; tandis que pour les jeunes filles, la règle inverse serait adoptée.

Les considérations qui précèdent se fondent sur le droit de l'enfant, et du jeune garçon comme de la jeune fille, à recevoir, dans sa plénitude, le développement complet de leurs facultés matérielles, intellectuelles et morales, en vue de l'accomplissement de leurs destinées conçues selon la loi du bien ; et sur le devoir corrélatif, pour la famille et pour la société, d'assurer les moyens par lesquels ce développement ne sera pas arrêté dans son cours, et par lesquels aussi il s'accomplira jusqu'au bout dans les conditions les plus avantageuses, pour le plus grand bénéfice des jeunes gens eux-mêmes, des familles et des traditions sociales.

Pour les jeunes garçons, les exercices gymnastiques, la marche, la natation, l'équitation, l'escrime et le tir devront tenir une large place dans l'instruction et dans l'éducation de la première jeunesse, afin de développer en eux toutes les qualités viriles, en même temps que pour prévenir les effets du surmenage intellectuel, des réclusions scolaires et de l'éveil des passions sensuelles. Pour les jeunes filles, les exercices gymnastiques, la promenade, la natation et la danse sont indiqués pour des résultats analogues, avec cette particularité, pour la danse, qu'elle doit rester un amusement et un exercice entre jeunes filles, tant que celles-ci n'ont pas rempli les conditions de nubilité qui les rendent aptes à s'unir à l'homme de leur choix, et qu'elle ne doit être pratiquée, conformément aux usages à prévoir pour une société qui n'existe pas encore, que par des jeunes gens et des jeunes filles arrivés à la période de virilité, sous la surveillance et sous le contrôle des familles, en plein air et en plein jour, plutôt que la nuit, à l'heure du repos, dans des salons surchauffés et dans des atmosphères viciées.

Lorsque les cours de l'enseignement secondaire seront terminés, vers l'âge de seize ans environ, il y aura lieu d'admettre tous les jeunes gens, aussi bien ceux qui auront été maintenus à l'école primaire que les autres, à l'apprentissage professionnel et à l'instruction des matières ou sciences dépendant de chaque profession, qui se donneront l'un et l'autre dans des écoles spéciales, jusque vers l'âge de vingt ans.

Pendant toute cette période de quatre années environ, les exercices militaires préparatoires s'ajouteront, pour tous les jeunes garçons et dans tous les cas, sauf celui de santé débile ou d'infirmités précoces, aux études et aux pratiques techniques de chacun des enseignements professionnels particuliers.

La répartition à faire entre les diverses professions devra être basée, d'une part, sur l'évaluation des contingents par lesquels le recrutement de chaque branche professionnelle devra être assuré, d'après les indications de la statistique et de l'expérience; d'autre part, sur la préférence marquée par les jeunes gens et sur les aptitudes constatées, soit à l'école primaire, soit à l'établissement d'instruction secondaire, dans la section d'enseignement spécial. Une commission de professeurs ou d'hommes spéciaux choisis parmi ceux qui auront illustré leur corporation professionnelle, établira cette répartition en tenant compte des notes données aux enfants pendant les études antérieures.

Les jeunes gens issus de l'enseignement secondaire, et qui y auront obtenu des certificats d'aptitude aux hautes études professionnelles, seront admis à recevoir toutes les leçons théoriques de nature à les initier à la direction des différentes professions. Parmi eux se recruteront les jeunes gens aptes à devenir ingénieurs, officiers, magistrats, professeurs, chefs d'exploitation agricole, industrielle, commerciale ou financière, tous ceux que leur supériorité technique, à la fois théorique et pratique, désignera plus tard pour diriger des travaux ou des entreprises d'une grande importance, pour occuper les sommets de la hiérarchie militaire, maritime, administrative ou politique, pour remplir enfin les hautes missions scientifiques ou artistiques; mais les études théoriques les plus élevées ne donneront, dans aucun cas, le droit de s'abstenir des études pratiques correspondantes.

Le jeune homme instruit sera mieux armé, pour aspirer aux hautes situations professionnelles, que celui qui aura une instruction du second ou du troisième ordre, mais il n'en sera pas moins obligé de commencer l'exercice de sa profession par les débuts les plus modestes, et de gagner ses grades par des épreuves directes tirées, au cours de sa carrière, des témoignages effectifs de son aptitude, de son zèle, de son application, de sa science, de son expérience, de son travail, de ses efforts incessants, et des résultats acquis, démontrés et vérifiés.

L'enseignement secondaire et l'instruction professionnelle, laquelle comprendra une section de hautes études, n'auront donc pas d'autre effet que de donner, aux jeunes gens les plus aptes, les moyens de s'élever rapidement dans la hiérarchie des professions choisies; mais ils ne leur constitueront aucun avantage immédiat. Le jeune homme capable de devenir rapidement ingénieur n'en sera pas moins obligé de suivre sa carrière en commençant par la situation de simple ouvrier; celui qui aura reçu l'instruction nécessaire pour lui permettre d'ambitionner les grades supérieurs, dans l'armée ou dans la marine, devra commencer sa carrière par le grade inférieur; celui qui sera plus tard un savant agronome commencera par devenir un bon laboureur, et ainsi des autres dans toutes les branches de l'activité sociale.

C'est par des prescriptions conformes à l'ordre d'idées qui précède que la science morale, s'inspirant des sentiments de justice qui sont liés à la connaissance et à l'amour du vrai et du bien, préparera les moyens propres à donner aux destinées individuelles et sociales toute l'amplitude et toute la grandeur dont les unes et les autres sont susceptibles. C'est ainsi qu'elle accomplira son devoir et qu'elle jouera le rôle social qui lui revient, en faisant régner, dans les institutions et dans les mœurs, le point de vue moral qui peut seul leur assurer le prestige et le respect dont elles ont besoin pour s'imposer à des consciences libres.

Pendant la période de la première jeunesse, la jeune fille recevra le complément d'enseignement primaire ou l'instruction secondaire, suivant ses aptitudes, son application, et le résultat des concours scolaires auxquels elle aura participé ; mais dans l'un comme dans l'autre cas, elle recevra l'enseignement spécial destiné à lui permettre de remplir convenablement les devoirs familiaux et maternels. L'ensemble de ces connaissances favorisera en elle l'éclosion de ses facultés spéciales, et fécondera ses aptitudes naturelles pour l'accomplissement des devoirs de la maternité, de l'économie domestique, et des soins à donner aux enfants, aux malades, aux infirmes et aux vieillards.

La législation morale ne peut considérer la jeune fille comme apte à s'unir à l'homme de son choix que lorsqu'une attestation médicale lui aura donné le droit d'union, en affirmant son complet développement physique et l'absence de vices rédhibitoires ; et lorsqu'un certificat de fin d'études scolaires et professionnelles l'aura reconnue apte à pratiquer convenablement ses devoirs domestiques, familiaux et maternels.

Aussitôt que la jeune fille aura réuni ces éléments de l'accomplissement de sa destinée, la science morale la considérera comme ayant accompli sa période de première jeunesse, et comme passée à la seconde dont il sera question ci-après. La famille et la société auront ainsi accompli tous leurs devoirs envers elle, sauf ceux que la famille lui devra encore jusqu'au jour où elle s'unira à l'homme de son choix pour fonder une famille nouvelle ; et ces derniers devoirs, comprenant ceux d'alimentation et d'entretien pour le côté matériel, seront, au point de vue moral, de guider la jeune fille, par les conseils de l'affection familiale et par l'autorité de l'expérience, dans le choix qu'elle devra faire de l'homme à qui elle unira sa destinée, tout en respectant l'appel de son cœur et l'objet de sa préférence, lorsque cette dernière se sera manifestée.

CHAPITRE VI

DE LA SECONDE JEUNESSE

La période de la seconde jeunesse qui s'étend, pour le jeune homme, de l'âge de vingt ans à celui de vingt-deux environ; et qui est indéterminée pour la jeune fille, ou du moins limitée à l'époque incertaine à laquelle cette dernière accomplira le grand acte de l'union libre, sera remplie, pour la jeune fille, par une sorte d'apprentissage de la vie de famille, dans lequel la mère jouera le rôle de maître pratique, de conseil et de guide; et pour le jeune homme, elle sera exclusivement vouée à l'accomplissement du devoir militaire.

Celui-ci demande, pour être conforme aux prescriptions de la loi morale, à être conçu selon les principes généraux de liberté et de travail qui régissent toute application quelconque des lois du bien et du juste, et en dehors desquels il ne serait plus qu'une servitude avilissante.

Le jeune homme qui entre dans les rangs de l'armée nationale contracte le devoir de s'y conformer, avant tout, aux lois de la discipline militaire régissant la situation à laquelle il se trouve soumis, et il est essentiel de définir exactement les droits de cette discipline spéciale pour définir de même le devoir du jeune soldat.

Par une exigence particulière du droit de légitime défense qui est tiré d'une loi inéluctable de la nature, le droit de la discipline militaire est absolu jusqu'à l'aveuglement; mais cet absolutisme ne peut s'exercer que dans l'ordre des faits, et nullement dans celui de la conscience. La discipline militaire est toute matérielle. Elle impose au soldat le devoir d'accomplir le meurtre, lorsque les circonstances l'exigent: mais elle lui en enlève toute la responsabilité. Celle-ci pèsera tout entière sur les devoirs professionnels et sur la conscience morale des hommes appelés à exercer le commandement suprême de l'armée, ainsi que sur ceux des hommes politiques destinés à mettre en œuvre la force publique ; et à ce titre, elle sera l'objet d'un examen sévère auquel la science morale aura à se livrer un peu plus tard ; mais pour ce qui concerne le devoir du jeune soldat, elle n'a qu'à examiner d'abord à quel point de vue la conscience morale du soldat peut accepter les exigences de la discipline militaire.

Le jeune soldat devra faire appel, pour cela, à la vertu d'abnégation qui élèvera sa valeur morale sans toucher à sa liberté. L'abnégation n'est pas autre chose, en effet, que l'acceptation du sacrifice ; et nous avons vu, dans les considérations préliminaires sur la morale invoquées précédemment, que le sacrifice est la source même de toute liberté, puisqu'il est un devoir dont la liberté est le droit corrélatif ; le droit ne pouvant être acquis sans l'accomplissement du devoir correspondant.

L'homme reste libre sous la loi militaire. Lorsqu'il consent à devenir un instrument aveugle, c'est qu'il en reconnait la nécessité conforme à des exigences de force majeure, mais il n'abdique pas pour cela. Il accomplit un sacrifice volontaire tiré du sentiment de son devoir, et ce sacrifice l'ennoblit sans porter atteinte à sa liberté. Que la force aveugle résultant de son abnégation soit employée au maintien de l'ordre intérieur ou extérieur, au triomphe d'une cause quelconque, patriotique, sociale ou politique, la responsabilité du soldat est nulle ; et il doit d'autant plus éviter de la revendiquer qu'il a moins de moyens d'obéir aux suggestions de sa conscience individuelle.

Conçue comme acte d'abnégation dans l'ordre moral, comme sacrifice consenti par une conscience libre, en vue de l'accomplissement d'un devoir inéluctable imposé par la force des choses, par le droit de légitime défense qui est la garantie du droit de vivre, la discipline militaire devient un élément majeur d'élévation morale qui complète l'éducation du jeune homme, qui lui fait parcourir la dernière étape de son instruction, en le formant à la pratique des devoirs virils, et en lui enseignant le dévouement et le sacrifice. Elle est le couronnement de la grande œuvre de son développement physique et moral, le mode suprême de déploiement de ses plus hautes et de ses meilleures facultés, et la consécration de son droit ultérieur à exercer ses prérogatives d'homme majeur, de citoyen libre, d'individu conscient et responsable.

Il est facile de saisir la différence profonde et essentielle qui existe entre la discipline militaire, envisagée comme je viens de le faire, et la discipline religieuse ou ecclésiastique, dont l'œuvre de ténèbres est diamétralement opposée à la précédente. Les religions se proposent, en effet, de dominer les intelligences, d'asservir les consciences pour les amoindrir et les fausser; et en procédant ainsi, elles suppriment toute vertu personnelle, toute initiative méritoire, et elles détruisent, avec la liberté, qui est avant tout le pouvoir de faire le bien, le principe même de toute dignité humaine, de toute valeur individuelle, de tout bien, de toute justice et de toute morale.

Le principe fondamental de la morale des jésuites, d'après lequel le subalterne se trouve, entre les mains de ses supérieurs, suivant le texte même de ses prescriptions disciplinaires, *sicut ac cadaver*, c'est-à-dire comme un cadavre, est un stigmate de honte et d'abdication pour celui qui accepte de s'y soumettre. L'application de ce principe donne lieu à une sorte de suicide intellectuel et moral qui peut servir à l'édification d'une puissance matérielle, à la constitution d'un pouvoir purement temporel, d'une domination despotique sur des corps inertes, sur des brutes avilies, mais d'où rien de vraiment pur, de vraiment fort, de vraiment honnête ne pourra jamais sortir, et qui souillera la main de celui qui exerce ce despotisme comme le cœur de celui qui le subit.

La morale individuelle laïque, démocratique et socialiste considérera donc le jeune soldat comme un jeune homme libre, digne, moral et fier, qui s'est incliné devant le devoir nécessaire, imposé par la conscience et par la force majeure des lois de la nature, et qui, dans l'accomplissement de ce devoir, pousse l'abnégation jusqu'au point d'exécuter sans discussion, sans révolte ni murmure, sans protestation d'aucune sorte, par une victoire remportée sur ses instincts d'indépendance, tout ce que la discipline exige de lui, jusqu'au meurtre de son semblable inclusivement. Elle lui fera sentir que son abnégation, et le mérite personnel qu'elle représente, seront d'autant plus élevés que les sacrifices consentis par sa conscience libre auront été plus considérables.

La morale sociale a une autre mission à remplir, non moins élevée que la précédente. Elle a un compte sévère à demander à la société de l'emploi des abnégations individuelles, et quand le sang coule, d'un côté ou de l'autre, elle a le droit d'exiger que les responsabilités soient très nettement déterminées, soit par les lois politiques soit par les règlements militaires, de manière à lui permettre d'apprécier la conduite des hommes appelés, par leur position, à assumer ces responsabilités, et de les mettre en demeure d'établir la légitimité des motifs, ou la gravité des circonstances qui ont donné lieu à l'effusion de ce sang.

Tant que les hommes d'Etat et les chefs d'armée pourront se couvrir, à ce sujet, par des arguments sérieux tirés des exigences de la légitime défense ou de l'honneur national conçu selon les indications précises de la conscience publique, la science morale n'aura qu'à s'incliner, puisqu'elle est fondée sur la vérité, sur la connaissance des lois inéluctables de la nature, et sur les légitimes exigences des consciences libres, dignes, nobles et fières. Mais si le jeu des passions, des ambitions inavouables, des appétits, des haines stupides ou des fanatismes odieux, se substituait à celui des exigences de la lutte pour la vie, ou à celui de la sauvegarde de l'honneur, son devoir serait de se prononcer énergiquement, sans faiblesse et sans peur, contre l'abus de l'emploi des forces militaires, de flétrir avec indignation tout fait portant atteinte aux principes sacrés dont elle serait la dépositaire, et de signaler comme criminels les instigateurs d'événements produits sous l'influence de mobiles passionnels ou immoraux, de même que les chefs militaires coupables d'avoir fait un mauvais emploi des forces dont ils disposaient.

En établissant les responsabilités effectives, en précisant et en proclamant la nature des droits et des devoirs de chacun, la science morale a un rôle difficile à jouer, mais aussi un devoir essentiel à remplir : celui de déterminer comment doivent se répartir l'estime et le mépris public, de prononcer l'arrêt en vertu duquel la conscience publique jugera les responsabilités encourues, décernera la récompense de son estime ou infligera le châtiment de son mépris.

La durée du service militaire actif doit être limitée, pour le jeune homme, d'un côté par les exigences budgétaires et par celles de la défense permanente, ou par les incidents de défense temporaire créés par des événements particuliers ; d'un autre côté, par l'aptitude acquise et constatée à l'accomplissement de tout devoir militaire ultérieur, lorsque des événements graves, prévus ou imprévus mais impérieux, exigeront la présence sous les drapeaux de tout homme valide, au moment du danger.

J'ai dit plus haut que les exercices militaires préparatoires, tels que le maniement des armes, l'équitation, l'escrime et le tir, devaient être compris dans le programme de l'enseignement professionnel de tous les jeunes gens sans exception, dans la période de première jeunesse, de l'âge de seize ans à celui de vingt. Il en résulte que lorsqu'un jeune homme sera appelé sous les drapeaux, à l'âge de vingt ans, pour y accomplir sa période de service actif, il sera déjà exercé au maniement des armes et des chevaux, et il n'aura plus besoin de recevoir que le complément d'instruction militaire qui s'acquiert par l'incorporation, par la mobilisation, par la vie commune sous le joug de la discipline, par l'exécution des prescriptions du tableau de service régimentaire, par les manœuvres d'ensemble, par les inspections générales, et par l'assouplissement des organes et des habitudes aux exigences de la vie du soldat campé, en marche ou en cours d'expédition sur un territoire ami ou ennemi.

L'enseignement primaire militaire ayant été acquis à l'école professionnelle, la présence sous les drapeaux sera donc comme une sorte de période d'instruction secondaire militaire, qui complétera l'instruction et l'éducation virile du jeune homme. Celle-ci devra donc se prolonger tout autant qu'il sera nécessaire pour que le jeune soldat puisse être considéré comme un défenseur effectif de la patrie et de la société, en possession de toute l'instruction, de toute la pratique et de toutes les vertus militaires exigibles pour que la patrie et la société puissent désormais compter sur lui.

La durée du service militaire actif sera donc variable selon les aptitudes de chacun, selon les efforts tentés et les résultats obtenus en vue de l'accomplissement des conditions à remplir pour être admis à la jouissance de la vie privée, libre et virile, et elle sera déterminée par le succès remporté dans des épreuves finales, dont le programme sera arrêté par l'autorité militaire supérieure, sans lesquelles l'exercice des droits du citoyen libre, responsable, affranchi de toute tutelle, et autorisé à fonder une famille nouvelle, ne pourra être acquis.

Il serait superflu de s'appesantir plus longuement, dès à présent, sur des considérations de cette nature qu'il y aura lieu de reprendre un peu plus tard, lorsque le devoir militaire sera l'objet d'un nouvel examen; lorsqu'il sera considéré comme le devoir professionnel des hommes ayant fait de la carrière militaire l'emploi de l'activité de leur existence tout entière; lorsqu'il sera envisagé comme l'une des obligations permanentes de l'homme arrivé à la période de la virilité, agissant alors comme défenseur de la patrie et de la société, toutes les fois que les circonstances l'exigeront.

En jetant un rapide coup d'œil d'ensemble sur tout ce qui précède, nous y verrons que le point de vue moral ne peut pas cesser, sous peine de dénis flagrants de justice, de jouer un rôle essentiel dans la vie humaine, depuis le premier instant de la naissance de l'enfant jusqu'à celui où nous sommes arrivés. Par une particularité provenant de la force majeure des choses, l'homme a des droits à exercer avant d'avoir des devoirs à rempiir. Cette fatalité l'engage et rend l'accomplissement de ses devoirs à venir d'autant plus obligatoire. L'existence qu'il n'a pas sollicitée, mais dont il jouit cependant, qu'il accepte, qu'il défend, et à laquelle il s'attache de plus en plus, au fur et à mesure que ses facultés se développent, lui crée des obligations morales qui s'imposent à sa destinée, sans nuire à sa liberté.

L'obligation morale n'a rien, en effet, qui porte la moindre atteinte à la liberté, pour l'homme qui comprend bien cette dernière. L'indépendance complète, qui ne peut exister que pour l'homme dont la vie serait absolument isolée de celle de ses semblables, et que l'on peut considérer comme le pouvoir, pour un individu vivant seul, de faire tout ce qui lui est utile ou agréable, ne peut s'exercer que dans deux directions : dans celle du bien ou dans celle du mal. La morale démocratique et socialiste conçoit surtout le mal comme un attentat dirigé à l'encontre des intérêts et de la liberté d'autrui, donc elle ne peut faire consister la liberté dans le pouvoir, pour quiconque, de détruire la liberté même, ce qui serait une sorte de suicide de la liberté, ou le triomphe de la servitude. Elle nomme licence le pouvoir, que réclament les religions et les aristocraties, de faire le mal ou de détruire la liberté, ce qui revient au même, puisque sans liberté il n'y a pas d'ordre moral ; et elle considère la licence, ou le pouvoir de faire le mal, comme le plus cruel ennemi et le plus redoutable adversaire de la liberté proprement dite. La possibilité de faire le mal étant combattue par la loi morale, l'homme qui s'attache à cette dernière jouit de la vraie liberté qui ne s'exerce que dans le sens du bien, et cette liberté vraie est alors en harmonie avec l'obligation morale qui est son auxiliaire et son guide.

Afin de moraliser l'enfant, de lui montrer la voie du devoir et de la liberté, la famille d'abord et la société ensuite l'entourent de soins, le comblent de sollicitudes, et lui prodiguent tous les secours que sa faiblesse réclame. Son existence, sa santé et son développement matériel, intellectuel et moral, sont l'objet des préoccupations les plus vives, des soucis les plus graves, des mesures les plus larges, des sacrifices pécuniaires les plus élevés. En ornant son esprit et son cœur de tous les bienfaits d'une instruction et d'une éducation conçues selon les lois du vrai, du bien, du juste et du beau, la famille et la société accomplissent des devoirs qui leur créent des droits équivalents.

Les droits de la famille sont indirects. Ils consistent dans l'accomplissement, envers les enfants d'une génération nouvelle, des devoirs dont chacun de nous a été l'objet lui-même étant enfant, plutôt que dans de stériles manifestations de reconnaissance envers les parents dont l'obligation morale est cependant reconnue et recommandée, mais qui ne suffisent pas à payer la dette contractée pendant le jeune âge.

Les droits de la société sont directs et immédiats. Ils sont consacrés par l'accomplissement du devoir scolaire qui est corrélatif du droit qu'elle a conquis par ses sollicitudes et ses sacrifices pécuniaires, puis par celui du devoir militaire. Ce dernier couronne l'éducation du jeune homme; il est un nouveau bienfait de la société; il permet au jeune garçon d'acquérir les qualités suprêmes par lesquelles l'activité de ce dernier sera féconde pour lui-même, pour la famille et pour la société, dont il sera désormais le bienfaiteur et le soutien, après avoir joui de leurs bienfaits et de leur appui.

Nous allons suivre le jeune homme dans l'expansion de sa virilité, dans l'exercice de la profession où il doit déployer son activité, et dans l'accomplissement de ses devoirs de toute nature, dans la vie publique comme dans la vie privée. Nous suivrons ensuite la jeune fille dans son rôle de femme, d'épouse et de mère, et nous étudierons, en nous fondant sur les principes qui nous ont guidé jusqu'ici, les prescriptions qu'il convient d'inscrire dans un code des lois morales pour le bonheur des destinées individuelles, pour la force et l'honnêteté du lien familial, et pour la sécurité et la stabilité des destinées sociales.

CHAPITRE VII

DE LA VIRILITÉ

La période de la virilité est celle qui s'étend, pour l'homme, de l'âge de vingt-deux ans environ, auquel son devoir militaire est accompli, jusqu'à celui de quarante-cinq à cinquante; et pour la femme, du moment où elle s'unit librement à l'homme de son choix jusqu'à celui où elle a terminé l'éducation de ses enfants.

Elle est celle pendant laquelle se recueillent les fruits qu'une enfance soignée et une jeunesse utilement employée peuvent faire légitimement espérer; celle pendant laquelle l'homme et la femme, séparés jusque là par les exigences de leur éducation, goûtent dans leur union toutes les joies du cœur, fondent des familles où ils doivent trouver la satisfaction normale et légitime de leurs plus doux penchants; celle pendant laquelle encore ils dirigent leur activité, chacun dans le sens qui convient à ses aptitudes et à son éducation spéciale, de manière à constituer par le travail, d'une part un bien-être matériel qui donne à leur existence toute l'indépendance dont elle est susceptible dans une société fondée sur des institutions libres, d'autre part le bien-être moral qui résulte, soit des satisfactions provenant du devoir accompli, soit des jouissances du cœur auxquelles donne lieu l'amour des enfants élevés selon les lois du bien, dans le culte du travail et la pratique de l'honnêteté.

Le sentiment du devoir, commun aux deux sexes, comporte pour l'un et pour l'autre des applications différentes, conformément aux considérations que j'ai déjà envisagées dans les questions d'éducation. Il est fondé, pour les uns comme pour les autres, sur l'obligation morale du travail, en vertu du précepte suivant qui est l'axiome fondamental de la démocratie socialiste :

Le travail est la forme morale de l'activité humaine.

Mais comme ce travail doit suivre la direction imprimée par l'enseignement professionnel, sous peine de ne pas porter les fruits que l'individu et la société ont le droit et le pouvoir d'en retirer, tandis que le travail de l'homme peut s'employer dans mille professions diverses, celui de la femme ne connait qu'une seule manifestation dont le précepte suivant, dérivé du précédent, est la formule fondamentale :

La maternité est la forme morale de l'activité féminine.

La femme n'a donc qu'une carrière à suivre, qu'une profession à exercer, celle de la maternité, sauf le cas où elle y serait impropre en raison de vices redhibitoires; et lorsqu'il en sera ainsi, elle devra payer sa dette sociale en se vouant aux soins que réclament les malades, les infirmes, les vieillards sans famille et les orphelins.

Le travail obligatoire est donc la condition morale commune aux deux sexes en se répartissant, pour l'un et pour l'autre, dans des genres d'activité distincts qui relèvent de conditions différentes.

Il existe, en effet, entre les moyens d'activité de l'homme et ceux de la femme, cette différence profonde et essentielle que les premiers sont rémunérateurs de leur nature, tandis que les seconds ne le sont pas, à moins de prostitution.

Pour que le travail de l'homme soit obligatoire, il faut que nulle ressource, alimentaire ou autre, ne puisse provenir pour lui que de son travail ; et pour cela, il faut que les lois successorales écartent de lui tout capital créé par l'activité des générations antérieures.

Pour que la maternité de la femme soit obligatoire, il faut que celle-ci ne puisse être mise en jouissance d'aucun capital sans qu'elle ait contracté, avec un homme de son choix, une union libre et légitime, ce qui la détourne déjà de toute première envie de prostitution ; et pour ne pas lui laisser redouter les conséquences de sa plus grande fécondité, la société devra prendre les mesures administratives nécessaires pour que ce capital, dont la mère aura la jouissance, soit d'autant plus élevé que le nombre de ses enfants sera lui-même plus grand.

Je reviens, par ces considérations nouvelles, à la solution pratique indiquée précédemment, de laquelle il résulte que la société a le devoir de doter la mère de famille, de manière à lui assurer, ainsi qu'à ses enfants, les ressources indépendantes sans lesquelles leur existence serait précaire, leur avenir incertain, leur moralité compromise.

En outre des arguments que j'ai déjà fait valoir pour légitimer cette solution, à la fois pratique et morale, d'un problème social de premier ordre, j'en trouve ici de nouveaux qui s'ajoutent aux premiers pour en recommander l'emploi aux législateurs moraux et civils. Ils sont tirés du spectacle à la fois grotesque, lamentable et écœurant, auquel donne lieu la jeunesse oisive par droit de fortune ou par droit de naissance ; ils sont inspirés par la tristesse qui envahit le cœur de l'honnête homme en présence du tableau qui représente les jeunes viveurs, les débauchés précoces, dépensant dans une vie de plaisirs douteux, de scandales et de fainéantise, des ressources qui pourraient, mieux employées, soulager tant de misères intéressantes, calmer tant de souffrances imméritées.

Une société dans laquelle les turpitudes que je viens de signaler ne pourraient plus se produire deviendrait, par ce seul fait, une société saine, morale, forte et puissamment constituée pour toutes les conquêtes du travail et de la liberté. Les jeunes gens à qui la société imposerait le devoir de prendre l'outil, pour se créer des ressources d'existence indispensables, au lieu de leur permettre de gaspiller des patrimoines dont l'emploi est si nécessaire ailleurs, deviendraient eux-mêmes des forces utiles, au lieu d'être des agents de destruction, et leur activité rectifiée, mise dans la bonne route, dans la voie du travail et du devoir, créant ainsi de nouveaux capitaux au lieu de stériliser les précédents, s'emploierait non seulement à leur propre élévation morale, à la fécondation des bons éléments dont leur nature intime peut ne pas être dépourvue au fond, mais encore à leur propre bonheur comme à celui des autres.

La satiété est en effet une triste souffrance, fatale et dépressive, que les oisifs, les viveurs et les débauchés trouvent au fond de leurs existences vides ; et dans leur intérêt même comme dans celui de tous, la société leur rendrait le plus éminent de tous les services en leur enlevant ce par quoi ils connaissent cette satiété : les moyens à l'aide desquels leur inexpérience les conduit au mépris d'eux-mêmes, auquel ils essaient d'échapper par le mépris qu'ils affichent vainement pour autrui, mais qui leur ronge le cœur dans le secret de leur conscience intime, et qui les livre toujours au dégoût, souvent au désespoir, et parfois au suicide.

Après avoir ainsi reconnu que le capital peut devenir, suivant son mode d'emploi, la force la plus utile, le bienfait le plus moralisateur, ou le corrupteur le plus redoutable de toutes les forces actives, matérielles et morales du jeune homme, ainsi que l'ont vérifié les excès des sociétés aristocratiques et théocratiques, la société démocratique et socialiste a le devoir formel de l'arracher à l'emploi vicieux qui en était fait précédemment, pour en disposer en faveur de ses besoins légitimes et moraux.

La société a d'autant plus ce droit qu'elle a toujours été la collaboratrice de ceux qui ont créé cette richesse ; qu'elle y a aidé et participé par les mille ressources que la centralisation sociale met à la disposition de l'homme laborieux, et que toute création de capital est due à une double paternité, celle du travailleur qui a fourni son intelligence, son temps, ses efforts et sa peine, et celle de la société qui a fourni la sécurité par ses armées, qui a créé les moyens de communication par ses grandes constructions d'utilité publique, et qui a donné la tranquillité intérieure par ses lois, sa police, etc. Ce capital lui appartient donc partiellement dès l'origine, et quand ceux à qui elle en avait laissé d'abord l'entière jouissance, pour les récompenser de leurs efforts, ont disparu de la société, se sont endormis du sommeil suprême, elle reste seule en possession des privilèges dus à sa création première, et elle peut en disposer légitimement, sans aucune arrière-pensée de spoliation vis-à-vis de qui que ce soit, surtout si elle en fait l'emploi que j'ai supposé dans les pages précédentes.

Grâce à cet emploi, dont j'ai déjà signalé bien des conséquences morales, utiles et pratiques, le sort de la femme et celui de l'enfant se trouvant assurés par la jouissance du capital, l'homme n'aura plus à travailler que pour lui-même, ou pour la jouissance de combler de bienfaits ceux qu'il aime, et par là, il sera protégé contre le surmenage, contre le travail excessif, écrasant, qui incombe actuellement au père de famille pauvre, et qui fait tant de victimes.

De plus, il lui sera facile, pour si peu qu'il soit laborieux et intelligent, de se créer rapidement un capital personnel, dont la société lui garantira la possession et la jouissance absolue jusqu'à son dernier jour, qui lui permettra de jouir de bonne heure des fruits de son travail, et ainsi se trouvera réalisée la solution morale d'un problème dont les quelques mots suivants de l'économiste Frédéric Passy sont l'énoncé : *La séparation de l'effort et de la jouissance amène toujours l'abaissement et de ceux qui travaillent et de ceux qui jouis-*

sent, car ce qui apprend seul à modérer ses désirs, c'est d'en devoir la satisfaction à un travail volontaire.

Les principes fondamentaux de toute répartition d'activité étant désormais établis, ainsi qu'il résulte des considérations précédentes, je vais examiner les conditions morales du travail de l'homme dans ses manifestations diverses.

Ce travail est de deux sortes; il est manuel ou intellectuel.

En général, le travail de l'homme se compose de ces deux éléments principaux dans des proportions diverses. Le laboureur, le maçon, le terrassier, le forgeron, le marin, l'ajusteur, travaillent surtout de leurs mains, de leurs bras, ou d'une manière générale, en employant surtout leurs forces et leurs facultés corporelles ou matérielles; mais sans la pensée, et même souvent sans le goût artistique qui président au travail manuel, celui-ci n'aurait pas de beaucoup la valeur que lui donne l'élément intellectuel dont il est fécondé. D'autre part le littérateur, l'artiste, le professeur, le magistrat, le médecin, l'ingénieur, le législateur, travaillent surtout par la pensée, mais ce travail intellectuel est toujours plus ou moins accompagné d'un travail matériel, sinon manuel, dont l'importance ne saurait échapper à l'observateur attentif.

C'est ainsi que l'écrivain, le peintre, le sculpteur, le chirurgien, le professeur, l'orateur, l'artiste lyrique ou dramatique, auront besoin de faire appel, tour à tour, à des facultés matérielles d'habileté manuelle ou organique, sans lesquelles les facultés intellectuelles ou morales les plus éminentes seraient paralysées. A quoi servirait le plus éloquent orateur, si sa voix était éteinte ? Quelle déchéance pour le plus habile ingénieur, s'il ne pouvait dessiner le plan de l'édifice qu'il a conçu ? De quelle dépréciation ne serait pas atteint le plus savant médecin, s'il était incapable de faire lui-même un pansement, ou de manier le bistouri d'une main ferme et exercée, lorsque le besoin s'en fait sentir?

Et ainsi de toutes les carrières, dans lesquelles le supérieur doit au subalterne, non seulement une direction intellectuelle planant dans les nuages de la spéculation théorique, mais encore une collaboration pratique dans laquelle les deux éléments du travail, l'intellectuel et le manuel, sont confondus pour le succès de l'œuvre aussi complète, aussi parfaite que le génie de l'homme est apte à la produire, en y employant la totalité de ses ressources combinées.

Le travail intellectuel peut tenir une si grande place dans les professions dites manuelles, que l'ouvrier et l'artiste se confondent dans plusieurs d'entre elles, sans qu'il soit possible de dire où finit le travail du premier et où commence celui du second.

Le travail manuel peut avoir une telle importance, de son côté, dans les professions intellectuelles, qu'il peut y devenir excessif et donner lieu à des maladies ou à des infirmités spéciales. C'est ainsi que les hommes de lettres sont sujets à une fatigue de la main qui porte le nom de crampe des écrivains; que les hommes voués au travail de bureau contractent, par l'excès de ce travail, ou des maladies d'yeux, ou des névralgies provenant de la trop forte contention de l'esprit; que les professeurs, les orateurs et les artistes lyriques ou dramatiques sont atteints assez fréquemment par des infirmités du larynx, par des maladies des organes phoniques ou respiratoires qui sont dues, les unes et les autres, au surmenage des organes matériels mis au service du travail intellectuel.

Il est essentiel de saisir la vérité du point de vue auquel je viens de me placer pour comprendre l'utilité, la convenance, la moralité du principe de fraternité qui doit régner dans les relations matérielles et morales nécessaires entre les ouvriers manuels et les ouvriers intellectuels, entre ceux qui exécutent et ceux qui conçoivent, calculent ou dirigent. La scission ou la haine entre les uns et les autres est la conséquence du plus funeste des préjugés. Le devoir du moraliste est de flétrir ce préjugé comme coupable d'une sorte de fratricide, de rechercher les causes qui ont pu le produire, et de combattre ces causes avec toute l'ardeur que peut lui inspirer la perspective morale de faire œuvre de pacification et d'union.

Ces causes sont diverses et imputables, soit aux uns, soit aux autres. Par suite de son ignorance ou de ses préjugés, l'ouvrier manuel méconnait parfois jusqu'à l'existence même du travail intellectuel, lorsqu'il ne se borne pas à nier son mérite. Il le confond quelquefois avec l'abus de la force du capital, auquel la puissance intellectuelle est souvent liée pour une collaboration nécessaire et féconde. Il ne se rend pas toujours un compte bien exact de ce que sont la fatigue cérébrale, le souci de la responsabilité, les mille peines, les mille tracas de l'homme voué au labeur intellectuel. Dans les quelques paroles que le médecin prononce au chevet d'un malade, ou que le magistrat profère à l'audience judiciaire, il ne saisit pas toujours très bien le total d'efforts, de veilles, de labeurs ardus dont ces paroles qu'il a entendues sont le produit condensé; d'où provient parfois une sorte d'injuste accusation de paresse, d'impuissance ou d'inutilité portée par le travailleur manuel contre le travailleur intellectuel.

D'autre part ce dernier, jugeant que le travail intellectuel est d'une essence plus noble que le travail manuel, qu'il demande l'essor de facultés plus élevées, d'aptitudes plus considérables et plus variées, toutes appréciations qui flattent singulièrement son orgueil sans être aussi justifiées qu'il lui convient de le croire, ce travailleur intellectuel tient le travail manuel en mépris, et il le considère comme une sorte de déchéance, de signe d'infériorité de race, de grossièreté d'instincts, de manque d'éducation, de subalternité sociale, qui lui paraissent mériter ses dédains et justifier son fol orgueil.

Il est du devoir de la science morale de flétrir à son tour ce que l'exagération de ces divers points de vue engendrés, les uns par l'ignorance ou par l'envie, les autres par la vanité, ont de funeste pour la paix sociale, et de préjudiciable aux grands principes d'égalité et de fraternité proclamés par la Révolution française. Elle constatera d'abord que la plus grande faute, dans le conflit que je viens de caractériser, doit être attribuée au travailleur intellectuel, qui procède dans son ostracisme par vice indéniable, tandis que le travailleur manuel ne pèche souvent que par ignorance.

De plus le travailleur intellectuel, se basant sur son préjugé, élève souvent la prétention coupable de bénéficier seul du produit du labeur commun, en ne laissant au travailleur manuel que les maigres perspectives du salariat. En ceci, la culpabilité du travailleur intellectuel s'aggrave. La cupidité qu'elle indique, se révélant au mépris de tout sentiment d'équité, et l'exploitation à laquelle elle donne lieu, sont des mobiles absolument inavouables qui constituent un genre de vol parfaitement caractérisé.

Ce larcin déguisé, pour n'être pas réprimé par les lois civiles des sociétés aristocratiques, n'en est pas moins justiciable des lois morales, et il doit être passible du mépris que celles-ci infligent aux coupables enfreignant leurs jugements. Lorsque la cupidité du travailleur intellectuel, et l'exploitation à laquelle elle donne lieu, ont de plus pour conséquence l'opulence de ce dernier et la misère du travailleur manuel, elles doivent être considérées comme criminelles par une morale démocratique et socialiste.

Dans une branche d'activité professionnelle quelconque, réunissant les efforts combinés de divers travailleurs, ou bien le salariat doit régner du haut en bas de la hiérarchie, comme il arrive dans certaines entreprises industrielles dont le premier moteur est un capital impersonnel, ou bien tous les travailleurs quelconques doivent être admis à une répartition équitable des bénéfices réalisés, comme il arrive dans certaines exploitations minières, dans certaines industries de pêche maritime, etc., etc.

Le travailleur intellectuel et le travailleur manuel doivent s'apprécier et s'estimer réciproquement, s'appuyer l'un sur l'autre, s'entr'aider, se secourir et s'aimer l'un l'autre, sous peine de paralyser les résultats du travail commun, d'en diminuer la valeur, d'en détruire les satisfactions de conscience, d'en amoindrir le charme souvent très réel, et de compromettre enfin le principe premier de la valeur morale du travail dans laquelle ils puisent, l'un et l'autre, la considération qui leur est légitimement due.

Ils doivent réserver, l'un et l'autre, leur mépris pour l'oisiveté, pour le parasitisme, pour les vices dégradants tels que l'ivrognerie, la fainéantise et la mendicité, se considérant, l'un et l'autre, comme ennoblis par le travail, comme gens d'honneur bénéficiant, à titre égal, d'une honorabilité commune légitimement acquise, et dont la valeur morale doit leur être d'autant plus précieuse qu'elle donne lieu à un contraste plus frappant avec l'ignominie des oisifs, des parasites, des débauchés et des mendiants. Le principe pratique qui se formule par les mots : *L'union fait la force*, n'est pas suffisant pour montrer la grandeur et l'étendue du lien qui doit unir tous les travailleurs. Il doit être accompagné du principe moral qui le complète et qui se traduit ainsi : *Aimez-vous et secourez-vous les uns les autres.*

Lorsque le capitaine marin commande une manœuvre que le matelot exécute à l'instant, il ne suffit pas que de l'accord matériel des deux travailleurs résulte le salut du navire, il faut encore qu'entre le capitaine et le matelot se forme le lien du cœur, comparable à celui de la famille, qui fait converger les efforts, non seulement vers la perspective d'un bénéfice matériel à en retirer, mais encore vers celle de la formation d'un lien puissant de solidarité, de dévouement réciproque, de sacrifice mutuel, se produisant en vue d'un résultat moral tout aussi important que le premier, doux au cœur, essentiellement fraternel, qui est la meilleure récompense des efforts tentés et des sacrifices consentis, qui est le meilleur gage de l'union sociale, de la paix entre les hommes, de tous les bienfaits qu'une affection solide, faite d'estime, peut provoquer spontanément, sans peine comme sans effort, entre d'honnêtes collaborateurs, pour le plus grand bien des uns et des autres.

Ce sentiment doit exister entre l'ingénieur et l'ouvrier; entre l'officier et le soldat, entre l'agriculteur et le paysan;

et, pour qu'il existe, il faut que les uns et les autres dépouillent leurs préjugés, que l'ouvrier, le soldat et le paysan rendent hommage à la valeur du travail intellectuel, qu'ils sachent accepter sa direction dans ce qu'elle a de légitime, qu'ils ne portent pas envie à celui que ses facultés intellectuelles et son application au travail ont placé à un rang supérieur de la hiérarchie sociale ou professionnelle ; et il faut aussi que l'ingénieur, que l'officier, que l'agriculteur, que le chef d'administratoin, que le directeur d'exploitation sachent reconnaître le mérite du travailleur manuel, de ce collaborateur indispensable qui peut, dans les plus modestes fonctions, rendre des services aussi méritoires que ceux du premier, qui déploie des quali és de patience, d'énergie, de hardiesse, d'assiduité de persévérance, de nature à lui valoir, non seulement l'estime, la considération et l'affection du travailleur intellectuel, mais encore l'obtention d'une rémunération équitable pour la part qu'il a prise à l'achèvement de l'œuvre commune.

La science morale a un grand devoir à remplir dans la pacification des divers éléments du travail. Il lui appartient de formuler les préceptes de la conduite de chacun, de régler les sentiments nécessaires de part et d'autre, et d'agir, par le prestige de son autorité, sur le législateur civil, de manière à préparer l'éclosion des institutions d'où doivent sortir la pacification des esprits aigris par les conflits de la lutte sociale moderne, l'union et la force de la société, le bonheur des hommes et le triomphe de la vérité, de la morale et de la justice.

Pour cela, elle ne doit pas se borner à des conciliabules secrets dans le fond des Académies et des Facultés, mais elle doit agir et se promener au grand jour, se manifester en pleine vie publique, se tremper et se retremper indéfiniment dans la conscience publique, dans la conscience universelle, par un échange permanent de propositions d'une part et d'appréciations ou d'impressions de l'autre, de manière à lui donner l'autorité dont elle a besoin pour s'imposer souverainement aux consciences libres.

Ce premier principe fondamental d'union de tout travail manuel et intellectuel étant posé, la science morale a le devoir de pénétrer dans le détail des diverses professions, de manière à étudier et à résoudre les questions morales que soulèvent les divers incidents de la mise en œuvre de l'activité humaine ; mais elle doit signaler auparavant, comme devant s'exercer pendant toute la période de virilité, le devoir primordial qui incombe à tout citoyen de laisser de côté, pendant le temps nécessaire, l'exercice de sa profession et la direction de sa famille pour revenir à l'accomplissement du devoir militaire, toutes les fois que la défense de la patrie ou de la société l'exigera.

Cette exigence de la patrie et de la société n'est légitime que si la subsistance de la famille délaissée momentanément par l'homme appelé sous les drapeaux est assurée; que si la dotation de la mère et de l'enfant par la société est effective, indépendante des ressources aléatoires fournies par le travail du père; et je trouve dans cette nouvelle considération, comme je l'ai déjà fait dans les précédentes, des arguments de plus en plus décisifs en faveur de la dotation de la mère et de l'enfant par la société, au moyen des ressources du capital légué par les générations antérieures, solution que j'ai indiquée plus haut, et qui s'est déjà recommandée à l'attention du législateur civil par les arguments moraux les plus élevés et les plus décisifs.

Les professions ou carrières qu'il appartient à l'homme de poursuivre peuvent se classer ainsi qu'il suit : elles sont agricoles, industrielles, commerciales, domestiques, financières, judiciaires, militaires, maritimes, scientifiques, professorales, artistiques ou littéraires; elles sont suivies par les citoyens conformément aux connaissances spéciales acquises par eux au cours de l'enseignement professionnel, et elles doivent remplir l'emploi des années pendant lesquelles l'homme jouit de la plénitude de ses qualités viriles.

Chacune d'elles fait appel à une qualité majeure, à une vertu fondamentale qui caractérise le devoir professionnel, différent selon les professions diverses, dont la possession est la condition nécessaire de l'honneur professionnel, ainsi qu'à des qualités ou à des vertus accessoires, mais spéciales, qui sont plus particulièrement indiquées dans chaque cas, selon le genre d'occupation auquel chaque profession différente est plus spécialement vouée. Ces vertus sont essentiellement : la probité pour le commerçant, l'industriel et le financier; la fidélité pour le serviteur domestique; la bravoure pour le soldat; l'incorruptibilité pour le magistrat; la sincérité pour le savant, etc. Je vais les examiner successivement, en signalant leur importance et leur raison d'être.

Les carrières agricoles réclament, pour être la source d'une activité produisant toute l'utilité dont elles sont susceptibles, l'usage de qualités et de vertus que la science morale doit préciser. L'application et l'assiduité au travail sont les premières à signaler pour les travailleurs manuels. La recherche et l'étude des méthodes de culture les plus efficaces, des instruments les plus perfectionnés, des indications scientifiques les plus propres à diriger le choix des semences et des amendements; enfin l'étude des sciences telles que la botanique, la minéralogie, la météorologie, la chimie et la physiologie animale, qui fécondent la science agricole proprement dite, sont le devoir essentiel du travail intellectuel agricole.

La résignation en présence des intempéries à supporter, des pertes à subir en raison des phénomènes météoriques, sont des qualités communes au travail manuel et au travail intellectuel. L'ordre, l'économie et l'esprit de prévoyance qui permettent de parer aux mauvaises récoltes, aux pertes subies par le déchaînement des fléaux funestes à l'agriculture, tels que les inondations, les incendies, les gelées, les sécheresses, les épizooties, les ravages d'insectes, etc., sont des vertus qui doivent s'allier, chez l'agriculteur, aux vertus domestiques par lesquelles les ressources des familles rurales sont assurées en même temps que celles de la ferme. L'économie domestique doit venir en aide à l'économie agricole pour constituer, soit à la maison d'habitation soit à la ferme, des réserves, des avances qui permettent de supporter, sans faiblir, soit les mauvaises saisons, soit les fléaux accidentels de la guerre ou du brigandage; en un mot, toutes les calamités suscitées, soit par les passions humaines, soit par les forces brutales de la nature.

En outre de cette résignation professionnelle qu'il appartient aux uns et aux autres de déployer, proportionnellement à la gravité des fléaux dont l'agriculture peut avoir à souffrir, il y a lieu de recommander au travail intellectuel, qui occupe les rangs les plus élevés de la hiérarchie agricole, de donner au travail manuel des gages efficaces d'une sollicitude éclairée et affectueuse, sans laquelle le lien moral qui est le produit du grand principe d'union pourrait devenir impuissant ou stérile.

Toute suprématie, pour si légitime qu'elle soit, doit incliner en sollicitude paternelle, sous peine de devenir tyrannique et odieuse. Toute faveur hiérarchique, même légitimement acquise, demande à se faire modeste pour être acceptée sans aigreur par le subalterne. Elle doit inspirer au privilégié l'amour de son collaborateur moins bien partagé par la destinée, et en donnant à cet amour le caractère d'une sollicitude discrète, effective, affectueuse et paternelle, sans raideur et sans morgue, elle acquerra la seule consécration qui soit précieuse à l'homme dont le cœur est bien placé; elle méritera et obtiendra l'hommage spontané du subalterne lui-même, qui s'inclinera devant l'homme de mérite modeste et bienveillant, sans lui porter envie. D'ailleurs, dans toutes les conditions quelconques du travail de tous les jours, les égards réciproques, entre collaborateurs d'une même œuvre, doivent être la conséquence immédiate de l'estime réciproque qu'ils professent les uns pour les autres, lorsque la justice préside à leurs relations.

En dernier lieu, la probité la plus scrupuleuse doit se montrer dans les ventes et dans les transactions de toute nature qui sont le couronnement de l'industrie agricole. En agriculture comme en toute chose, le mensonge est à la fois le plus odieux, le plus vil et le plus décevant des moyens. La sincérité et la probité facilitent au contraire les transactions. La confiance qu'elles inspirent et provoquent en même temps, lorsqu'elle n'est pas déçue, permet de supprimer des formalités, des vérifications qui sont du temps et du travail perdus, toutes les fois que ces garanties ne sont pas nécessitées par une légitime défiance.

Les vertus dont je viens de parler honorent l'homme qui les pratique, et alors même qu'une habile fourberie les frapperait de stérilité, qu'un dommage pécuniaire résulterait parfois de leur emploi, leur valeur morale devrait les faire régner dans la conscience morale de l'agriculteur soucieux de son honneur professionnel, désireux de ne rien faire en dehors de la plus scrupuleuse loyauté, tout en se tenant en garde contre les pièges de la duperie que font éviter l'expérience des hommes et la connaissance technique des matières professionnelles.

Passons aux professions industrielles pour lesquelles il y a lieu de reproduire à peu près les mêmes considérations morales que pour les précédentes.

Les exigences d'application et d'assiduité au travail, d'étude et de science, d'ordre, d'économie, de fraternité dans les relations hiérarchiques, etc., sont aussi impérieuses pour l'industrie que pour l'agriculture. La sincérité, la loyauté et la probité dans les transactions n'y sont pas d'un emploi moins nécessaire. Ces dernières y deviennent même plus importantes, puisque l'agriculture tire ses matières premières d'elle-même, de ses ressources propres, tandis que l'industrie est obligée de se les procurer au dehors par voie d'achat. Les devoirs de sincérité, de loyauté et de probité en acquièrent donc une importance proportionnelle à celle plus grande que prennent les transactions correspondantes.

Mais l'importance de ces dernières devient absolument prépondérante dans les professions commerciales, et par suite, les vertus dernièrement énoncées arrivent à y tenir une place absolument essentielle et majeure.

Les prescriptions morales ayant pour objet de placer la sincérité, la loyauté et la probité au rang majeur des vertus commerciales sont d'ailleurs corroborées et confirmées par les résultats pratiques les plus évidents. Ceux-là seuls fondent des entreprises commerciales fructueuses et sûres, qui prennent pour point d'appui les vertus recommandées par la science morale. Toute autre base d'opérations commerciales que celle-là est précaire et décevante. La fourberie de l'un trouve dans celle d'autrui le correctif de son succès éventuel; la défiance s'éveille, le courant commercial se détourne, et la probité ne serait-elle pas nécessaire pour la dignité intime et la paix de la conscience du commerçant, qu'il faudrait la lui recommander encore comme le meilleur agent de sa prospérité matérielle.

Le commerçant, doit de plus, comme l'industriel et l'agriculteur, se pénétrer de la valeur majeure des vertus telles que l'amour du travail, de l'étude et de la science; telles que l'assiduité, la résignation aux infortunes professionnelles, l'ordre, l'économie et l'amour des collaborateurs, dont les considérations précédentes suffisent à déterminer le caractère et l'importance.

Cette dernière, l'amour des collaborateurs, est la plus essentielle à envisager dans les relations entre les patrons et les ouvriers, dans l'industrie et dans le commerce. Toutes les graves questions qui s'agitent en ce moment, et qui troublent si profondément les sources mêmes de la prospérité matérielle du monde, celle du salariat, celle des grèves, celle de la mine au mineur et de la terre au paysan, celle de la participation de tous aux bénéfices réalisés, celle des relations entre le capital et le travail, celle du patronat, des syndicats et des corporations, toutes ces questions qui soulèvent tant de griefs, qui sont si difficiles à résoudre lorsqu'il n'y a que des intérêts matériels en présence, lorsque l'égoïsme des uns et des autres est seul en cause, recevraient des solutions avantageuses pour tous, si le point de vue moral y jouait le rôle qui lui revient.

Une notion exacte du bien et de la justice n'est pas seulement faite pour la satisfaction intellectuelle du philosophe, elle est de plus un élément pratique dont l'importance, dans les affaires courantes, ne se peut apprécier que par l'inconvénient, constaté tous les jours, de son absence ou de son imperfection. Il suffirait d'une loi morale bien faite, émanée véritablement de la conscience publique et acceptée par elle, pour réduire au silence les fauteurs de troubles, les exploiteurs de malheureux ; pour donner au travailleur manuel les satisfactions et les garanties qui lui sont dues, et pour ramener le calme, la paix et la concorde dans une société déchirée par les revendications abusives et intéressées que n'entrave aucune autorité légitime, que ne réfrène aucune manifestation de la conscience publique ayant pouvoir et mission de flétrir les entreprises immorales et coupables.

Les professions domestiques sont de deux sortes, dans l'état actuel des sociétés. Elles sont libres ou serviles.

Les premières sont celles qui ne constituent qu'une domesticité momentanée, et souvent réciproque, entre les divers membres de la société. Telles sont celles des garçons d'hôtel ou de café, des garçons coiffeurs, des cochers de voitures publiques, des employés de certaines administrations, etc., qui relèvent de certaines industries ouvertes à la clientèle publique.

Cette catégorie de travailleurs n'exerce qu'une domesticité transitoire, passagère, qui n'est pas un obstacle à la liberté individuelle, qui n'empêche l'accomplissement d'aucun devoir de famille, qui laisse à ceux qui s'y livrent la possibilité d'avoir un domicile personnel, garantissant l'indépendance de leur vie intime.

Pour ceux-ci, les devoirs essentiels sont l'urbanité, la politesse, le travail consciencieux, que la morale doit leur recommander plus spécialement, en raison de l'impossibilité où se trouve souvent le client, d'agir avec autorité sur le serviteur malveillant ou dépourvu de conscience morale, dans la pratique de ses devoirs professionnels.

Le désir d'obvier aux inconvénients provenant d'un mauvais vouloir, ou de l'indifférence pour leur devoir, de ces employés subalternes de certaines industries, a donné lieu à la pratique de traditions que la science morale a le devoir de signaler et de flétrir, et dont une spéculation coupable s'est emparée, pour le plus grand préjudice matériel et moral des employés et des clients.

Ces derniers, désireux de s'assurer des services convenablement rendus, ont pris l'habitude de donner, en sus de la rémunération légitime tarifée par le patron, une seconde rémunération facultative qui porte le nom d'étrenne ou de pourboire, et qui est supposée récompenser l'employé de ses bons procédés, de sa complaisance et de son zèle. Si les choses se passaient ainsi que je viens de le dire, la morale la plus pointilleuse n'aurait pas à intervenir dans un échange de bons procédés entre l'employé et le client, et tout au plus pourrait-elle conseiller au premier de ne provoquer par aucune bassesse des libéralités plus grandes de la part du second, de manière à ne laisser jamais compromettre son caractère et sa dignité.

Mais il n'en est malheureusement pas ainsi dans un grand nombre de cas. Le supérieur hiérarchique de l'employé, poussé par une cupidité à l'égard de laquelle la morale doit exprimer toute sa sévérité, fait entrer la rémunération supplémentaire de cet employé dans l'évaluation de son salaire tarifé; il en escompte la valeur avant même qu'elle soit acquise, en diminue d'autant le salaire, et commet ainsi un véritable vol, puisque la rémunération supplémentaire consentie par le client n'avait d'autre raison d'être qu'une récompense spéciale à l'employé pour son empressement, son bon vouloir et son zèle. Le patron, en s'appropriant le bénéfice de son employé, ne commet pas seulement un vol au préjudice de ce dernier : il en commet un autre aux dépens du client lui-même, attendu que l'employé, à qui le bénéfice de ses bons procédés est soustrait, ne donne souvent au client, par aucun empressement et par aucune complaisance, rien de ce que ce dernier a cependant payé; et il en résulte que, de cette tradition de rémunérations supplémentaires, se forme à chaque instant, dans la société, la pratique d'un genre de larcin dans lequel le patron est le voleur, et où l'employé comme le client sont les dupes.

Il est du devoir de la science morale de signaler à l'attention publique ces pratiques blâmables ayant pour conséquence l'exploitation et l'avilissement de l'employé, la criminalité du patron et la duperie du client.

Les professions domestiques serviles, c'est-à-dire celles qui ne laissent pas au serviteur l'indépendance de sa vie privée, sont absolument contraires à l'esprit démocratique et socialiste, pour lequel il ne peut et il ne doit exister aucun servage dans la société. Elles sont le produit de l'esprit aristocratique qui a trop longtemps régné dans l'état social antérieur, et dont la démocratie socialiste doit rectifier les traditions vicieuses. Conçues comme pourvoyant à l'exécution d'un certain nombre de travaux domestiques, elles n'empêchent pas de concilier la liberté personnelle des hommes ou des femmes qui exécutent ces travaux avec les exigences de ce travail même. Il n'est pas indispensable qu'un homme aliène sa liberté et renonce à la vie de famille pour soigner un jardin ou des appartements, pour conduire une voiture ou soigner des chevaux, pour s'occuper enfin des mille détails de la vie domestique, et il n'est pas utile qu'un homme riche, employant des serviteurs à gages, oblige ces derniers à renoncer à leurs droits et à leurs devoirs familiaux et sociaux, pour que les soins qu'il peut en attendre soient mieux entendus et plus consciеusement exécutés.

Je suppose plutôt que c'est le contraire à quoi il faudrait s'attendre, car c'est aux dégradations de la servitude que sont dus les vices spéciaux de la domesticité servile, tels qu'il y a eu lieu de s'en plaindre dans l'état social antérieur. C'est à la sujétion que sont dues les hypocrisies domestiques, les faux dévouements, les mépris intimes, les fourberies, les trahisons, les manques de fidélité dont les maitres ont le plus souvent à se plaindre, de la part de ceux qu'ils emploient au service de leur vie privée. Les principes de liberté, d'égalité, et de fraternité ne peuvent qu'adoucir ce que le servage domestique avait d'avilissant et d'immoral, en inspirant aux maitres l'estime affectueuse des services honnêtes et laborieux, et aux serviteurs l'estime respectueuse des maitres équitables.

Les vertus domestiques telles que la fidélité, l'assiduité, la prévenance, la convenance, la soumission, l'obéissance, etc., lorsqu'elles s'emploient au service de maitres doués de qualités telles que la gratitude, la justice et la générosité, donnent aux travaux domestiques la même valeur morale que celle qui résulte de l'exécution d'un labeur agricole, industriel ou commercial quelconque. Dans une démocratie socialiste, il ne peut pas et il ne doit pas y avoir de parias; aucune exigence personnelle ne peut légitimer le servilisme, comme elle ne peut excuser la prostitution, et le bien-être matériel ou moral d'aucun membre de la société ne peut avoir à souffrir de l'application du principe d'humanité qui découle des considérations ci-dessus, principe que la science morale a le devoir de signaler et de proclamer comme conséquence de son grand principe fondamental.

En dehors de la liberté, il n'existe pas d'ordre moral.

Les professions financières demandent un degré de probité qui n'est pas effectivement plus grand que celui dont l'emploi est exigible dans les autres professions, mais qui doit être d'autant plus affermi dans la conscience morale que la séduction du mal s'y exerce d'une manière plus continue et plus subtile. Un honnête financier est un homme qui a résisté à de plus rudes assauts, de la part de l'esprit du mal, que l'homme voué à des travaux d'une autre nature.

La probité est donc la vertu fondamentale des professions financières ; mais elle serait précaire sans la prudence, sans la circonspection, sans le labeur consciencieux qui en sont la garantie et la sauvegarde.

La science morale doit flétrir avec la plus grande rigueur tout ce qui, dans ces professions, se rapporte à la spéculation. La fortune publique n'est pas chose dont on puisse se jouer impunément. La conscience publique ne doit pas se laisser influencer en cela par des arguments relatifs de prééminence à exercer, par un marché financier, sur celui du pays voisin considéré comme rival. Les antagonismes financiers, en vue desquels la spéculation cherche à légitimer ses opérations, profitent quelquefois aux financiers eux-mêmes, mais jamais aux populations qui paient les frais de la lutte sans en recueillir les bénéfices. Ils sont la source d'institutions vicieuses qui donnent lieu à une exploitation, et parfois à des désastres et à des ruines auxquels la science morale doit refuser toute consécration. Celle-ci doit se placer au point de vue des intérêts généraux qui souffrent des hasards dans lesquels les compromettent quelques intérêts particuliers de spéculation, et elle doit signaler aux législateurs civils l'œuvre d'épuration qu'il convient de faire dans les lois de finances, afin de donner à la fortune publique les garanties de sécurité d'où dépendent les ressources des familles, et celles de la société elle-même.

Les professions judiciaires sont celles qui mettent le plus immédiatement en cause la conscience morale des hommes qui leur consacrent l'activité de leurs facultés intellectuelles et morales. Elles peuvent être exercées, soit pendant la période de virilité, soit pendant celle de maturité, dont il sera question dans le chapitre suivant. Dans le premier cas, elles doivent se borner à la partie mécanique de l'organisation judiciaire, aux opérations de l'instruction et à celles des débats ; dans le second, elles s'étendent à la délibération et à la promulgation des arrêts de la justice.

Ces arrêts sont en effet de ceux que la sagesse, due à l'expérience acquise dans le cours d'une vie bien remplie, peut seule revêtir d'une autorité légitime ; et pour leur donner plus de valeur encore, il est nécessaire que les fonctions judiciaires réservées à l'âge mûr, dont je m'occuperai un peu plus loin, soient investies de la haute autorité du suffrage universel, ainsi que le demandent dès à présent, et avec raison, les démocrates socialistes.

Dans l'un comme dans l'autre cas, l'étude et la science du vrai, du bien et du juste, du droit et du devoir, sont les bases fondamentales de toute instruction et de toute éducation tendant à préparer un jeune homme à l'exercice des professions ou des fonctions judiciaires. L'étude du droit, sans celle du devoir ou de la morale, produit fatalement des consciences déséquilibrées, d'où il résulte que la constitution d'un code des lois morales est une nécessité de premier ordre pour la bonne administration de la justice, et pour l'honneur de la magistrature.

L'incorruptibilité en est la vertu majeure. Le courage que donne une conscience sans reproche en est la force et la dignité. Le respect de la loi y dépasse les limites du devoir pour devenir un sentiment passionné qui est comme une sorte de culte.

L'organisation du mécanisme judiciaire, celle dont je vais m'occuper d'abord, parce qu'elle est assurée par le travail spécial des hommes dont je m'occupe en ce moment, et telle que les traditions du passé nous l'ont léguée, n'est pas sans présenter des vices que la science morale doit signaler, pour en provoquer la flétrissure et la réformation.

Le principe de la défense sociale incarnée dans un procureur, et de la défense individuelle incarnée dans un avocat, qui sert de base aux débats judiciaires se produisant devant les tribunaux de tout ordre, conformément aux traditions modernes, n'est pas de ceux que la morale sociale puisse accepter sans réserves. Le sort d'un prévenu dépend souvent de la différence qui peut exister entre le talent d'un procureur et celui d'un avocat, c'est-à-dire d'un élément que la morale ne peut ni reconnaitre, ni consacrer, puisque le talent de l'avocat est proportionnel, en principe et en fait, au prix dont le client peut le payer. De plus, le procureur et l'avocat se trouvent entrainés, par les exigences et par les entrainements de la lutte oratoire qui s'établit entre eux, à exagérer chacun de son côté, et par suite à fausser les points de vue auxquels ils sont forcés de se maintenir l'un et l'autre. Il en résulte que le pli professionnel du procureur, comme celui de l'avocat, pousse en dehors de l'esprit de justice ceux-là même qui en préparent les voies, et la logique comme la raison se refusent à admettre que du choc des deux erreurs, de sens contraire mais de force variable, puisse naitre quelque chose qui soit exactement la vérité; que du conflit de deux aberrations de conscience puisse se former un élément de justice bien pur et bien recommandable.

Le principe du jury, dans lequel la conscience publique se substitue aux entrainements professionnels, est de ceux, au contraire, auxquels doit applaudir une morale démocratique et socialiste qui a pour devise :

L'autorité morale réside dans l'universalité des consciences.

L'emploi du serment qui est pratiqué dans les témoignages, et celui de la claustration préventive de l'inculpé, ne sont pas sans objection au point de vue de la législation morale. Toute atteinte contre la liberté est un attentat contre la morale; tel est le point de vue fondamental auquel le législateur doit se placer en pareille matière.

Les complications de la procédure, et les frais exagérés auxquels les actions judiciaires donnent lieu, sont encore des abus contre lesquels la science morale doit protester, parce qu'ils ont pour conséquence l'impossibilité, pour l'homme pauvre, de se faire rendre justice contre celui qui possède quelque fortune.

Mais, dans les législations aristocratiques du passé, l'orgueil de la magistrature et les intérêts du personnel judiciaire aux dépens de ceux du prévenu ou des plaideurs se sont substitués, en mainte circonstance, au souci de rester dans les voies droites de la justice intrinsèque; et des privilèges odieux sont ainsi passés dans les traditions, favorisant l'erreur judiciaire, et la rendant lourde à l'individu soupçonné injustement, sans défense contre les excès et les abus d'une autorité sans contrôle et sans contrepoids, ou grevant de frais énormes les étapes successives de l'action judiciaire, ce qui met le misérable hors d'état de solliciter avec fruit le jugement que réclame la protection de ses intérêts compromis.

Enfin, le refus d'indemnité à l'innocent poursuivi préventivement, mesure inique dont le seul but est de sauvegarder l'amour-propre du magistrat, est une de ces prérogatives abusives des professions judiciaires que la science morale doit flétrir avec la plus grande rigueur.

Les professions judiciaires sont de celles qui sollicitent, à un degré supérieur, les efforts et les travaux d'une morale démocratique et socialiste. Il suffit, dans un avant-projet comme celui-ci, de signaler l'importance des questions dont je viens de dire quelques mots, et d'indiquer brièvement le sens dans lequel les efforts doivent se porter pour faire régner, dans les institutions judiciaires, les garanties morales qu'elles doivent représenter aux yeux des particuliers, comme à ceux de la société.

Les professions militaires et maritimes sont celles qui engagent, au plus haut degré, la responsabilité des hommes qui leur sont attachés. C'est pour les exercer honnêtement et avec fruit que l'amour et le sentiment du devoir sont les plus nécessaires; c'est dans l'étude de leurs responsabilités que la science morale doit apporter les soins les plus attentifs et les plus minutieux.

Ceux-là seuls doivent être considérés comme suivant les professions militaires qui remplissent les fonctions d'officier ou de sous-officier, et qui leur consacrent la totalité des forces actives de leur existence; le devoir militaire étant universel pour le sexe masculin.

L'inflexibilité de la discipline militaire, ainsi que l'importance exceptionnelle des faits sur lesquels elle exerce son autorité, exigent que ceux dont le devoir est de disposer de cette autorité s'y soumettent d'abord eux-mêmes avec la plus extrême rigueur. L'officier et le sous-officier doivent avant tout, à leurs subordonnés, l'exemple de l'obéissance professionnelle, de l'abnégation, de la soumission à l'ordre supérieur, du dévouement, du sacrifice, de l'honneur, et jusqu'à la limite accessible à leur grandeur d'âme, celui de l'héroïsme. Le devoir de l'exemple y est formel et absolu, sans limites dans l'abnégation, dans le sacrifice et dans le sentiment de l'honneur, de la part de l'officier et du sous-officier.

Il convient de plus de définir en quoi cet exemple doit se montrer. L'exemple de l'obéissance est le plus essentiel; mais il en est d'autres, puisés dans l'essence même du devoir militaire, qui sont destinés à faire passer, dans l'esprit et dans la conscience morale du soldat, les convictions et les sentiments dérivés des considérations suivantes, dont j'ai déjà dit quelques mots dans un chapitre précédent.

La science morale ne peut et ne doit considérer, dans le soldat, que celui qui fait œuvre défensive des intérêts matériels et de l'honneur de la patrie. Toute autorité militaire s'exerçant dans un sens offensif, sauf les cas dans lesquels la stratégie fait consister dans une offensive momentanée le succès d'une défensive bien conçue, ne peut être reconnue et amnistiée par la conscience morale, même lorsqu'elle revêt les brillantes et sonores appellations de gloire, de conquête, de patriotisme et de suprématie nationale. La morale ne connaît que le principe de légitime défense, puisé dans les lois de la nature, et le sentiment de l'honneur, tiré des exigences les plus légitimes de la conscience humaine, mais elle ignore tout le reste. Les considérations politiques lui sont étrangères, et si elle a le pouvoir de les juger, elle se refuse à les admettre, à les provoquer ou à les sanctionner.

La science morale ennoblit le soldat en le considérant comme l'homme qui fait le sacrifice de sa volonté et de sa vie, plutôt qu'en l'envisageant comme un meurtrier inconscient et irresponsable. Elle intervient, dans le devoir militaire, pour faire valoir les vertus d'abnégation, de loyauté, de générosité, d'humanité, d'honneur et de patriotisme dont il est susceptible, et elle le considère comme le dernier terme d'une éducation morale complète, en ce qu'il développe et fortifie les instincts d'énergie virile dont le jeune garçon a reçu de la nature le don natif et spontané ; mais elle ne va pas au-delà.

L'un des enseignements les plus essentiels de l'éducation militaire démocratique et socialiste est de considérer l'honneur comme ne pouvant exister en dehors de l'honnêteté, comme n'étant pas autre chose que la fleur même du principe d'honnêteté poussé à sa plus haute expression, et non pas comme une hautaine efflorescence de sentiments d'orgueil inconciliables avec la vertu, ainsi que les traditions aristocratiques nous en ont légué le souvenir.

Le devoir du soldat se bornant à l'obéissance passive, et celui du sous-officier et de l'officier étant tels par rapport aux degrés hiérarchiques supérieurs, la science morale doit s'occuper des limites dans lesquelles peut s'exercer l'initiative que comporte l'élévation progressive dans la hiérarchie militaire. Cette initiative est d'ailleurs parfaitement définie par les règlements militaires, et elle doit rester dans la limite de leurs prescriptions impérieuses. Elle doit s'exercer d'abord dans la recommandation d'éviter avec soin, en cours de campagne, tout acte de cruauté inutile, de représailles personnelles, de pillage ou de rapine.

La science morale appuiera de ses considérations spéciales les prescriptions réglementaires enjoignant à l'officier, au sous-officier et au soldat, de respecter l'existence de toute personne autre que le combattant armé et valide, appartenant à la force hostile que les opérations militaires se proposent de vaincre ou de détruire. Elle fera comprendre à l'officier et au sous-officier qu'en raison des hautes responsabilités qui pèsent sur eux, ils doivent être sobres de paroles, surtout de celles qui représentent des appréciations personnelles ; qu'ils doivent borner leurs enseignements à l'interprétation des textes réglementaires, et qu'ils doivent surtout prêcher d'exemple, obéir, se dévouer et se sacrifier.

La politique doit être rigoureusement exclue des professions militaires. La conscience de chacun reste entière pour apprécier la valeur morale des événements, ainsi que celle des ordres supérieurs en vertu desquels ces événements s'accomplissent, mais les jugements de la conscience morale du soldat, comme ceux de l'officier et du sous-officier, doivent rester dans le secret le plus absolu, et ils ne doivent jamais porter la moindre atteinte à l'obéissance professionnelle et au respect de la discipline.

La plus lourde responsabilité pèse sur les hommes qui, à raison de leurs fonctions professionnelles et des charges publiques qu'ils exercent, ont à mettre en œuvre la puissance militaire. Ces hommes doivent se pénétrer de la vérité fondamentale que l'emploi de la force n'est légitime que lorsqu'il se produit pour la défense des intérêts matériels dont dépend l'existence, ou lorsqu'il agit pour la sauvegarde des intérêts moraux qui vouent les forces actives de l'homme au triomphe du bien. Ils doivent donc puiser leurs inspirations dans celles de la science morale, dont la connaissance leur est absolument indispensable pour sauvegarder leurs responsabilités, et ils doivent se considérer de plus comme indéfiniment justiciables de la conscience publique, sinon de celle de leurs subalternes qui existe cependant, quoique latente, pour l'usage qu'ils ont pu faire de l'initiative autorisée par les règlements.

La constitution d'un code des lois morales, établi selon les principes que je viens de faire entrevoir, est donc une des exigences les plus urgentes et les plus indispensables de l'organisation militaire, comme de l'organisation politique et administrative, comme de tout rouage quelconque du mécanisme social ; dans une société soucieuse de faire régner la paix parmi les hommes, mais désireuse aussi de remplir le devoir qui lui incombe de garantir la sécurité des familles et des individus.

Les morales religieuses se sont toujours bornées, en ce qui concerne les devoirs militaires, à en dispenser les clercs, ce qui est absolument immoral, si l'on considère que l'exemple est le premier devoir de celui qui conseille ; et à proclamer que l'emploi de la force pour la sauvegarde des intérêts sacerdotaux est le seul moral et légitime, prenant ainsi sous leur patronage ce précepte des natures viles : *Ce qui est bien, c'est ce qui m'est utile.*

La morale démocratique et socialiste, qui existe déjà en fait, qui est écrite tout entière dans la conscience des hommes luttant pour l'allégement des misères populaires, celle dont je cherche en ce moment à définir le caractère et dont les traditions sont encore à créer, doit renier avec indignation de pareils errements. Elle doit se fonder sur la vérité, sur la science et sur la conscience publique ; elle doit se donner uniquement pour but la sauvegarde des intérêts généraux de la société en même temps que celle des intérêts particuliers de chaque individu, et c'est en ne désertant pas ces points de vue moraux, légitimes et certains, qu'elle ouera dans le monde le rôle important qui lui revient, et qu'elle recueillera, en récompense de son abnégation et de son dévouement aux intérêts publics et privés, le respect et l'amour des consciences libres auprès desquelles elle acquerra, de cette façon, la légitime autorité qu'elle doit exercer.

Les professions maritimes, de même nature que les professions militaires, sont régies par les mêmes règles morales. Elles demandent l'emploi des mêmes vertus qui sont : l'énergie, le sang-froid, le courage, l'abnégation, le désintéressement, la science technique, la générosité, l'humanité, la bravoure, le dévouement, le sacrifice, l'honneur, et dans certains cas, tout l'héroïsme dont la nature humaine est capable.

Pour les professions militaires et maritimes, plus encore que pour toutes les autres, le lien affectueux et quasi-familial entre officiers, sous-officiers et soldats ou marins, dont il a été question précédemment, est toujours utile et souvent indispensable. Il est le plus précieux résultat d'une discipline bien conçue et bien interprétée. Une immense sollicitude, toujours active, toujours clairvoyante, doit s'exercer du haut en bas de la hiérarchie militaire et maritime, afin de provoquer le dévouement de bas en haut de cette même hiérarchie, et de créer ainsi l'union vraie, l'union des cœurs qui est la force suprême, la force morale en harmonie avec la force matérielle. Les sentiments de solidarité, de fraternité, de dévouement réciproque entre les chefs et les subalternes décuplent et centuplent la puissance des armées, au grand bénéfice de tous les membres qui les composent, et une armée animée de sentiments démocratiques et socialistes, de sentiments fraternels, du haut en bas et du bas en haut de la hiérarchie, doit être une armée invincible, comme une société vraiment démocratique et socialiste doit être absolument indestructible.

Les professions scientifiques sont celles qui demandent comme qualités fondamentales, à ceux qui les exercent, l'amour du travail et l'amour du vrai. A ce titre, elles relèvent essentiellement de la science morale dans laquelle elles doivent puiser les principes essentiels de leur noblesse et de leur élévation.

Elles nécessitent un genre spécial de courage qui est des plus méritoires, parce qu'il ne se fonde sur aucun entraînement dû à la chaleur d'une action extérieure, mais qu'il se puise, au contraire, dans les énergies de la raison pure et dans le sentiment du devoir envisagé froidement. C'est ainsi que le médecin et le pharmacien ne peuvent se soustraire à l'obligation morale de rester à leurs postes, comme des soldats dans le rang, lorsqu'une maladie contagieuse ou épidémique exerce ses ravages dans la région où se trouve le siège de leur industrie ; tandis que le citoyen quelconque doit plutôt fuir le danger, et surtout y soustraire les femmes et les enfants, pour ne pas fournir au fléau, sans utilité comme sans raison, un aliment dans lequel la maladie trouverait son moyen d'expansion le plus sûr, que de se complaire dans une attitude de bravade aussi dangereuse qu'inutile.

Les professions scientifiques sont sujettes à un genre d'abus contre lequel il est essentiel de les mettre en garde. L'homme qui fait de la science l'emploi quotidien de ses occupations y trouve une précision qui appelle quelquefois l'intolérance ; il y puise une force d'affirmation qui peut donner lieu à des tyrannies spéciales dont il contracte trop facilement l'habitude, si son tempérament moral est enclin à la passion de domination sur autrui. C'est ainsi que le médecin est exposé à exercer sur le malade des prérogatives parfois exagérées. L'autorité scientifique, absolue dans les idées, a une limite dans les faits. Dans un nombre de cas trop considérable, le médecin est disposé à imposer au malade des prescriptions qui demanderaient parfois l'adhésion préalable de ce dernier, surtout lorsqu'il s'agit de cas chirurgicaux.

La science morale a le devoir de résoudre de graves problèmes dans cet ordre d'idées. Un malade a une tumeur à la jambe. Le médecin exprime l'avis que cette jambe doit être coupée pour sauver le malade. Cependant, un second médecin ne l'apprécie pas de même, ou bien si les médecins sont unanimes, le malade préfère mourir que de vivre estropié, que de rester à charge à une famille déjà besogneuse, ou bien enfin il recule devant les souffrances certaines d'une opération chirurgicale dont le succès est incertain.

Combien de fois n'est-il pas arrivé qu'un malade a été martyrisé sans bénéfice ultérieur, sans guérison consécutive, sans allègement même de ses maux ? Combien de fois le malade n'a-t-il pas payé de ses souffrances et de sa vie les maladresses, les tâtonnements, les essais hasardés, les hardiesses abusives du médecin ? Jusqu'où s'étend le droit de la science médicale d'imposer ses prescriptions ? Jusqu'où s'étend le droit de chacun de s'opposer aux entreprises de la science à l'encontre de son libre arbitre ? Quels sont les droits respectifs de la mère, du père et du médecin sur l'enfant, sur le malade inconscient, ou du fils et du médecin sur le vieillard débile que son libre arbitre a abandonné ?

Les intéressés, en ces questions, ne sont pas de bons juges. Le médecin penchera toujours vers les solutions qui lui donneront sur son client l'autorité la plus grande, le prestige le plus considérable. Le médecin a souvent une trop bonne opinion de lui-même, comme la généralité des hommes d'ailleurs, et il n'admet pas qu'il puisse se tromper. Quand quelque chose lui échappe, il le nie plutôt que d'avouer son insuffisance. Le malade, de son côté, cherchera souvent à légitimer ses hésitations ou sa peur, et il en méconnaîtra les conséquences aussi funestes à lui-même qu'à sa famille et à la société.

Il y a là toute une série de problèmes à résoudre que je ne puis qu'indiquer sommairement, et qu'il appartiendra à la science morale d'élucider en y apportant le soin le plus minutieux, en raison des responsabilités redoutables qui en dépendent. Pour cela, elle s'entourera de tous les documents propres à l'éclairer; elle cherchera dans la voix des consciences individuelles la sauvegarde contre celle des amours-propres corporatifs, elle tiendra compte des susceptibilités légitimes et respectera en même temps les droits de chacun.

Sans prétendre régler d'un mot ces graves et difficiles questions, il me parait cependant qu'un des termes essentiels des difficultés à prévoir peut se résoudre par une simple considération de sens commun.

La profession médicale est libre, sous la garantie des prescriptions légales qui la réglementent, et le malade s'adresse librement à un médecin quelconque dans lequel il a placé sa confiance. Tant que cette confiance se manifeste par la continuation des soins de ce même médecin, le malade, pour être logique avec lui-même, doit obéir sans discussion aux ordres qu'il en reçoit, doit exécuter ponctuellement les prescriptions ordonnées.

Toute désobéissance à ces ordres peut devenir, en effet, la source des plus funestes erreurs. Si le malade n'exécute pas intégralement les prescriptions ordonnées, le médecin, trompé par la croyance où il est autorisé de se maintenir, tant que sa défiance n'a pas été éveillée, que les phénomènes physiologiques observés sur le malade ont une étroite corrélation avec la médication suivie, peut s'engager ainsi dans une voie erronée, peut interpréter faussement les indices recueillis, et la responsabilité de sa faute pèse dès lors tout entière sur le malade qui l'a induit en erreur par sa désobéissance.

Si le malade, dans sa prérogative d'homme libre, pouvant disposer à son gré de sa destinée conformément aux suggestions de sa raison, veut se soustraire à une médication et à des soins qu'il n'approuve pas, il doit le déclarer franchement et le notifier au médecin qui se retire dès lors, et qui cède sa place à un de ses confrères plus favorisé de la confiance du malade. Le devoir du médecin, dans cette circonstance, est de faire abstraction de son amour-propre personnel ou professionnel, de manière à ne peser en rien sur les déterminations du malade, à lui permettre de suivre en pleine liberté l'impulsion de sa préférence, et dès lors, c'est sur le malade que retombe la responsabilité absolue de ce qui peut résulter d'un traitement tronqué, ou de soins interrompus au moment où leur efficacité allait peut-être se révéler.

Le problème se complique pour les malades hospitalisés, que les traditions modernes livrent aux médecins dans des conditions beaucoup plus favorables aux entreprises du despotisme scientifique qu'il n'est à craindre pour la clientèle publique. Toutefois, il faut considérer qu'une morale démocratique et socialiste ne peut pas admettre que la pauvreté soit un vice, et c'est en présence de la sujétion que le malade pauvre est obligé de subir dans un hôpital, que son devoir de s'interposer entre la tyrannie médicale et le libre arbitre du malade est plus nettement indiqué. Elle ne doit pas faillir à ce devoir, et la responsabilité qu'elle encourra ainsi sera légère, si ses jugements et ses arrêts sont bien véritablement des émanations directes et sincères de la conscience publique.

Telles sont les considérations élémentaires qui me paraissent dominer la question très complexe et très ardue que j'ai posée un peu plus haut. D'une manière générale, l'abus de l'autorité scientifique supprime toute liberté morale, et par cela seul, il est immoral. La science morale a donc le droit et le devoir de régler l'autorité au nom de la liberté qui est le principe moral par excellence, soit dans les conflits de la liberté indiduelle avec l'autorité scientifique, soit dans tout autre cas où l'autorité, même la plus légitime, aurait une tendance à se faire despotique et oppressive.

La morale démocratique et socialiste aura le devoir, plus encore que toutes les autres sciences, de se garder contre ses propres abus; de donner l'exemple de la discrétion nécessaire à son action; de respecter, soit la liberté fondamentale des consciences auxquelles elle s'adressera, soit les attributions spéciales des hommes ayant mission de mettre en œuvre les mille rouages du mécanisme social. Spéculative par essence, elle devra se garder sévèrement de dépasser le domaine qui lui est assigné, et de donner à ses injonctions une forme impérative appuyée de moyens de coërcition matériels.

Elle réservera toutes ses sévérités et toutes ses rigueurs pour le mal impersonnel, pour le vice anonyme, pour l'immoralité envisagée en dehors de celui qui la commet; et pour ce qui concerne ce dernier, son attitude sera toute de douceur, de persuasion, de modération et de mansuétude, cette attitude ne pouvant d'ailleurs nuire en rien à la puissance de l'autorité que représente, pour une conscience individuelle, le code des lois produites par la condensation de la conscience publique et universelle.

Sa seule ambition sera de convaincre en vue d'une adhésion spontanée. Elle ne devra jamais chercher à empiéter sur la législation civile et sur le pouvoir exécutif, de quelque nature que soient ces derniers. Ses délibérations devront se maintenir dans la sphère sereine des principes, et dans celle de l'éducation des consciences individuelles. Son seul souci sera de ne rien édicter contre la justice intrinsèque ni contre la conscience publique, et pour cela, le législateur moral devra être un délégué librement élu par les populations, en vue d'un programme bien déterminé et bien défini, et il devra s'inspirer, dans ses études morales, des solutions que la conscience publique aura déjà indiquées comme répondant à son sentiment.

La science morale n'a pas de mission sociale dans l'ordre des faits. Son juge souverain est la conscience publique qu'elle ne pourrait contraindre sans se mettre elle-même en conflit avec son principe fondamental de liberté. Des consciences convaincues auront toujours le pouvoir de faire passer dans l'ordre des faits, par la voie de l'organisation législative et exécutive de la société, les applications des vérités proclamées par la science morale. Il sera plus utile à cette dernière d'attendre ses succès et ses triomphes de l'action du temps, qui fait pénétrer peu à peu, mais sûrement, dans la conscience publique, les résultats de l'investigation scientifique, que de provoquer des mesures hâtives, inconsidérées, dont la conscience publique n'aurait pas encore goûté la raison d'être au point de les accepter sans objection et sans murmure, et dont l'insuccès retomberait directement sur le prestige que la science doit conserver pour agir sur les consciences individuelles avec l'autorité nécessaire, ce qui serait un grand malheur, à la fois pour la science morale et pour les libertés publiques.

En vertu de l'ordre d'idées qui précède, et qui est essentiel pour la bonne répartition des responsabilités, l'exécution des prescriptions de la loi morale n'est justiciable d'aucune pénalité civile ou politique. L'estime et le mépris publics constituent les seules récompenses et les seuls châtiments dont puisse être sanctionnée la considération qu'accorde à la loi morale la conscience universelle.

Les carrières professorales sont directement liées aux professions scientifiques et se confondent souvent avec ces dernières. Elles demandent l'emploi des mêmes vertus que les précédentes, c'est-à-dire l'amour du travail et l'amour du vrai, mais à un degré très élevé, puisque dans les carrières professorales ces vertus, en outre de leur effet intrinsèque sur la science même, sont destinées à servir d'exemple aux disciples, et à leur faire aimer à la fois la vertu et le professeur.

De plus, elles en réclament de nouvelles, tirées des exigences spéciales de l'enseignement, et qui sont : la douceur, la patience, la prudence, la persévérance, la dignité personnelle, la parfaite honorabilité, la bonne tenue extérieure, et tout ce qui permet au professeur de servir de modèle au disciple qu'il a le devoir de former. Le professeur doit aussi, dans la mesure de ses facultés, faire en sorte de rendre la science séduisante, et de la présenter sous un jour et sous des formes qui la fassent pénétrer rapidement et profondément dans les esprits et dans les cœurs. Il doit étudier pour cela les méthodes qui ont donné les meilleurs résultats, éviter les abstractions inutiles qui fatiguent l'esprit, et chercher au contraire à mettre en jeu, par l'expérience, par les faits, l'action des sens qui éveillent successivement les sensations, le sens intime, la pensée, la conscience, l'amour, la volonté et l'action.

Faire aimer la science est le résultat le plus précieux que doive rechercher le professeur, et ce dernier doit prodiguer ses efforts pour atteindre le but élevé que la science morale lui désigne. Pour cela, il doit lui-même aimer la science et porter à son élève l'affection qu'il aurait pour son propre enfant. Il doit de plus se pénétrer de cette vérité : que ce qui provoque l'amour de l'enfant, c'est non seulement le caractère, la dignité personnelle et la valeur professionnelle du professeur, mais encore et surtout, l'affection dont l'enfant se sent l'objet.

Le devoir du professeur conforme à ce qui précède lui donne le droit corrélatif d'obtenir l'attention, la confiance, le respect, l'estime et l'application de ses disciples. Si le professeur sait se faire aimer personnellement, l'affection du disciple pour lui profitera à la science même, et le maître, ainsi que l'élève, se seront élevés l'un et l'autre en haute moralité.

Les professions artistiques demandent à être l'objet d'un choix déterminé par des facultés spéciales qui sont : l'amour du beau, le goût artistique et le pouvoir de reproduction matérielle des inspirations de l'esthétique. L'habileté s'acquiert par l'exercice et par la pratique, mais elle ne suffit pas pour constituer une valeur artistique complète. De même le sentiment du beau et le goût artistique sont insuffisants pour la production d'œuvres d'art, s'ils ne sont accompagnés de qualités d'exécution qui sont : une belle voix pour l'éloquence et pour le chant, une bonne vue pour l'architecture, et une main exercée, déliée et assouplie par le travail, pour la musique instrumentale, la peinture, la gravure et la sculpture.

La science morale doit signaler à ce sujet, ainsi que je l'ai déjà dit plus haut, le devoir qui incombe aux maîtres de la jeunesse de scruter, avec le plus grand soin, les facultés natives des jeunes gens dont l'éducation leur est confiée. Dans toutes les professions, il est essentiel que les aptitudes de ceux qui les embrassent soient assorties au caractère spécial du genre d'activité qu'elles mettent en œuvre, mais dans aucune d'elles la responsabilité du maître n'est engagée aussi gravement que dans le cas dont je m'occupe en ce moment.

Conformément à ce que j'ai déjà dit dans un chapite précédent, il serait à souhaiter qu'une commission d'artistes autorisés fût constituée pour aider, dans cette tâche, les maîtres ordinaires de la jeunesse, de manière à entourer de garanties tout à fait exceptionnelles l'admission des jeunes gens aux leçons de l'enseignement professionnel artistique. Cette commission n'admettrait que les jeunes gens joignant au désir bien accentué de consacrer leur existence aux choses de l'art, des dispositions naturelles en dehors desquelles ce désir devrait être considéré comme un caprice à réprimer, et un sentiment précoce du beau, sans lequel leur admission conduirait à de cruelles déceptions.

Les sociétés théocratiques ont toujours plus ou moins flétri les carrières artistiques, surtout lorsque les manifestations de l'art ne s'astreignaient pas à se faire les très humbles servantes des religions. Une réaction violente contre ce préjugé s'est produite à l'époque contemporaine, et les artistes, surtout les artistes dramatiques, se sont vus l'objet de flatteries et d'hommages exagérés dont un orgueil excessif a été le résultat. S'il est vrai que les religions ont abusé, à l'égard des artistes, d'un parti pris de dénigrement systématique, provenant de ce qu'elles se sont toujours montrées jalouses de tout culte s'adressant ailleurs qu'à leurs emblèmes et à leurs autels, il n'en est pas moins vrai que le talent, ou le génie même de l'artiste, ne constituent rien de supérieur au talent ou au génie de l'ouvrier, du savant, du penseur, de l'administrateur, du juge, de l'homme d'action, de celui qui s'élève par ses brillantes facultés, dans un ordre d'idées quelconque, au sommet de la hiérarchie professionnelle dont il a franchi les degrés inférieurs avec éclat.

La science morale doit signaler aux artistes, comme à tous les hommes en général, que la modestie est une vertu sans laquelle toutes les qualités, tous les dons du talent et du génie sont comme non-avenus. Celui-là seul est vraiment digne de l'estime publique qui n'en recherche pas les manifestations bruyantes; qui ne cherche pas, ailleurs que dans l'hommage de sa propre conscience, la récompense des efforts faits en vue de l'accomplissement de son devoir; qui laisse entièrement à l'initiative du prochain le soin de récompenser spontanément, par l'hommage extérieur d'une considération flatteuse, le mérite, le talent ou le génie de ceux qui sont mieux doués que la généralité de leurs concitoyens, ou le dévouement de ceux qui se sont sacrifiés pour le triomphe de la justice.

Enfin les professions littéraires, liées d'un côté aux choses de la science, et d'un autre côté aux choses de l'art, doivent exiger l'emploi des qualités et des vertus recommandées dans l'exercice des professions scientifiques et artistiques.

L'amour du travail intellectuel, l'amour du vrai, du bien et du beau, et l'amour du prochain doivent en être les inspirateurs et les guides. Une conscience éclairée, élevée et délicate, doit servir de flambeau à celui qui écrit. Celui-ci ne doit pas oublier que la plume est une arme aussi terrible que l'épée, plus terrible même pour ceux qui mettent le souci de leur honneur au-dessus de celui de leur existence, pour ceux qui redoutent la calomnie plus encore que la mort, et que le respect de cette plume se confond pour eux avec le respect de soi-même.

Ils ne doivent pas oublier non plus que les polémiques personnelles sont moins nobles que les conflits d'opinions; que se poser en homme parfait pour morigéner le voisin est une entreprise périlleuse pour qui la tente, de même que l'acharnement à déverser l'injure sur l'adversaire au lieu de le convaincre d'erreur; et que celui-là seul est vraiment fort qui n'a pas besoin de chercher, dans de basses querelles, un relief que donne seule la large et puissante envergure des idées élevées, des principes et des nobles sentiments exprimés avec modération.

Ils doivent donc faire appel à la science morale pour apprécier la réserve, la discrétion, la prudence qui conviennent à l'exercice de leur profession, et ils doivent enfin se tenir toujours en garde contre les parti pris, les préjugés et les passions qui pourraient leur voiler la vérité, la morale et la sagesse.

Les écrivains ont mission de former l'esprit et le cœur de leurs concitoyens. Ils sont comme des professeurs libres qui enseignent aux hommes faits la science de la vie, soit dans la presse quotidienne, soit dans le roman, dans le livre de fonds ou dans la presse dramatique. Leurs responsabilités sont donc des plus graves. Ils sont les collaborateurs de la science, et ils doivent harmoniser leur conduite et leur langage avec la grandeur de la cause qu'ils servent. Pour cela, ils doivent réunir en eux les nombreuses vertus que j'ai énumérées ci-dessus au sujet des professions scientifiques, professorales et artistiques.

Avant d'examiner les fonctions sociales qui sont du ressort de la vie publique plutôt que de la vie privée, et qui appartiennent plutôt à la période de maturité qu'à celle de virilité, il est essentiel d'étudier ce qu'est la grande et unique profession de la femme, ce que vaut la haute fonction de la maternité qui remplit la destinée féminine à ce point, qu'elle en exclut tout ce qui pourrait l'entraver ou lui porter atteinte.

La vertu fondamentale de la jeune fille et de la femme est la pudeur. Elle est généralement instinctive; cependant la science morale est appelée à la définir, à la légitimer, à la fortifier et à lui donner le caractère d'élévation et de noblesse auquel elle peut et doit atteindre.

Les religions n'admettent pas que la jeune fille et la femme puissent être naturellement pudiques. Si elles l'admettaient en effet, la croyance ou l'action morale qu'elles prétendent exercer sur les mœurs en serait compromise, ainsi que leur industrie, et elles n'ont garde d'oublier à ce point le souci de leurs intérêts matériels. Cette méconnaissance d'une vertu instinctive, naturelle et fondamentale de la femme est une injustice, elle est même une insulte injustifiée; et cette insulte est plus spécialement odieuse dans la bouche du prêtre, car la femme ne devient vicieuse, le plus souvent, que lorsque les religions ont surexcité en elle, par le mysticisme, par la prosternation, par la superstition, par le fanatisme, par les effluves sensuelles dont elles ont le secret et le monopole, soit les excès d'imagination, les rêveries malsaines et les déviations du sentiment, soit les passions matérielles et morales. Mais cette injustice et cette insulte même donnent lieu à un bizarre ascendant du prêtre sur la femme, et cet ascendant de bas étage, fondé sur la terreur qu'inspire à la femme celui par qui elle se sent méprisée et repoussée, celui qui la tient pour une cause de souillure, est considéré par les clergés comme un moyen de domination sociale dont l'efficacité a fait ses preuves, et pour eux, toute considération morale s'efface devant le résultat pratique dont je viens de parler.

Du reste, l'expérience prouve que le relâchement des mœurs coïncide généralement avec les grandes expansions religieuses, comme il est arrivé au moyen-âge dans les couvents, à l'occasion des évocations démoniaques telles que le sabbat des sorcières ou les exorcismes de filles hystériques; comme il est arrivé à Rome aux plus beaux jours de la puissance pontificale, comme il arrivait naguère encore dans les villes où les processions allaient porter leurs bénédictions dans les quartiers de débauche, sur le seuil des maisons publiques où la dévotion et la prostitution ont fait parfois très bon ménage, et où il suffit de retourner la face de la madone contre le mur pour qu'on puisse supposer que, ne voyant plus ce qui se passe, elle autorise les pires horreurs.

La science morale, plus froide que les religions, inaccessible aux moyens sensuels dont elle réprouve l'emploi, toute empreinte qu'elle est de vérité, de raison et d'esprit scientifique, sans méconnaître pourtant aucune des ressources du sentiment, et en établissant la noblesse de ce dernier sur les bases que la nature même a indiquées, est beaucoup plus apte que les religions à fortifier chez la femme le sentiment instinctif de la pudeur, en lui faisant envisager que son corps est le temple choisi par la nature pour y accomplir l'œuvre mystérieuse et sacrée de l'enfantement, et en lui faisant valoir la grandeur, la noblesse et l'étendue des devoirs qu'implique cette auguste fonction.

Elle lui démontre ainsi que toute faute contre la pudeur est une profanation, et elle lui enseigne que toute déchéance de cette vertu, qui n'est pas seulement applicable à l'état de virginité, mais qui convient à tous les épisodes de la destinée normale de la femme, de l'épouse et de la mère, est pour cette dernière la marque de l'avilissement et de la dégradation, sans remède comme sans appel, puisqu'elle outrage le caractère essentiel des devoirs et des vertus de la femme, puisqu'elle enlève à la maternité l'auréole de pureté qui la sanctifie, puisqu'elle est un attentat contre la noblesse des destinées féminines.

Après avoir flétri l'impudeur, qui est la dégradation de la femme, la science morale doit flétrir à titre égal la stérilité volontaire, le fanatisme de la virginité qui est l'oubli des devoirs féminins, et le refus de rendre à la famille et à la société ce que la jeune fille a reçu de l'une et de l'autre en fait de soins, de bienfaits, d'instruction, d'éducation et de sécurité. La femme qui se refuse à enfanter, comme l'homme qui se refuse à travailler, est un débiteur qui déclare ne pas vouloir payer sa dette, alors qu'il est en mesure d'en effectuer le paiement. Ils se mettent ainsi, l'un et l'autre, dans la catégorie des parasites, qui n'est qu'une des variétés nombreuses de la grande famille des voleurs, puisqu'ils jouissent de ce qu'ils ne veulent pas payer, de ce qu'ils n'ont pas gagné, de leur participation aux bienfaits communs que la famille et la société répandent indistinctement, et sans compter, sur leurs membres indignes comme sur ceux dans lesquels elles puisent leurs forces et elles trouvent leurs soutiens.

La vierge fanatique et l'homme désobéissant au devoir militaire et à la loi du travail, comme les religions en produisent de si nombreuses espèces, méritent à titre égal d'être reniés par les familles et par la société, dont ils prennent tous les jours une portion de substance sans lui en fournir l'équivalent. Ils doivent se résigner à subir leurs flétrissures et leur abandon, à ne plus exercer aucun droit, ne remplissant pas les devoirs corrélatifs. Ils se sont mis en dehors de la loi morale ; ils ont assumé le malheur et la honte par leur propre faute. La plainte leur est interdite ; la pitié ne leur est point due ; l'estime et le respect d'autrui ne leur sont plus accessibles ; la famille et la société n'ont plus aucun devoir à remplir envers eux que de se défendre contre le scandale dont ils sont les fauteurs.

Pour la science morale, pour la démocratie socialiste, la mère de famille doit être l'objet de la plus pure estime, de la plus extrême considération, du culte le plus sincère et le plus élevé. Elles doivent reporter l'une et l'autre sur la mère le prestige que les religions ont indûment accordé à la vierge, dont le mérite est purement abstrait, dont la valeur morale, basée sur son aptitude aux fonctions maternelles, familiales et hospitalières, reste fictive jusqu'au jour où ses vertus se sont déployées selon les lois de sa nature et l'appel de sa destinée. L'accomplissement du devoir maternel étant le plus douloureux, le plus difficile, le plus méritoire de tous ceux qui incombent à l'humanité, il doit être exalté, par la démocratie socialiste, comme la suprême manifestation de ce que peuvent les facultés d'amour, de dévouement et de sacrifice de l'espèce humaine, dans leur expression la plus éclatante et la plus exquise.

La nature a largement doué la femme pour l'accomplissement de ce devoir, mais la science et la morale ne doivent pas moins l'y aider de tous leurs moyens, et la société doit reconnaître, par ses témoignages d'admiration et de gratitude, l'éminence des vertus dont la maternité est l'origine, ainsi que la supériorité du dévouement dont elle nécessite l'emploi.

Cependant, si le devoir de la maternité s'impose impérieusement à la jeune fille nubile, ainsi qu'à la jeune veuve chez qui les fonctions maternelles sont encore normales, le droit au choix libre de l'époux est aussi absolu pour elles que le devoir corrélatif de l'obligation.

Dans l'union morale des sexes, c'est à la femme de choisir son époux, plutôt qu'à l'homme de choisir sa femme, en raison de l'importance plus grande que tiennent, dans la destinée de la femme, les choses de la famille, tandis que pour l'homme, elles se partagent ses sollicitudes avec celles de la profession choisie et exercée.

Il faut tenir compte de plus, dans l'appréciation de cette grave question, de ce que l'homme, par les caractères spéciaux que la nature a donnés à son organisation matérielle et morale, possède beaucoup plus que la femme, le moyen de se résigner à une union qui ne répond pas exactement aux exigences de son cœur.

Dans l'union où l'affection n'est pas réciproque, quand c'est l'homme qui est aimé, il est toujours assez heureux et son sort est digne d'envie. Quand la femme est aimée, mais qu'elle n'aime pas, sa vie est un supplice intolérable, si elle n'est pas la dernière des créatures. Il est donc beaucoup plus essentiel, pour la paix des familles, pour le bonheur des époux et pour les perspectives d'harmonie sociale à fonder sur le meilleur mode d'union des sexes, que dans un jeune ménage, la sympathie et l'amour aillent plutôt de la femme à l'homme qu'inversement; et l'union libre pourrait n'être guère qu'une désunion permanente si le choix de l'homme par la femme ne devait pas en être la loi fondamentale.

Nos mœurs antérieures pourraient faire supposer que le droit, pour la femme, de choisir son époux, est de nature à blesser le sentiment de pudeur dont le culte a été proclamé ci-dessus comme le premier devoir de la femme.

Il n'en est rien. La pudeur, comprise comme une sorte de dédain du devoir maternel, est un sentiment vicieux produit par le mariage immoral dont les religions avaient souillé les sociétés antérieures. Elle est une forme d'hypocrisie dont il ne doit rien rester dans une société démocratique, socialiste et morale, et les pures jeunes filles de la libre Amérique, qui affichent loyalement leur volonté de choisir leur époux, parce que le sentiment de leur dignité vraie leur est venu dans l'atmosphère de liberté qu'elles respirent depuis le jour de leur naissance, sont des mères de famille auprès desquelles celles de notre Europe, dont la religion catholique a fait des subalternes de la vierge, devraient souvent aller puiser l'exemple du scrupuleux accomplissement de tous les devoirs maternels.

Les religions ont fait du noble sentiment de la pudeur un instrument de fanatisme. La direction perfide qu'elles ont donnée aux manifestations de la pudeur instinctive et naturelle de la femme ne saurait être trop blâmée par la morale pure, car elles l'ont exploitée dans un sens essentiellement funeste aux intérêts sociaux, par la stérilité qu'elle provoque, par le mépris qu'elle inspire à la femme à l'égard de l'époux, par le sentiment de fraternité qu'elle blesse, par le dédain de la vie de famille qu'elle fait entrer dans l'esprit des fanatisées.

Le choix de l'époux par la jeune fille est la vraie garantie de la pudeur de cette dernière. Il est la marque du souci que doit avoir toute femme bien née de ne se livrer qu'à l'homme qui est véritablement l'élu de son cœur, et il est de plus le gage de ce qu'aucune prostitution ne sera la conséquence de leur union.

Pour que cette garantie soit efficace, pour que le choix de l'époux par la jeune fille soit inspiré véritablement à cette dernière par l'appel direct de son cœur, par le sentiment d'amour qui peut seul sanctifier l'union à laquelle il donne lieu, il faut que la jeune fille soit indépendante, que ses ressources personnelles soient assurées, que l'organisation sociale lui garantisse des moyens d'existence pour elle et pour ses enfants ; il faut que dans le partage successoral des richesses accumulées par les générations antérieures, tout ce qui est capital acquis lui soit exclusivement réservé, à titre de jouissance si ce n'est comme moyen de travail, ainsi que je l'ai déjà dit et que je le confirme toutes les fois qu'il m'est donné, par la suite naturelle des questions qui se présentent, de faire valoir combien cette solution s'impose, pour que notre société sorte enfin de la tradition d'injustice et de misère qu'elle a suivie pendant trop longtemps.

Le fanatisme de la virginité n'est pas à redouter, de la part de l'homme, dans une société démocratique, socialiste et libre-penseuse. L'instinct naturel et la loi morale doivent l'en détourner à la fois. Les vices auxquels ce fanatisme a livré l'homme égaré par les enseignements des morales religieuses sont de ceux dont on ne peut parler sans rougir. Le fanatisme de la virginité est issu du fanatisme religieux dont il est toujours le complice, et il se traduit par d'ignobles manifestations dont la pudeur et la dignité du moraliste s'offraient, que l'écrivain doit taire pour garder le parfait respect de lui-même, laissant aux consciences individuelles le soin d'en faire bonne justice.

Le choix de l'époux par la jeune fille n'implique pas l'obligation, pour l'homme, d'obéir à ce choix en dehors de sa préférence personnelle. Pour que l'union soit parfaitement morale, le choix doit être réciproque, la préférence doit être indiquée d'un côté comme de l'autre; mais s'il appartient à l'homme de chercher à plaire d'abord à la jeune fille, il appartient à cette dernière d'abord de désigner l'homme qui lui plait, en le lui faisant connaître par un moyen qui reste à déterminer, et qui devra être conçu de telle sorte que la légitime fierté de la jeune fille soit parfaitement sauvegardée.

Quoi qu'il en soit d'ailleurs de la nature de l'aveu et du procédé par lequel la jeune fille fera connaître à l'élu de son cœur le choix dont il aura été l'objet, après approbation de sa famille, toutes garanties étant prises pour que son amour-propre n'ait pas à souffrir d'un insuccès éventuel de sa démarche, il est formellement interdit à tout homme, par une loi morale qui existe dans la conscience et qui demande à être proclamée, de se considérer comme ayant le plus léger droit d'hommage public à une jeune fille, tant que celle-ci ne s'est pas librement prononcée en sa faveur, tant qu'elle ne l'y a pas autorisé formellement par le don spontané de son cœur.

A partir du jour où le choix de la jeune fille a été fait, où celle-ci s'est prononcée librement en faveur d'un jeune homme, et où celui-ci, à son tour, a agréé avec reconnaissance, ainsi qu'il le doit, l'hommage du cœur d'une jeune fille, celle-ci devient dès lors sacrée pour le reste des hommes, en vertu d'une nouvelle loi morale aussi spontanée dans la conscience humaine que la précédente. Tout hommage autre que celui de l'époux choisi devient une insulte pour elle, à partir du jour où celui-ci a ratifié le choix dont il a été l'objet, et il doit être hautement flétri par la loi morale.

L'union de l'homme et de la femme doit être libre pour être morale. Dire d'une union libre qu'elle est morale, est, en effet, un simple pléonasme, pour tout homme qui se réfère des principes de la Révolution française, puisque sans liberté, il n'y a pas d'ordre moral ; puisque sans elle et sans l'idée de responsabilité qu'elle évoque, aucune idée de bien et de morale ne peut même exister.

Je dis de plus que l'union d'un jeune homme, pourvu de

l'instruction nécessaire pour exercer une profession rémunératrice, et d'une jeune fille proportionnellement dotée, peut seule être réputée libre, et par suite morale.

Il en est, en effet, des conventions préliminaires à intervenir entre les familles, au sujet de l'union des jeunes gens, comme de celles qui président à la fixation des salaires entre patrons et ouvriers. Cette fixation est libre, ou soi-disant telle, entre les parties contractantes; mais, entre un patron riche et un ouvrier pauvre, ce qui est le cas de beaucoup le plus fréquent, la liberté de ce dernier disparait sous l'étreinte de la misère, et le salaire consenti ne représente que la capitulation de la faim.

Entre un jeune homme riche ou pourvu d'une industrie rémunératrice et une jeune fille pauvre, il en est de même. Le consentement de cette dernière à l'union qui lui est proposée par le premier, selon nos mœurs actuelles, ne peut être ni libre, ni par suite morale, dans le plus grand nombre des cas qui se présentent, parce qu'une question supérieure de subsistance à assurer dans l'avenir met souvent la jeune fille pauvre en demeure, ou bien de renoncer aux devoirs et aux joies de la maternité, ou bien de consentir à une union contraire aux inspirations de son cœur. Dans le premier cas, sa destinée normale est sacrifiée; dans le second, son union n'est qu'une prostitution déguisée, par laquelle les hontes et les souffrances jaillissent du cœur de la femme, en le déchirant, et rejaillissent ensuite sur le cœur de l'époux. Le malheur de l'un et de l'autre est ici, comme partout ailleurs, la conséquence directe et immédiate de l'abandon du principe de liberté.

Cette union doit être enfin approuvée et bénie par les familles des époux et enregistrée par les administrations municipales, afin que les dotations sociales qui doivent en résulter soient régulièrement établies; et elle doit être soumise à des règles sociales ayant pour but de proportionner les âges réciproques des époux.

La bénédiction de l'union des sexes par le père et par la mère de chacun des époux est la seule qui soit vraiment sainte. Le cœur paternel ou maternel est le seul foyer où de pures sollicitudes pour le bonheur des jeunes époux puissent exister. En effet, lorsqu'un prêtre ou un ministre bénit un mariage, à quoi se bornent ses préoccupations et ses recommandations ? Elles sont faciles à saisir dans le sens de l'allocution qu'il adresse généralement aux jeunes époux, et qui peut se traduire ainsi qu'il suit : *Ne désertez pas les croyances que nous vous avons inculquées dans votre enfance; élevez vos enfants dans des traditions qui les soumettent à notre autorité, et faites en sorte que nous puissions exercer notre industrie sur eux comme nous l'exerçons déjà sur vous-mêmes.*

Tel est le résumé des adjurations par lesquelles le prêtre, le ministre, le rabbin ou tout autre membre d'un clergé quelconque, accueillera ceux qui viendront lui demander la bénédiction de leur union. S'il ne leur dit pas ce qu'il pense dans les termes mêmes que j'ai employés, et qui dénoteraient une sincérité de langage contraire aux traditions de l'hypocrisie sacerdotale, il n'en est pas moins évident, pour tous ceux qui ne se paient pas de mots et de grimaces, que le souci de maintenir la prospérité de l'industrie sacerdotale, de ne pas laisser tarir une source riche et féconde d'influence et de revenus, est le seul objectif de la bénédiction matrimoniale religieuse dont la tradition se maintient encore dans notre société moderne.

D'autre part, les religions ne laissent paraître aucun souci des conditions morales les plus élémentaires qui doivent présider à l'union des sexes. Celle d'un vieillard lascif et impotent avec une jeune fille de l'âge le plus tendre, ou toute autre présentant un caractère flagrant d'immoralité en sens inverse, doit provoquer les anathèmes de la science morale en même temps que les rigueurs de la loi civile.

Les religions sont absolument muettes sur les mariages les plus scandaleux. Elles n'y font aucune opposition ; elles les bénissent : ne voyant aucun intérêt immédiat à s'opposer à ce qui les enrichit ; et elles laissent clairement voir ainsi, non seulement combien elles sont peu soucieuses de la morale publique, mais encore combien elles sont ardentes à rançonner le vice qui se laisse exploiter par elles ; combien elles sont indulgentes pour ce vice qu'elles tolèrent lorsqu'il les fait vivre, qu'elles encensent et qu'elles entourent de la plus parfaite considération lorsqu'elles peuvent en tirer honneur et profit.

L'union de l'homme et de la femme n'est pas faite pour la satisfaction des vices des uns ou des autres. Elle doit se produire uniquement en vue de la satisfaction légitime des élans affectueux du cœur humain, ainsi que pour atteindre le grand but moral de l'admission de la femme aux fonctions maternelles, et tout ce qui est de nature à éluder ou à vicier ces grands résultats doit disparaître de nos mœurs.

Mais, de même que la loi civile doit entourer des plus sévères garanties les conditions morales de l'union de l'homme et de la femme, aidée en cela par les indications de la loi morale, de même elle doit considérer le lien qui les unit comme immédiatement dissoluble, sur la simple requête de l'un des deux époux, toutes les fois que la cohabitation devient intolérable à l'un d'eux, en raison de répugnances physiques ou morales. Son devoir, conforme au grand principe essentiel de liberté, sans lequel il n'y a pas de morale, est de donner à la désunion devenue nécessaire, à la suite d'incompatibilité de sentiments ou de caractères, de conduite scandaleuse, d'indignité, de mauvais procédés, de méconnaissance des devoirs familiaux, ou pour toute autre cause, toutes les facilités compatibles avec la bonne administration des intérêts sociaux et familiaux.

Il ne paraît pas à craindre que les facilités accordées, par les lois civiles, à la dissolution des familles fondées par des unions libres, puissent devenir une cause déterminante du relâchement des mœurs. Un argument de même nature a été souvent donné par les cléricaux pour s'opposer à l'établissement des lois sur le divorce, et il ne s'est jamais vérifié, même lorsqu'il était question de dissoudre des liens formés sous les auspices des servitudes et des pressions abusives dont je viens de parler. Sous l'influence du choix de l'époux par la jeune fille libre, et comme conséquence des restrictions à apporter, par les lois civiles, aux unions entre personnes d'âge trop dissemblable, les causes de désunion seraient certainement bien moindres qu'elles ne le sont aujourd'hui.

Quoi qu'il en soit d'ailleurs, il ne peut arriver que de deux choses l'une : Ou bien l'homme et la femme seront heureux de vivre ensemble et d'élever leurs enfants par leurs communs efforts, et dans ce cas, la loi civile n'aura pas autre chose à faire qu'à consacrer, par les mesures administratives qu'il lui appartient d'établir, l'existence de la famille et la dotation de la mère et des enfants ; ou bien le bonheur n'existera pas entre les époux, et le mieux sera dès lors de leur permettre de se soustraire, le plus tôt possible, aux souffrances, aux scandales et aux dangers d'une cohabitation désormais infructueuse, et surtout intolérable. En reprenant chacun leur liberté, et en jouissant avec elle de l'apaisement qui résultera nécessairement de leur délivrance réciproque, ils seront moins exposés aux exaspérations qui sont les pires conseillères, et ils pourront revenir, l'un et l'autre, à la pratique de toutes les vertus compatibles avec leur malheureuse situation.

Il faut envisager, en effet, que dans le cas de désunion des cœurs, de conflit des caractères et de désagrégation de la vie de famille, l'indépendance reconquise par les deux époux ne serait bien avantageuse ni pour l'un ni pour l'autre. L'homme et la femme, désunis une première fois, auraient dans leur passé une sorte de tare qui leur rendrait bien difficile la formation d'une nouvelle union.

Dans un milieu social ayant supprimé la prostitution officielle, et dans lequel la prostitution libre serait elle-même très restreinte; l'abandon réciproque qui résulterait pour deux époux de leur désunion serait sans compensation probable; l'isolement et la privation des soins et des consolations provenant d'une cohabitation affectueuse seraient le plus souvent leur partage.

L'hypothèse d'une prostitution libre très restreinte, et peut-être nulle, dans une société basée sur la famille constituée comme je l'imagine en ce moment, n'a rien qui doive surprendre un homme pénétré de la réalité des mobiles humains, ou plutôt des mobiles féminins. Il faut considérer en effet que la dotation de la femme, telle que peut la concevoir la loi morale, ne pourrait s'octroyer que dans le cas d'une union régulière, conforme à des traditions de parfaite honorabilité, bénie par les familles des deux époux, et régulièrement enregistrée dans les archives sociales. Rendue, de cette façon, bien distincte d'un accouplement purement sensuel, l'union libre présenterait à la femme toutes les perspectives de bien-être que la prostitution lui fait souvent envisager dans l'état actuel de nos mœurs, et elle y joindrait celle de la considération publique, à laquelle nul ne peut se dire indifférent, surtout la femme. La prostitution, ne présentant plus que des chances de misère et la certitude du déshonneur, serait absolument désertée par la femme, à qui les vices sensuels font très rarement oublier la sauvegarde de ses intérêts matériels et positifs.

Sans porter atteinte au principe de liberté, en dehors duquel l'union de l'homme et de la femme serait immorale, la science et la loi morale pourraient édicter des flétrissures spéciales contre l'époux ou l'épouse que la satiété seule, ou une passion coupable, éloignerait de la vie de famille. Il appartient aux consciences individuelles, guidées en cela par la loi morale émanée de la conscience universelle, de flétrir de leur mépris motivé celui ou celle qui outrage le lien contracté sous les inspirations d'une parfaite liberté, et de condamner le père qui se refuse à remplir ses devoirs envers les enfants qu'il a engendrés, comme la mère qui renie et abandonne les malheureuses créatures auxquelles elle a donné le jour.

La loi civile, de son côté, devrait avoir de sévères répressions contre la désobéissance aux devoirs les plus sacrés de la famille, et dans le cas où elle serait impuissante à son tour à prévenir l'abandon des enfants, car la loi ne peut donner du cœur à ceux qui n'en ont pas, la société aurait le devoir de recueillir, dans ses asiles ou dans ses hospices, ceux qu'elle pourrait considérer comme des orphelins, à partir du jour où ils seraient délaissés par leurs parents.

Toutefois, la crainte de faits répréhensibles, absolument exceptionnels, ne doit pas apporter de réstriction dans les mesures à prendre pour désunir les époux mal assortis, sans lesquelles la liberté et la morale s'effondrent, en dehors desquelles la prostitution effective et indéfinie de la femme est la conséquence immédiate de son état de servage et d'abaissement.

Quel que soit d'ailleurs le mode d'union réglé par les institutions sociales pour la fondation de la famille, les droits et les devoirs réciproques des époux sont la fidélité et les secours mutuels, dont l'amour fait les plus doux des privilèges, et qui se répartissent différemment, suivant les facultés particulières de l'homme et de la femme.

Le premier doit à son épouse la protection, l'assistance dans le danger, le partage du bien-être, les égards, l'affection, les soins éventuels, et tous les bons procédés de nature à lui mériter l'affection réciproque de sa femme. Celle-ci, à son tour, doit à l'homme de son choix la tendresse, la confiance, les soins affectueux qui sont destinés à lui conserver l'amour de l'époux, et son devoir formel est de rendre heureux l'homme à qui elle a uni sa destinée, de manière à faire ainsi son propre bonheur, et à faire bénéficier en outre les enfants des sollicitudes paternelles, ainsi que de tous les secours matériels et moraux dont la présence incessante du père au foyer familial est le présage.

La femme ne doit pas s'immiscer inutilement dans les occupations professionnelles de l'homme, et ce dernier ne doit pas intervenir sans nécessité dans les occupations domestiques de la femme; la séparation des pouvoirs étant la meilleure garantie de concorde entre personnalités équivalentes à qui revient, d'un côté comme de l'autre, une autorité légitime dont le domaine doit être bien défini.

La fidélité de l'époux à la femme n'a pas toujours été considérée comme exigible, jusqu'à présent, par les législateurs des sociétés antérieures à qui le sens moral a souvent fait défaut, par la faute et sous l'influence des religions. Or, comment peut-il être contrevenu à la fidélité conjugale, d'un côté comme de l'autre, sans que le crime soit la conséquence de cette contravention? Quelle est la solution, parmi les hypothèses du manque de fidélité de l'époux, que le législateur a entrevue pour autoriser cette dérogation aux indications d'une saine morale? Est-ce la prostitution, la séduction, l'adultère, le rapt, le viol, le détournement de mineure, le vice solitaire ou les monstrueuses manifestations de la luxure s'exerçant en dehors des moyens naturels? Il suffit de poser la question pour la résoudre.

La société jette un voile sur ces horreurs, comme le font les religions pour les mystères dont elles enveloppent leurs supercheries, mais sa responsabilité n'en est pas amoindrie pour cela; son devoir n'en est pas moins resté sans accomplissement, sa faute n'en est pas moins grande.

Il est évident, d'ailleurs, que la désunion des époux est faite pour affliger la morale sociale, que celle-ci ne peut être vraiment satisfaite que par l'union de l'homme et de la femme se perpétuant jusqu'à la plus extrême vieillesse, et la science morale doit présenter cette solution comme la plus désirable; mais si la désunion des époux est un mal, elle est aussi et elle est surtout un malheur, auquel on ne remédie pas avec de l'hypocrisie et des contraintes immorales.

Lorsque deux époux sont désunis moralement, toute contrainte s'exerçant sur eux pour leur faire subir une cohabitation intolérable est un malheur de plus ajouté au premier, et une immoralité de plus ajoutée à celle qui s'est produite d'abord. Cette contrainte, cette sujétion peut pousser au crime, et si elle ne fait qu'aigrir les caractères en présence, il faut encore faire cesser, et le plus tôt possible, une situation dont rien de bon ne peut sortir, et dont l'éducation des enfants doit se ressentir d'une façon déplorable.

La loi morale qui approuve la désunion des époux pour simple incompatibilité d'humeur, ou pour toute autre cause de même nature, est la seule qui n'aggrave pas une situation mauvaise certainement, qu'il faut déplorer, mais qui, une fois produite, est irréparable, à laquelle rien n'a jamais pu remédier jusqu'à présent, et qui est de l'ordre des fatalités inhérentes à l'imperfection de la personnalité humaine.

Le moraliste doit éviter, avec le plus grand soin, de scruter les mystères du lit conjugal, ainsi que l'ont fait trop souvent les théologiens. La vie intime des époux est chose sacrée, où nul œil profane n'a le droit d'aventurer un regard, sous peine de blesser la pudeur de la femme, que la science morale a déclaré d'abord être sa vertu majeure et fondamentale. Les morales religieuses n'ont pas toujours tenu compte de cette délicatesse essentielle. Elles ont soulevé des voiles qu'il eût mieux valu laisser sous la sauvegarde des consciences individuelles, parce qu'elles étaient désireuses d'établir leur domination jusque dans les régions les plus secrètes de la vie humaine, et aussi parce que la lubricité des casuistes trouvait un aliment malsain dans l'étude des relations entre époux, que leur imagination enfiévrée leur représentait comme un épisode friand des tentations de saint Antoine.

Si l'homme ou la femme apportait jamais au lit conjugal des vices sensuels inacceptables pour son conjoint, la liberté de leur union leur donnerait le seul moyen moral de mettre un terme à une situation insoutenable. La science morale et la loi civile n'ont pas d'autre mission à remplir, dans ces questions délicates, que celle d'apporter, aux souffrances des unions mal assorties, le remède souverain qui résulte de l'application du grand principe de liberté, en dehors duquel il n'y a que vice, contrainte, souffrance, malheur et avilissement.

Les devoirs des époux envers les enfants ont déjà été énumérés à propos des droits de l'enfant dont ils sont corrélatifs. Ils ont une limite, dans la durée, qui est celle à laquelle les enfants se détachent de la famille qui leur a donné le jour, pour en fonder une nouvelle. A partir du jour où un jeune homme et une jeune fille se sont unis, la loi morale, bien que ne cessant de leur recommander la continuation des relations affectueuses qui les unissent à leurs parents, doit marquer à ces derniers la limite de toute autorité effective sur le jeune ménage responsable et libre. Elle doit même considérer toute immixtion du père ou de la mère, dans le ménage des jeunes époux, comme coupable, à moins qu'elle ne soit sollicitée par eux, et cette règle est assez légitimée par l'expérience de la vie pour que la science morale n'ait pas à chercher d'arguments théoriques pour la soutenir.

Ce devoir de discrétion du père et de la mère, vis à vis de leurs enfants, est corrélatif du droit qu'ont les jeunes époux de diriger, selon leur initiative propre, la famille qu'ils viennent de fonder, conformément à leur libre détermination.

De même, le père et la mère n'ont plus d'action à exercer sur le jeune garçon soumis au service militaire. La société assume en effet toutes les responsabilités quelconques, concernant le jeune homme dont elle s'est emparée sans réserve, au moment de la conscription, et elle ne peut admettre personne, pas même la famille, à les partager, sous peine d'enlever à la discipline militaire une partie de sa force.

De plus, aussitôt que le jeune homme sera libéré du service militaire actif, son devoir étant de se livrer à l'exercice de sa profession et de fonder une nouvelle famille, ce devoir le met en dehors des sollicitudes effectives de la famille dont il est issu, et dont l'action sur lui n'a plus aucune raison de s'exercer.

L'autorité du père et de la mère cesse donc d'être active, sur le jeune garçon, à partir du jour où celui-ci est appelé sous les drapeaux, et sur la jeune fille, à partir du jour où elle contracte une union libre; et à dater de ces mêmes époques, il ne reste plus aux parents que l'ascendant affectueux que leurs enfants veulent bien leur reconnaître, en récompense des bienfaits dont ils ont comblé leur enfance et leur jeunesse.

Pendant l'accomplissement du devoir militaire, la société se substitue complètement à la famille pour la tutelle à exercer sur le jeune garçon, et ce dernier ne deviendra un homme entièrement libéré que lorsque le dernier terme de son éducation sera accompli. La majorité effective de l'homme ne commence donc que lorsque son éducation est entièrement terminée, c'est-à-dire à l'issue de l'accomplissement du devoir militaire, considéré comme l'école de sa virilité; tandis que celle de la femme commence dès que sa nubilité et la fin de son éducation la mettent à même d'affronter les devoirs et les épreuves de la maternité.

Lorsque ces conditions sont remplies, lorsque le jeune homme libéré du devoir militaire, et la jeune fille nubile se sont unis, ils ont acquis l'un et l'autre le droit de vivre libres, de diriger leurs destinées d'après leur initiative propre, sans avoir d'autres devoirs à remplir que de s'astreindre volontairement à la discipline sociale qui exige, d'un côté le travail utile et rémunérateur, et de l'autre la maternité, sous peine de laisser la liberté dégénérer en licence.

Le devoir électoral s'exerce depuis le moment où la virilité est acquise, d'après les indications qui précèdent, jusqu'à l'heure de la mort. Il est celui par lequel chaque citoyen libre participe à l'activité sociale collective dont il ne peut et ne doit se désintéresser dans aucun des cas où il est en possession de ses droits politiques.

Ce devoir est en même temps un droit, car il doit être considéré comme un privilège plutôt que comme une charge, comme le droit corrélatif aux devoirs imposés par la société à ses membres actifs, comme la sauvegarde de sa liberté, comme l'affirmation de la responsabilité personnelle de chaque citoyen libre dans la marche et dans l'administration des intérêts collectifs, comme l'indice de la dignité de l'individu et la garantie de ses droits de toute nature.

Il n'a guère été exercé jusqu'ici que par l'homme, mais il n'existe aucune raison d'y soustraire la femme, surtout dans les branches d'activité relevant de ses facultés spéciales, mais seulement lorsqu'elle aura su s'affranchir du joug des religions. Tant que la femme sera sous l'influence du prêtre, tant qu'elle prendra le mot d'ordre de sa règle de conduite dans les ténébreuses conférences sacerdotales dont les religions se servent pour oblitérer en elle la raison, l'intelligence et la droiture des sentiments, elle sera impropre à manier l'arme de la liberté; la morale ne pourra lui confier le soin de sa défense, elle ne sera pas apte à remplir un devoir et à jouir d'un droit dont les clergés se serviraient pour détruire l'œuvre de la liberté qui les démasque et qui les condamne.

Entre l'homme et la femme, il y a plutôt équivalence qu'égalité, et de ce que la femme est impropre aux choses viriles, il n'en résulte pas qu'elle doive être exclue de toute responsabilité dans les choses essentiellement féminines. La loi morale a le devoir de bien définir la position de la question, et de séparer le mode d'activité masculin du féminin, de manière à admettre la femme à la gestion des branches de l'activité sociale qui sont de sa compétence et de son ressort.

Lorsque la femme réclame l'égalité civile et politique des sexes, elle est mue par des considérations de juste revendication qui sont exactes en ce sens que sa place, dans la société, n'a jamais été jusqu'ici ce qu'elle devrait être; que son servage social est plus dur que celui de l'homme, que la liberté, l'égalité et la fraternité lui sont dues au même titre qu'à l'homme; que les charges qu'elle supporte et les dangers qu'elle court, par la pratique des devoirs de la maternité, sont équivalents à ceux que l'homme remplit par la pratique des devoirs militaires et professionnels; mais si la raison d'être de ses revendications est légitime, la route qu'elle a suivie jusqu'à présent pour échapper au joug qui l'étouffe ne me paraît pas être la bonne, parce qu'elle donne au principe d'égalité un sens qu'il ne peut pas avoir, une interprétation que la nature même dément.

Les sexes ont des droits et des devoirs équivalents plutôt qu'égaux. La morale qui est applicable à la femme n'est pas la même que celle qui convient à l'homme. Leur éducation ne saurait être la même, non plus que leurs destinées. La pudeur, qui est la vertu fondamentale de la femme, n'est pas une vertu essentiellement virile. La bravoure, qui est la vertu virile par excellence, n'a rien de féminin. Le devoir militaire, qui incombe à l'homme, n'est pas exigible de la femme, et ainsi de suite. J'estime que la femme se trompe de route lorsqu'elle recherche et sollicite la proclamation de ses droits et de ses devoirs égaux à ceux de l'homme. L'équivalence, qui peut seule lui donner son rang légitime dans la famille et dans la société, serait bien mieux établie par l'exercice de son droit à la jouissance du capital des générations antérieures, réparti à titre de dotation sociale, ainsi qu'il résulte de mes explications précédentes ; l'homme trouvant dans l'instruction professionnelle, dans le travail et dans la jouissance des instruments de travail, les moyens de se procurer les ressources équivalentes, que dans la poursuite d'une chimère d'égalité absolue, que la nature se refuse à ratifier, et qui mettrait la femme en demeure de remplir le devoir militaire, par la corrélation qui existe entre ce devoir et la sécurité dont elle jouit pendant toute la durée de son existence, si la logique de ses revendications égalitaires était poussée jusqu'à ses dernières limites.

En s'attachant, au contraire, à la poursuite de la proclamation de son équivalence, elle serait à la fois dans la vérité naturelle, dans la logique, dans la raison, dans la justice et dans la morale. Elle y trouverait, non seulement la sauvegarde de son existence et de sa dignité, mais encore celle de son droit électoral envisagé conformément à ses aptitudes et à ses facultés spéciales.

Il est plus rationnel, en effet, de faire participer la femme à l'élaboration des lois morales qu'à celle des lois civiles, politiques ou administratives. L'énergie des déterminations à prendre en présence d'un danger imminent n'est pas compatible avec les capitulations de l'amour maternel. Le cœur de l'homme peut seul s'élever à ce degré d'abnégation qui permet de sacrifier le fils au salut de la patrie. Le cœur de la mère est héroïque dans la famille, mais faible au dehors. Le législateur doit tenir compte de ces distinctions essentielles pour ne compromettre ni la famille, ni la patrie, ni la société.

L'exercice du devoir ou du droit électoral demande l'emploi de certaines qualités, telles que le jugement, la pénétration, la sincérité, la loyauté, l'incorruptibilité, qui en garantissent le caractère moral, et qui ne sont à préjuger que dans les consciences libres, en raison de l'étroite corrélation qui existe entre la morale et la liberté. Il en résulte que la Libre-Pensée ne peut considérer comme électeurs, dans l'ordre moral, que les hommes libérés dans leur conscience, que les hommes soustraits à l'influence d'une religion quelconque ; et il est de même évident que les lois morales ne peuvent s'adresser qu'à une conscience publique acquise aux principes fondamentaux de la Libre-Pensée et de la Démocratie socialiste, ou bien à des législateurs civils et à des hommes de gouvernement en possession de leur parfaite indépendance morale.

C'est en s'adressant exclusivement aux catégories sociales définies ci-dessus que la morale sociale pourra formuler, dans la plénitude de son autorité et dans la splendeur de son prestige basé sur la confiance publique, les règles suivantes de l'exercice du droit électoral. Celui qui vend son vote s'avilit. Celui qui ne vote pas selon sa conscience, et qui fait servir le noble instrument de son indépendance à la satisfaction d'intérêts égoïstes, est indigne d'exercer ses privilèges d'homme libre, et mériterait de retourner à l'état de servitude. La privation du droit de vote est une des plus graves pénalités que la justice humaine puisse tenir suspendues sur la tête d'un coupable. Elle est comme une sorte d'arrêt de mort de la personnalité morale, et l'homme qui n'a plus le droit de vivre que matériellement, de la vie des plantes et des animaux, sans action sur la vie sociale, sans participation possible au grand mouvement des esprits et des cœurs vers la liberté, vers la justice, vers le bonheur, est plus à plaindre, à beaucoup d'égards, que celui qui est couché dans le tombeau.

CHAPITRE VIII

DE LA MATURITÉ

La période de maturité se produit, pour l'homme et pour la femme, lorsqu'ils ont accompli l'un et l'autre la totalité des devoirs de la période de virilité; lorsqu'ils ont acquis ainsi l'expérience de la vie; lorsqu'ils possèdent l'autorité personnelle qui leur permet de ne plus songer seulement aux intérêts un peu égoïstes, un peu étroits de la famille, et lorsqu'enfin ils se sentent capables de participer à la gestion des intérêts communs, représentés par les diverses associations, par la cité, par la commune, par la région provinciale ou départementale, par la patrie, par l'humanité et par la société.

L'époque à laquelle l'homme et la femme arrivent à cette période est variable suivant les circonstances qui se sont produites pendant la virilité. Certains peuvent y arriver entre l'âge de quarante ans et celui de cinquante; d'autres peuvent n'y jamais atteindre. Lorsque l'union d'un jeune homme de vingt-deux ans et d'une jeune fille de dix-huit ans n'a été féconde que pendant les premières années de sa durée, l'homme arrivé à l'âge de quarante-cinq à cinquante ans, et la femme arrivée à l'âge de quarante à quarante-cinq ans, peuvent parfaitement, à cette époque, avoir accompli tous leurs devoirs envers les enfants issus de leur union, et ils peuvent s'être assuré de plus, par un travail intelligent et constant, par l'ordre et l'économie qui ont présidé à leur vie privée, les ressources suffisantes pour leur permettre de se livrer au repos pendant les années qui leur restent à vivre.

Cependant la vieillesse est encore éloignée; la vigueur corporelle et l'énergie morale sont à leur apogée chez l'un comme chez l'autre; leur activité est encore grande, leurs facultés sont intactes, et, dans ces conditions, une nouvelle série de devoirs leur incombe, jusqu'au jour où leurs forces défaillantes les inviteront à jouir du repos de leurs derniers jours, pendant la période de vieillesse.

La maturité peut donc exister virtuellement, chez l'homme comme chez la femme, à partir de l'âge de quarante-cinq ans environ; mais, lorsque leur union a été abondamment ou tardivement féconde, lorsque de jeunes enfants sollicitent encore leurs soins au moment où d'autres époux sont arrivés au terme de l'accomplissement de leurs devoirs paternels et maternels, cette maturité ne peut s'exercer dans la nouvelle catégorie de devoirs dont je viens de parler.

Dans ce dernier cas, la période de maturité n'est qu'une prolongation de celle de virilité. Elle ne s'en distingue pas; elle n'est pas accessible à de nouveaux devoirs qui ne pourraient que porter atteinte à ceux de la famille, ou qui excéderaient les forces de ceux qui voudraient les remplir conjointement avec les premiers.

Il en est des époux arrivés à l'âge de maturité sans avoir acquis, par leur travail, les ressources suffisantes pour la garantie du bien-être de leurs vieux jours, comme de ceux qui ont encore des enfants à élever lorsqu'ils y parviennent. Leur devoir est de renoncer aux ambitions de la vie publique, aux perspectives d'une action personnelle à exercer, par l'emploi de leur activité, dans une fonction ayant pour objet la gestion des intérêts généraux de la société, et le devoir des électeurs ayant pour mission de désigner les titulaires des emplois publics est de les en écarter.

De même, le devoir de ceux qui n'ont plus rien à acquérir pour le bien-être de leur vie privée, qui ont accompli de plus la totalité de leurs devoirs de famille, et à qui l'emploi d'une activité nécessaire s'impose encore, est de solliciter l'exercice des fonctions publiques, dans lesquelles ils trouveront à la fois l'utilisation de leurs facultés et de leurs forces, les satisfactions de conscience qui couronnent une vie bien remplie et bien employée, et enfin l'hommage des concitoyens à qui ils auront rendu des services plus ou moins éminents, suivant l'élévation de leur esprit, les ressources de leur expérience et l'amplitude de leurs facultés, de leur zèle et de leur dévouement.

Les fonctions et charges publiques, dont le devoir incombe à ceux dont je viens de spécifier la situation sociale, peuvent se classer de la manière suivante : elles sont administratives, municipales, régionales, patriotiques, humanitaires, judiciaires, exécutives, diplomatiques ou législatives.

Les fonctions administratives proprement dites sont celles qui s'exercent, d'une part dans les Associations, dans les Syndicats, ou dans tous les autres modes de groupement des intérêts individuels associés pour la constitution d'intérêts collectifs, professionnels ou autres; et, d'autre part, dans la direction des établissements d'utilité publique, tels que les hospices, les refuges, les asiles, les écoles, les hôpitaux, les halles et les marchés. Elles ont leur raison d'être toutes les fois qu'il se produit un foyer d'activité collective exigeant un point de vue d'ensemble dans la direction à suivre, toutes les fois qu'un organisme professionnel ou social est fondé sur une réglementation à laquelle il est urgent de rester fidèle, toutes les fois qu'il faut sauvegarder, par des mesures d'ensemble, des intérêts individuels qui se sont subordonnés à un intérêt collectif.

L'œuvre administrative, l'œuvre de coordination des efforts parallèles de divers intérêts particuliers se coalisant en vue d'un résultat commun, exige donc l'emploi des qualités que peut seul posséder l'homme arrivé à la période de maturité. Les fonctions administratives ne peuvent donc être exercées utilement que par celui qui est déjà rompu aux exigences professionnelles, et qui possède entièrement l'expérience des hommes et des choses. Elles exigent enfin la possession des qualités et des vertus appropriées aux responsabilités qu'elles provoquent, et qui sont essentiellement : la sagesse, la prudence, l'énergie, la circonspection, l'esprit de justice, la plus scrupuleuse probité, le désintéressement, le zèle et le dévouement.

Les fonctions administratives doivent être électives. L'hommage spontané de la conscience publique est le seul élément moral sur lequel une conscience délicate puisse baser l'autorité que lui confère l'exercice d'une charge publique. La faveur octroyée par un pouvoir despotique est un stigmate de bassesse et d'intrigue; elle est une flétrissure pour celui qui en jouit, elle est un produit de servilisme dans lequel on ne trouve ni liberté, ni morale, ni autorité légitime.

En vertu de ce qui précède, la loi morale ne peut considérer comme éligibles aux fonctions administratives que les hommes sans reproche, jouissant des privilèges attachés à l'accomplissement des devoirs antérieurs, ayant rempli honorablement leurs devoirs professionnels, ayant acquis par leur travail les ressources nécessaires pour le bien-être de leurs vieux jours, et ayant enfin satisfait à toutes les exigences des familles qu'ils ont fondées.

La loi morale doit considérer de plus comme électeurs, soit dans l'ordre administratif, soit dans l'ordre social ou moral, tous les hommes et toutes les femmes libérés dans leur conscience, ayant échappé au joug des religions, philosophes ou libres-penseurs, jouissant de leurs droits civils et politiques, et qui se trouvent dans la période de virilité, ou dans celles de maturité et de vieillesse. Elle réservera l'élection politique et exécutive aux hommes seuls, en vertu de considérations que j'ai déjà fait valoir précédemment, et elle réservera aux femmes une influence prépondérante dans l'administration hospitalière et scolaire.

Exercées par des hommes ou par des femmes en possession des ressources suffisantes pour le bien-être de leurs vieux jours, les fonctions administratives devraient être considérées en principe comme gratuites, c'est-à-dire purement honorifiques, si l'état actuel des sociétés humaines permettait de le faire. Dans une société organisée comme les démocrates socialistes peuvent la rêver dans un avenir encore éloigné, la seule ambition qu'elles seraient de nature à autoriser s'emploierait à faire le bien, à se rendre utile à ses semblables, à se dévouer pour eux, à se sacrifier, à remplir, en un mot, des devoirs élevés donnant à la conscience morale des hommes de mérite certaines satisfactions de premier ordre, des jouissances morales supérieures à celles qui peuvent résulter de l'accomplissement des devoirs stricts, obligatoires et fondamentaux.

Mais s'il est permis au moraliste de rêver un état social à venir compatible avec l'hypothèse ci-dessus, il doit aussi tenir compte des exigences de l'heure présente, et remettre à plus tard la réalisation des parties du programme moral qui deviendraient, entre les mains de la réaction, des pièges dont il faut sauvegarder avant tout notre jeune démocratie socialiste.

En effet, si la Révolution française a violemment ébranlé les despotismes nobiliaires, monarchiques et cléricaux, dont elle avait compris l'immoralité et signalé les abus, elle a été jusqu'à présent impuissante à arrêter l'essor d'un despotisme nouveau, de formation récente, celui de l'argent, qui s'est élevé sur les ruines des premiers, qui grandit tous les jours, qui menace d'envahir la société tout entière et de l'étouffer, et dont le triomphe définitif serait mortel pour notre jeune démocratie socialiste.

Ce despotisme nouveau, qui est exercé par les hommes dont on désigne l'espèce sous le nom d'aristocratie financière, est le danger le plus pressant de l'heure actuelle. C'est en songeant aux ravages qu'il peut faire, aux maux qu'il peut engendrer, que j'ai précédemment ébauché comme je l'ai fait les solutions des problèmes sociaux que j'ai eu à examiner, que j'ai recommandé l'établissement de la hiérarchie sociale sur les succès scolaires, en dehors de tout privilège de naissance et de fortune; que j'ai préconisé l'égalité absolue de tous les enfants et de tous les jeunes gens devant les devoirs d'instruction, d'éducation et de service militaire, et que j'ai signalé l'emploi du capital légué par les générations antérieures comme devant être affecté à l'éducation des enfants, sous la forme de dotation à l'épouse et à la mère de famille, de manière à prévenir les dangers résultant de sa complicité avec l'oisiveté et le parasitisme.

Dans l'examen des conditions morales que doivent remplir les hommes appelés à exercer des fonctions publiques, je dois rester plus que jamais fidèle au point de vue que je viens d'invoquer, et signaler le danger qui résulterait de la gratuité des emplois administratifs. Ceux-ci deviendraient, en effet, par ce moyen, la proie et le monopole de l'aristocratie financière ou industrielle, qui s'en servirait pour écraser le monde sous le poids de la double influence dont elle disposerait ainsi.

A l'heure présente et pour longtemps encore, les fonctions administratives, comme les autres de même nature, telles que les fonctions judiciaires, législatives, exécutives et diplomatiques, doivent donc être rétribuées, afin d'être accessibles à tout homme de mérite, à tout hommme que ses vertus et son intelligence auront rendu digne de les remplir, lorsque la conscience publique l'aura désigné pour le faire. Mais les rétributions auxquelles les emplois publics et les fonctions administratives ou autres peuvent donner lieu, si elles sont obligatoires dans l'état actuel de nos mœurs, devront aussi être minutieusement calculées pour satisfaire seulement aux exigences spéciales qui en découlent, sans les dépasser, sous peine de devenir des amorces à l'esprit d'ambition malsaine et de domination.

Autant il est juste de rémunérer équitablement un homme qui délaisse une industrie fructueuse, dans laquelle il pourrait encore trouver l'emploi d'une activité consacrée à l'augmentation de sa fortune personnelle, pour se consacrer à la gestion des intérêts publics, autant il est dangereux d'exciter la cupidité des hommes en quête de situations culminantes, pour lesquels les jouissances de l'orgueil et de la fortune sont le vrai but auquel ils tendent, sont les vraies inspiratrices des hypocrites protestations de dévouement à la chose publique, par lesquelles ils cherchent à égarer la confiance des électeurs.

Aussitôt que les emplois ou les fonctions d'essence honorifique deviennent la proie des ambitieux vulgaires et des jouisseurs, aussitôt qu'elles comportent des rétributions exagérées, des privilèges abusifs, des faveurs ou des suprématies despotiques, elles avilissent ceux qui les exercent et deviennent funestes aux intérêts particuliers qu'elles ont mission de sauvegarder.

Ce qu'il faut surtout éviter comme profondément immoral et essentiellement funeste, c'est le cumul.

Un homme ne peut jamais, quelque bien doué qu'il soit, s'occuper utilement de plusieurs questions à la fois. Les inconvénients du cumul des fonctions sont de plusieurs sortes; ceux du cumul des rétributions sont encore plus nombreux et plus graves que les premiers. La démocratie socialiste doit éviter, avec le plus grand soin, la concentration dans les mêmes mains d'un nombre trop grand de moyens d'influence. L'intelligence et la vertu sont des facultés abondamment répandues dans les populations, dès à présent, et qui le seront bien davantage lorsqu'elles auront reçu tous les développements dont elles sont susceptibles, grâce aux bienfaits d'une éducation démocratique, socialiste et libre-penseuse, de sorte qu'il serait de mauvaise tactique sociale d'en laisser perdre une partie, faute d'emploi.

D'autre part, la théorie des hommes providentiels, des hommes nécessaires et indispensables a fait son temps, et elle est incompatible avec des institutions démocratiques et socialistes. Elle exalte le vice d'orgueil, qui fait descendre rapidement l'homme le mieux doué au-dessous de celui qui se contente d'être un simple honnête homme, modeste et tenant sa place sans chercher à éblouir ou à éclipser personne, et elle est un danger pour l'équilibre social lui-même.

Tous les hommes à facultés puissantes, qui ont tenu dans leurs mains les rênes sociales centralisées par les gouvernements monarchiques, ont été les fléaux de l'humanité. C'est parmi eux que se sont recrutés les grands conquérants, les grands ambitieux, les grands faucheurs d'existences humaines, et les résultats les plus clairs de leur élévation et de leur puissance ont été des flots de sang et des monceaux de ruines. S'il est permis de dire que, dans l'histoire du passé, le sillon sanglant qu'ils ont tracé a quelquefois servi de véhicule à une idée de progrès ou d'affranchissement, cet argument ne peut être d'aucune valeur dans une démocratie socialiste, où la marche normale de tout le progrès possible est assurée par l'organisation fondamentale du mécanisme social lui-même.

Le cumul des fonctions est donc funeste et immoral en soi. Il favorise les ambitions désordonnées des uns, pendant qu'il excite l'envie des autres. Il atrophie les facultés sans emploi des hommes délaissés, pour exagérer jusqu'aux folies du despotisme celle des favorisés. Mais lorsqu'il s'y joint le cumul des rétributions, il avilit de plus celui qui se trouve ainsi dans l'impuissance de remplir tous les devoirs dont il a chargé sa responsabilité, et dont il a accepté le paiement; il détruit le principe même de toute honnêteté individuelle, et il pousse enfin le favorisé à faire prévaloir ses instincts de cupidité sur ceux que la conscience morale peut seule légitimer, et qui sont : le sentiment du devoir, le dévouement aux intérêts publics, l'abnégation personnelle et l'amour du prochain.

Le devoir essentiel de l'administrateur est de ne pas substituer arbitrairement son bon plaisir aux prescriptions des règlements dont l'application lui est confiée. Un service public étant régi par des ordonnances, par des lois, par des décrets émanés d'autorités supérieures dans un but d'unité, d'harmonie et d'équilibre dont l'administrateur ne possède pas toujours le secret, il ne peut être livré ni à des interprétations arbitraires, ni à des remaniements facultatifs, sans que le désordre, l'injustice et la prévarication soient les résultats d'une intervention personnelle que rien n'autorise et ne justifie.

Il en est de même de tout syndicat d'intérêts particuliers, régi par un contrat d'association aux clauses duquel l'administrateur doit toujours conformer sa conduite. L'administrateur doit faire abstraction de son opinion personnelle dans l'exercice de ses fonctions; il doit borner l'emploi de son intelligence à la bonne interprétation et à la formelle application des règlements en vigueur, et il ne doit enfin favoriser aucun intérêt particulier aux dépens des intérêts similaires ou de l'intérêt général. Il doit être incorruptible et inaccessible aux influences extérieures comme aux suggestions personnelles, il doit éviter les relations sociales compromettantes qui tendraient à le détourner de l'impartialité dont il doit faire le premier de ses devoirs, et il doit enfin déployer l'énergie et la fermeté nécessaires pour faire respecter de tous, en même temps que son caractère, l'inviolabilité des règlements dont l'interprétation et l'application lui sont confiées.

Cependant, s'il arrive que les règlements régissant la matière administrative n'aient pas prévu certains cas que la pratique des affaires peut faire surgir, ou que les règlements eux-mêmes aient laissé parfois à l'administrateur une certaine latitude d'appréciation, celui-ci doit employer son initiative légitime, plutôt dans le sens de la bienveillance pour les personnes ou pour les intérêts administrés que dans celui de la raideur, toutes les fois qu'il ne doit pas en résulter un dommage évident. La rigueur administrative, nécessaire en principe, demande à être adoucie, dans la pratique, par la bonne grâce, par la bienveillance personnelle et par la courtoisie de l'administrateur, pour ne pas devenir une tyrannie parfois odieuse, qui fait oublier les bienfaits de l'œuvre elle-même, qui paralyse les efforts individuels qu'elle est chargée de réunir en faisceau pour en constituer une force collective, et qui se retourne ainsi contre son propre objet.

La délicatesse et le tact sont des qualités essentielles pour un bon administrateur, sans lesquelles les vertus les plus solides, les consciences les plus droites ne donneraient pas les résultats utiles que l'on doit en attendre.

Il y a lieu, pour la science morale, de proclamer le principe de l'aptitude de la femme à certaines fonctions administratives conformes au déploiement de ses facultés spéciales. C'est ainsi que l'administration des hospices, des asiles, des refuges et des hôpitaux paraît devoir lui être confiée, du moins pour ce qui concerne la direction des services intérieurs et le détail des soins hospitaliers. Dans l'administration intérieure des écoles, comme dans celle de certaines industries spéciales, relevant de l'économie domestique et du sentiment artistique ou moral, les aptitudes de la femme pourraient aussi trouver des branches d'activité et d'emploi où elles se déploieraient selon leur loi naturelle, pour le plus grand bénéfice de tous.

Le devoir supérieur de la société est de ne laisser sans emploi aucune faculté utile, parce que le délaissement de la force utile peut donner lieu à la production d'une force nuisible de même intensité: mais, en dehors même de ce danger, rien de ce qui est utile ne doit être perdu dans une société sagement et correctement administrée.

Les fonctions administratives, déjà très importantes lorsqu'elles s'appliquent à la bonne marche d'un service public ou d'une association d'intérêts particuliers, acquièrent une importance de plus en plus grande, lorsqu'elles se portent sur des groupements de plus en plus importants de ces mêmes services ou de ces associations. Telles sont, par exemple, les fonctions municipales qui centralisent tous les organes de la vie collective d'un groupe de population déterminé par la répartition du territoire en communes.

Pour les exercer avec fruit, il faut se pénétrer d'un sentiment d'amour du prochain, qui ajoute aux injonctions de la conscience proprement dite les inspirations de l'abnégation personnelle, du dévouement et du sacrifice.

Ce sentiment généreux, à qui la philosophie a donné le nom d'altruisme, pour marquer son opposition avec l'égoïsme, est soumis à une sorte de hiérarchie ascendante qui marque les degrés successifs de son amplitude et de son élévation. Il s'exerce d'abord dans la famille, où les sentiments de solidarité tiennent encore un peu de l'égoïsme, puisqu'on a pu dire avec quelque raison de la famille qu'elle est un égoïsme à deux; puis, dans l'association, dans la commune, dans la cité, dans la région, dans la patrie et dans l'humanité.

A chacun des degrés progressifs que je viens d'indiquer, ce sentiment s'étend et s'élève, mais à la condition formelle de ne pas déserter les degrés inférieurs. Celui qui, sous prétexte de s'occuper avec sollicitude des intérêts de l'humanité, négligerait ceux plus modestes, mais non moins essentiels de la patrie, de la région, de la commune, et surtout de la famille, ne serait qu'un ambitieux vulgaire, présomptueux et fat, poussé par un simple appétit de domination sur autrui, animé du seul désir de jouer le rôle d'homme important, et son mobile de vanité personnelle bien constaté par l'abandon de ses devoirs fondamentaux devrait le désigner aux rigueurs et aux mépris du suffrage universel.

Pour avoir quelque aptitude à s'occuper des affaires collectives, il faut connaître à fond les affaires particulières; pour gérer et diriger avec prudence et sagesse les destinées municipales, il faut avoir fait preuve des mêmes vertus dans la direction des destinées personnelles et familiales. Celui-là seul peut avoir dans le cœur les sentiments d'amour du prochain aptes à produire leurs fruits naturels dans l'administration d'un groupe de familles, qui a d'abord été lui-même enfant soumis et respectueux dans la famille qui l'a élevé, bon écolier dans l'établissement où lui ont été données l'instruction et l'éducation; puis, bon époux et bon père dans la famille qu'il a fondée, bon ouvrier, bon contremaître et bon ingénieur dans l'industrie où s'est exercée son activité professionnelle.

De même, pour s'occuper avec fruit des intérêts d'une ville, d'une région, d'une province ou d'un département, il faut avoir déjà dirigé l'administration d'un service public ou d'une association de quelque importance. Pour être à même de s'occuper légitimement des grands intérêts de la patrie, il faut avoir fait ses preuves dans une administration municipale ou régionale, il faut avoir déjà rendu aux intérêts publics de ces services qui désignent spontanément un homme au choix des électeurs, pour l'exercice du pouvoir exécutif. Enfin, pour avoir le droit de s'occuper des intérêts généraux de l'humanité, il faut avoir fait la preuve de facultés absolument éminentes, d'aptitudes supérieures et de sentiments patriotiques incontestables, dans l'exercice d'une charge publique des plus élevées.

En dehors de cette hiérarchie ascendante, les sentiments humanitaires ne peuvent être qu'impuissants ; ils ne peuvent que servir de masque aux présomptions injustifiées de personnalités encombrantes plus avides de bruit, de gloriole, de renommée acquise à peu de frais, que soucieuses de travail sérieux, de responsabilités efficaces, de dévouements utiles aux intérêts supérieurs de l'humanité.

Les devoirs inhérents à la direction de chacun des organismes administratifs représentés successivement par l'association, la commune, la cité, la région, la patrie et l'humanité sont donc de même nature, et ils ne diffèrent que par des degrés divers d'amplitude et d'élévation. Ils acheminent un homme bien doué vers l'ambition légitime, comme couronnement d'une vie bien remplie, d'exercer enfin les fonctions législatives, morales ou civiles, supérieures aux fonctions administratives comme aux charges du pouvoir exécutif, et qui sont les plus hautes auxquelles puisse aspirer un homme chez qui les facultés les plus éminentes sont associées à la plus parfaite honorabilité. Les fonctions administratives sont donc de celles qui désignent au choix des électeurs les candidats possibles pour les divers corps législatifs.

Les fonctions judiciaires appartenant à l'âge mûr sont relatives à la délibération et à la promulgation des arrêts de la justice, ainsi que je l'ai déjà dit dans un chapitre précédent. Telles sont celles de juré, de juge et de président de tribunal. Toutes les autres, celles qui concernent l'instruction et les débats d'une affaire judiciaire, comme aussi celles qui ont pour objet l'exécution des arrêts prononcés par les juges, constituent le mode d'activité des professions judiciaires exercées pendant la période de virilité dont j'ai déjà parlé.

J'ai dit aussi que les fonctions de magistrat, de juré, de juge et de président de tribunal, qui sont le privilège de l'âge mûr, devraient être électives. La maturité de l'âge des magistrats donne, en effet, aux délibérations et aux arrêts de la justice, toute l'autorité qui résulte de l'expérience et de la sagesse acquises pendant le cours d'une vie bien remplie. L'élection des juges leur donne de plus toute la valeur que comporte l'autorité souveraine du suffrage universel.

La haute magistrature ne doit pas se borner à rendre des arrêts, conformément aux prescriptions de lois existantes, dont l'élaboration et la promulgation ne lui appartiennent pas. Dans l'exercice proprement dit des fonctions judiciaires, le magistrat ne doit pas discuter la loi dont l'application lui est confiée; il ne doit pas dépasser la limite d'appréciation que cette loi lui accorde dans un certain nombre de cas. Mais en dehors de l'accomplissement des devoirs spéciaux auxquels donne lieu l'appareil extérieur de la justice, il en est d'autres non moins essentiels, plus difficiles encore que les premiers, et auxquels le magistrat doit apporter toutes les ressources de son expérience, de sa science, de son intelligence et de sa conscience. C'est à lui qu'il appartient d'abord de scruter cette loi, dont il peut mieux que personne juger les lacunes et les imperfections; c'est à lui de rechercher les conditions morales qu'elle peut remplir, de signaler les exigences pratiques de son application, et de provoquer les modifications de textes surannés, rendues nécessaires par le progrès des institutions sociales et des mœurs publiques.

Le magistrat arrivé de cette manière aux plus hautes spéculations des fonctions judiciaires, ayant étudié le mécanisme de l'application des lois civiles et politiques au point de vue professionnel et technique, sera comme une sorte de préparateur des matières législatives, dont les travaux précéderont ceux du législateur civil, pour que l'élaboration de la loi civile ou politique, de la loi d'application pratique soit entourée de toutes les garanties qui en feront l'expression même de tout ce que l'expérience et la sagesse des hommes les plus éminents peut enfanter de plus parfait.

Le magistrat, voué aux travaux préparatoires de la législation, y fera ainsi une sorte de stage des fonctions législatives proprement dites; il y acquerra une compétence spéciale analogue à celle de l'administrateur, et cette compétence le désignera au choix des électeurs, pour remplir ultérieurement les fonctions législatives, lorsqu'il aura fait ses preuves comme magistrat; de la même façon que les fonctions administratives bien remplies auront pu le faire pour le bon administrateur, ou les fonctions exécutives bien exercées pour l'homme d'Etat.

Il y a donc toute une hiérarchie ascendante à établir dans les fonctions publiques. Il y a des degrés successifs à marquer, des barrières à construire pour qu'il ne soit possible à personne, à l'homme le mieux doué comme au plus habile et au plus ambitieux, d'occuper les situations culminantes de la hiérarchie sociale avant d'avoir acquis toute l'expérience que comporte une vie bien remplie, avant d'avoir accompli tous les devoirs des situations subalternes, avant d'avoir enfin exercé les fonctions préalables d'administrateur ou de magistrat, qui peuvent seules lui donner le secret du mécanisme par lequel le mouvement social tout entier se trouve réglé.

La science morale, soucieuse de scruter toutes les institutions, de manière à établir la loi du bien sur des données solides et pratiques, a le devoir de ne rien négliger, dans l'étude des matières administratives et législatives, de ce qui constitue les garanties du bon fonctionnement de l'organisme social. Pour qu'elle soit elle-même une pure émanation de la conscience publique, il faut que cette dernière soit éclairée, et c'est à la science qu'il appartient de faire briller à ses yeux la lumière du vrai, dont la conscience publique se pénétrera d'autant plus volontiers, et avec d'autant plus de facilité qu'elle connaîtra mieux le grand intérêt qui s'attache, pour elle, à une saine appréciation des éléments constitutifs de sa vie morale.

Elle comprendra, de cette façon, combien il lui importe de faire reposer les institutions sociales sur un double rayonnement : celui du vrai, partant de la science, pour éclairer et pour guider la conscience publique, et celui du bien, partant de cette dernière, pour féconder le travail scientifique.

La morale sociale doit donc, après avoir spécifié les conditions à remplir pour permettre à un homme de briguer les fonctions administratives, exécutives et législatives, et pour guider les électeurs dans le choix éclairé qui doit solliciter leurs votes, examiner les distinctions à établir entre ces dernières, de manière à bien répartir les devoirs et les responsabilités de chacun.

Les fonctions exécutives sont, comme ces dernières, de celles dans lesquelles les facultés intellectuelles ne doivent s'employer qu'à la bonne interprétation des lois, sans mettre jamais ostensiblement ces lois elles-mêmes en discussion. Elles doivent être électives, comme les précédentes, et pour les mêmes raisons.

C'est l'honneur de l'homme de gouvernement, comme celui de l'administrateur et du magistrat, de faire abnégation de son appréciation personnelle, comme le soldat fait abnégation de sa volonté et de sa vie, pour assurer l'exécution ponctuelle des lois. Le gouverneur de province, le préfet de département, le ministre, le président de République et leurs agents doivent se considérer, non pas comme des potentats à qui tout est permis, mais comme les premiers serviteurs du groupe social ou national auquel ils appartiennent, dont ils sont les élus, et de qui ils ont reçu une autorité de simple délégation, seulement applicable au bien du service public qu'ils dirigent.

Leur premier devoir est de respecter eux-mêmes les lois dont ils doivent faire l'application, et de donner l'exemple de la conduite la plus irréprochable, soit dans leur vie publique, soit dans leur existence privée. Ils ne doivent jamais oublier que la bienveillance est la marque la plus certaine d'une autorité sûre d'elle-même, confiante dans sa légitimité comme dans les résultats bienfaisants de l'action qu'elle exerce; et que la modestie est la vertu supérieure de l'homme de mérite, celle par laquelle est caractérisé surtout l'homme de bien, à qui l'hommage de sa conscience suffit pour le récompenser du bien qu'il a pu faire. Sans la modestie, qui est une vertu essentiellement démocratique et socialiste, tout le bien pouvant résulter de l'essor des facultés les plus éminentes est voué d'avance à la stérilité et à l'impuissance; tout l'effort d'une grande intelligence peut se porter sur un but de domination, et devenir ainsi le plus redoutable des fléaux.

Les fonctions exécutives impliquent le devoir, pour ceux qui les exercent, de se prononcer, dans un grand nombre de cas, sur le mode d'emploi et la mise en activité de la force publique, de la police aussi bien que de l'armée. Si la proclamation de l'état de guerre n'appartient qu'au peuple lui-même ou à ses représentants, seuls juges autorisés de l'intérêt ou de l'honneur national compromis au point de nécessiter l'emploi des forces militaires, il appartient aux hommes d'Etat d'en préparer le succès par des dispositions bien conçues, et d'en régler l'essor en vue des résultats que les sacrifices consentis par le peuple peuvent faire espérer.

J'ai déjà dit combien sont graves les responsabilités qui pèsent ainsi sur les hommes de gouvernement et sur les chefs de l'armée, et je n'ai pas à insister davantage sur des considérations que recommande la plus pure évidence.

Les fonctions diplomatiques sont soumises à tous les devoirs qui incombent aux fonctions administratives de toute autre nature, mais elles présentent une particularité qui leur est absolument spéciale et qui constitue, pour ceux qui sont appelés à les exercer, une dérogation particulière aux lois de la conscience générale et usuelle.

Les diplomates n'ont pas, en effet, le droit de discuter la forme des gouvernements auprès desquels ils sont accrédités, non plus que les principes sociaux des pays étrangers dans lesquels ils exercent leurs fonctions. Leur patriotisme doit revêtir des formes qui ne soient empreintes d'aucune hostilité pour les nations auprès desquelles ils ont à défendre les intérêts qui leur sont confiés. Sans abandonner en rien les droits de leur libre conscience, ils doivent faire abnégation, dans l'exercice de leurs fonctions, de leurs opinions politiques et de leurs préférences morales, comme les administrateurs, les magistrats et les agents de gouvernement font abstraction de leurs opinions sociales, comme les soldats font abnégation de leur volonté et de leur existence.

Un diplomate républicain, sans laisser porter aucune atteinte au prestige et au respect du gouvernement populaire qu'il représente, doit honorer et respecter à son tour le gouvernement monarchique auprès duquel il exerce ses fonctions, et inversement, sans que rien, dans son attitude, dans ses paroles et dans sa conduite, puisse laisser soupçonner qu'il considère comme illégitime l'autorité despotique du souverain auprès duquel l'appelle son devoir professionnel. Les intérêts matériels et moraux du pays et du gouvernement qu'il représente, la sauvegarde des droits et des privilèges nationaux, le souci du prestige et de l'honneur de son pays doivent être les seuls inspirateurs de ses paroles comme de ses actes. Si sa conscience personnelle entre secrètement en conflit avec son devoir professionnel, si les révoltes de ses convictions intimes sont plus puissantes que les forces de son abnégation, il doit purement et simplement se démettre de ses fonctions.

Le diplomate a le devoir de faire servir, à la défense des intérêts du pays qu'il représente, toutes les qualités de finesse, de pénétration, de discrétion, d'expérience, de prudence et de sagesse, qu'une longue pratique des affaires humaines a pu lui faire acquérir. Ces qualités peuvent, d'ailleurs, s'allier parfaitement avec la loyauté et la sincérité du caractère, avec la dignité de la conscience et de la conduite, avec la pratique de toutes les vertus.

Le rôle de l'abnégation diplomatique n'est pas de légitimer l'intrigue de bas étage et la perfidie ; il consiste seulement à laisser en dehors des appréciations de la conscience morale, pendant la durée de l'exercice des fonctions diplomatiques, les questions de forme gouvernementale ou sociale qui pourraient entraver la bonne gestion des intérêts nationaux en jeu. La parfaite loyauté est dans le plus grand nombre des cas, le signe de la plus grande finesse, de la plus haute habileté à laquelle un honnête homme puisse avoir recours, de même que la probité est la plus fructueuse vertu des professions industrielles et commerciales, ainsi que je l'ai fait voir dans un chapitre précédent.

Lorsque le diplomate possèdera des facultés assez éminentes pour lui permettre d'être à la fois le plus habile et le plus loyal, aucune concession de conscience n'aura à solliciter les scrupules de ce fonctionnaire. Il remplira dès lors tous ses devoirs en se conformant aux principes les plus sévères de la plus saine morale.

Quant aux fonctions législatives, elles sont de deux sortes : morales ou civiles ; et j'ai déjà dit, dans l'examen que j'ai fait précédemment des devoirs inhérents aux professions scientifiques, en quoi doivent consister les attributions essentielles des unes et des autres.

Le législateur de l'ordre moral ne devra s'inspirer que du devoir de formuler la loi du bien, en dehors de tout préjugé, de toute pression extérieure, de tout parti pris, de tout intérêt personnel. Il devra faire appel, à la fois, aux lumières de sa propre conscience, aux indications de la science technique et certaine, et, en dernier ressort, aux injonctions de la conscience publique, maîtresse souveraine de toute appréciation morale définitive, juge suprême de toute solution dernière d'un conflit entre les consciences individuelles, comme entre les divers arguments de la raison.

Le législateur de l'ordre moral devra donc être un homme instruit et expérimenté, faisant consister son honorabilité personnelle dans la sincérité de sa parole, dans la pureté de sa pensée, dans l'honorabilité de sa vie et dans le culte de la vérité, réclamant le concours des savants spéciaux toutes les fois qu'il sera utile d'y faire appel, et il devra toujours considérer sa conscience individuelle comme subordonnée à la conscience publique. Il devra donc avoir reçu mission de représenter des consciences libres, les seules aptes à assumer des responsabilités effectives, et il devra s'être préalablement inspiré, auprès de ces dernières, de la manière dont il aura à régler la sienne.

En dernier lieu, quand la loi morale existera, quand elle aura été promulguée par l'autorité légitime que la Libre-Pensée constituera le jour où il sera utile de le faire, le législateur de l'ordre moral devra donner l'exemple de l'obéissance à ses prescriptions et mener une vie exemplaire, entièrement vouée à l'application et au triomphe des lois du bien, autant que cette application se conciliera avec les institutions existantes qu'il devra respecter.

Les fonctions législatives civiles se distinguent des premières en ce qu'elles ont pour objet de faire passer, du domaine de l'élaboration scientifique dans celui des faits, des institutions et des mœurs, les principes que le législateur moral a formulés en premier lieu, sous la seule inspiration de la science certaine et des injonctions de la conscience publique.

Le législateur de l'ordre civil doit donc s'inspirer d'un esprit très pratique, d'une expérience consacrée par l'accomplissement de tous les devoirs sociaux, et d'un sentiment moral très pur et très développé, pour donner aux lois morales la forme qu'elles doivent revêtir, dans les diverses applications de la vie pratique. Il doit se considérer surtout comme investi du droit et du devoir d'apprécier les degrés successifs du progrès social, de manière à faire pénétrer l'une après l'autre, et dans l'ordre qui leur convient, dans les institutions et dans les mœurs, par des mesures bien conçues, les prescriptions de la loi morale, lorsque l'heure a sonné de les considérer comme réalisables. Il doit s'inspirer, comme le premier, des manifestations et des injonctions de la conscience publique, à laquelle sa conscience personnelle doit se subordonner, sans renoncer toutefois à se faire entendre.

En cas de conflit entre la conscience du législateur moral ou civil et la conscience publique, le législateur ne doit pas hésiter un seul instant à se démettre de ses fonctions.

La période de maturité est celle pendant laquelle l'homme et la femme jouissent véritablement des joies que procure à la conscience le sentiment d'une existence bien remplie, d'une destinée entièrement vouée à l'accomplissement de tous les devoirs imposés par la famille et par la société; en un mot, de toutes les obligations morales dont la conscience individuelle a reconnu la légitimité, après en avoir compris, par l'étude de la science morale, la parfaite logique et l'absolue raison d'être.

La femme a sa part à revendiquer dans ces jouissances. N'ayant plus à songer aux fonctions maternelles, qui sont devenues le privilége de la jeune génération arrivée à la période de virilité, la femme a le devoir, pour honorer son âge mur, de se consacrer aux fonctions hospitalières ou scolaires, surtout si un trop précoce veuvage lui a fait éprouver le besoin, plutôt que de contracter une nouvelle union contre laquelle proteste l'état de son cœur, de chercher des consolations dans la pratique de la bienfaisance, le remède le plus efficace contre les blessures du cœur.

De plus, l'élaboration des lois morales réclame son concours, non seulement pour tout ce qui concerne l'étude des questions relatives à son sexe, mais encore pour toutes les lois de morale sociale qui se rapportent à l'éducation des enfants, à la famille, à l'économie domestique, à l'assistance hospitalière, à la culture intellectuelle des jeunes filles, à l'éducation des consciences, aux choses de la littérature et des beaux-arts, et à l'enseignement moral.

L'administration intérieure des hospices, des asiles, des crèches, des orphelinats, des hôpitaux, des ambulances et des musées doit lui appartenir, en tout ou en partie, ainsi que toutes les fonctions, professorales ou autres, des écoles de filles. Dans l'intérieur de la famille, il en est de même pour tout ce qui est relatif à l'économie, au bien-être, aux soins à donner aux vieillards, aux malades et aux infirmes, ainsi que pour tous les arts dont la culture est le charme de la vie.

CHAPITRE IX

DE LA VIEILLESSE ET DE LA MORT

La période de maturité, qui commence pour l'homme et pour la femme, ainsi que je l'ai déjà dit, vers l'âge de quarante-cinq ans, peut se prolonger jusqu'à celui de soixante-dix ans, quelquefois au-delà, et aboutit à la période de la vieillesse.

Celle-ci, comme l'enfance, a bien plutôt des droits à exercer que des devoirs à remplir. Le calme et le repos qui sont dus aux vieillards, et dont ils ont besoin, les mettent en mesure de jouir de tous les bienfaits sociaux qu'ils ont participé à créer, pendant le cours d'une vie bien remplie, par leur activité et par l'accomplissement de tous leurs devoirs.

L'un des droits les plus sacrés des vieillards est de jouir de la vie de famille, dans laquelle ils ont un grand rôle à jouer, de grandes satisfactions à attendre, et de grands devoirs à remplir encore. Sans aliéner en rien leur initiative et leur liberté, les enfants et les petits-enfants doivent admettre à leur foyer les vieillards, pères, mères ou aïeux, qui sont leurs ascendants directs, et les y combler de toutes les attentions et de tous les soins que leur âge réclame. En remplissant ce devoir, ils s'honorent, ils se préparent de douces satisfactions de conscience, et ils acquièrent le droit corrélatif de jouir à leur tour, pendant leur propre vieillesse, de soins et d'attentions dont ils ont aidé à perpétuer la tradition.

Le devoir des vieillards est de donner le bon exemple aux enfants et aux petits-enfants. Pleins de sollicitude pour ces derniers, jouissant de leur affection et de leur vénération, ils les instruisent dans la sagesse, dans l'art de la vie, et ils sont comme des modèles vivants sur lesquels les enfants et les petits-enfants ont le devoir de conformer leurs pensées, leurs sentiments et leurs actions.

Les grands parents doivent s'abstenir de toute contravention aux prescriptions de la discipline familiale, réglée par la loi morale. Ils ne doivent pas combattre à leur profit la légitime autorité du père et de la mère sur leurs enfants, et ils ne doivent enfin compromettre, par aucune gâterie, l'éducation de ces derniers.

Les vieillards doivent accepter, sans protestation et sans murmure, l'obligation de ne plus jouer, dans la société, d'autre rôle actif que celui d'électeur, et dans l'exercice de leurs devoirs électoraux, ils doivent faire en sorte de ne pas apporter d'obstacle à la marche du progrès; ils doivent se défier d'un esprit exagéré de conservation qui pourrait leur inspirer des tendances rétrogrades, s'ils écoutaient avec trop de complaisance la voix d'un faux amour-propre. Ils doivent se garder de l'égoïsme, qui est souvent la conséquence de la perte des illusions juvéniles, et répondre, par une affection vivement sentie et noblement exprimée, aux soins, aux prévenances, aux attentions, au respect et à la vénération dont ils sont l'objet. Ils doivent écarter de leurs préoccupations toute ambition humaine et se préparer à la mort, de manière à aborder cette dernière avec la sérénité qui convient aux consciences sans reproche.

La mort, pour l'homme et pour la femme qui ont bien vécu, qui ont rempli tous leurs devoirs, qui ont travaillé, qui ont élevé des enfants, qui ont rempli des fonctions publiques, qui n'ont rendu que des services à leur famille, à leur patrie et à l'humanité, qui ont enfin pratiqué la vertu et la sagesse; la mort est sans amertume et ne donne lieu à aucun regret de mauvais aloi. L'homme vicieux peut l'accuser de mettre un terme à des jouissances immorales, à des ambitions excessives, mais l'honnête homme l'envisage sans regret comme sans terreur.

Les religions ont placé dans les perspectives de l'immortalité et de l'éternisation de la personnalité humaine les piéges les plus habiles et les plus coupables de leurs industries. S'il est vrai que de grands philosophes aient fait naître ces perspectives, ou les aient revêtues de l'autorité de leur génie, il n'est pas moins vrai que l'orgueil de l'homme a trouvé en elles son aliment le plus séduisant, mais aussi le plus malsain.

L'éternité de la personnalité intellectuelle et morale de l'homme est en effet une hypothèse absolument inadmissible.

Comment un homme serait-il éternel, en tout ou en partie, alors que l'humanité tout entière est périssable, alors que la science est en mesure de fixer le terme de sa durée, de préciser l'époque à laquelle le refroidissement du globe terrestre rendra ce dernier irrémédiablement inhabitable? Quelle est la raison d'ordre général ou d'ordre particulier qui peut faire concevoir comme bon, juste ou utile la perpétuité d'une personnalité humaine, en dehors des conditions où celle-ci avait sa raison d'être? Que pourrait être, d'autre part, une éternité ayant eu un commencement et n'ayant pas de fin?

La raison se refuse à prendre au sérieux de telles hypothèses. L'esprit humain conçoit l'infini, ou plutôt l'indéfini, dans le temps et dans l'espace; il en possède la notion, dans l'état actuel de la science, plus facilement que celle du relatif qui cependant l'enveloppe et tombe plus immédiatement sous ses sens, mais il ne peut concevoir une éternité limitée, une période de temps qui a eu un commencement et qui n'aura pas de fin; de même qu'il ne peut envisager l'espace comme borné dans une direction et sans limite dans la direction contraire. Toute association d'éléments matériels ou moraux doit se dissoudre, parce que tout ce qui a eu un commencement doit avoir une fin, ainsi que le vérifient tous les jours les faits d'observation et les lois de la nature.

La matière est peut-être impérissable, la force immatérielle l'est peut-être aussi, mais les modes de formation et d'association de l'une et de l'autre ne présentent, dans aucun cas, le moindre caractère de stabilité; mais, au contraire, tout change, tout se modifie, tout se transforme sans cesse dans la nature, et lorsque l'homme a constaté qu'il a eu un commencement, qu'il se modifie chaque jour d'une manière sensible, et qu'il décline, physiquement et moralement, à partir d'un certain âge, le dernier terme de son évolution, c'est-à-dire la désagrégation des éléments intellectuels et moraux, comme celle des éléments matériels qui constituent sa personnalité, est parfaitement lié aux conditions d'existence constatées pendant tout le cours de sa virilité et de sa maturité intellectuelle et morale.

Il a fallu les inspirations du fanatisme en délire pour concevoir l'éternité comme pouvant se concilier avec les éléments si mobiles, si fugitifs, dont se compose la vie humaine. Non seulement celle-ci ne présente aucun caractère de stabilité, mais encore elle est vouée à une transformation perpétuelle dans laquelle il n'y a jamais identité, ni dans la personnalité matérielle, ni dans la personnalité intellectuelle et morale, entre ce qu'est le même individu à l'instant même, ce qu'il a été hier et ce qu'il sera demain. Voilà ce que nous enseignent l'observation, la nature, la science, la raison et l'expérience. Voilà ce que la modestie de l'homme doit lui faire envisager, sans craindre de nuire à l'élévation de ses sentiments.

En outre de ce qu'elle est absurde, l'hypothèse de l'éternité de la personnalité humaine indique, chez ceux qui ont pu la concevoir comme destinée à punir, par des châtiments éternels, les fautes nécessairement limitées que comportent les responsabilités humaines, des instincts de férocité, des appétits de vengeance par lesquels la noirceur des rancunes sacerdotales apparaît dans toute sa naïve horreur. Je ne crois pas qu'il soit possible de trouver, dans l'histoire des passions humaines et de leurs excès, un indice plus hideux du mal que peut faire la soif de domination d'un homme sur son prochain, que celui qui ressort des imaginations infernales, des tortures posthumes, des hypothèses de colère et de vengeance divine s'exerçant, pendant l'éternité, sur ceux que l'Inquisition ne croyait pas avoir suffisamment punis, par la torture et par le bûcher, d'avoir bravé, si peu que ce fût, les impérieuses injonctions, les sauvages et féroces volontés du haut et du bas clergé. Si les prêtres des diverses religions s'étaient donné pour but de faire mépriser et haïr les idoles devant lesquelles ils s'agenouillaient, s'ils s'étaient proposé de faire éclore le blasphème sur les lèvres des plus honnêtes gens, ils n'auraient pu trouver de meilleur moyen, pour arriver à leurs fins, que celui qu'ils ont employé pour provoquer l'adoration et la prière ; mais la sottise humaine arrive parfois à des profondeurs insondables, et lorsqu'on se rend compte du mal qu'ont fait les religions au genre humain, des flots de sang et des torrents de larmes qu'elles ont fait couler, on reste stupéfait devant les adhésions qu'elles recueillent encore, devant les appuis dont on les voit entourées.

L'immortalité de l'âme, même lorsqu'elle n'est pas poussée à l'excès inadmissible de l'éternité, est une simple hypothèse qu'aucun document scientifique n'a jamais établie, qu'aucun argument vainqueur, ni même sérieux, n'a jamais autorisée. Dans la généralité des cas, l'expérience prouve en effet que les facultés intellectuelles et morales déclinent avec l'âge, avec la déperdition des forces physiques. Les vieillards tombent souvent en enfance, suivant l'exacte expression populaire, et ils donnent le spectacle évident de la dissolution des facultés intellectuelles et morales comme celui de la perte des forces matérielles. S'il arrive, à titre exceptionnel, que des vieillards gardent toute la vigueur de leur pensée ou de leur conscience jusqu'à l'heure de la mort, il en est d'autres chez qui le phénomène inverse se produit, et dont l'intelligence et la conscience morale sont absolument désagrégées, alors que les organes matériels gardent encore le pouvoir de prolonger les derniers jours de l'existence proprement dite.

L'hypothèse de l'immortalité de l'âme n'a jamais été ni prouvée ni vérifiée, et tout porte à croire qu'elle ne le sera jamais. Socrate, qui l'a énoncée le premier, était un grand philosophe, un rare et puissant génie, mais il n'avait aucune culture scientifique pure, comme tous les hommes de son temps, mais il était homme enfin, et nous savons qu'il n'était pas exempt de tout esprit superstitieux, puisqu'il fit sacrifier un coq à Esculape, le jour même de sa mort. Nous devons penser que la croyance qui s'en est répandue dans de trop nombreuses générations n'est qu'une des manifestations de la grande pensée de saint Augustin : *Vanité des vanités ; tout est vanité.* L'orgueil de l'homme se repait de cette chimère comme de celle qui lui fait diviniser son idéal personnel, comme de celle qui le fait se prosterner devant l'idole qu'il a fabriquée de ses propres mains.

Cette hypothèse est enfin le produit de la soif de domination sur les consciences, qui hante les clergés de toutes les religions, ainsi que de l'orgueil philosophique, s'attachant à revêtir la puissance de la pensée d'une auréole d'immortalité qui inonde de ses rayons le philosophe lui-même.

La science morale et la Libre-Pensée doivent donc, non seulement faire leurs réserves sur le fond même de la question qui est insoluble, mais encore tenir en suspicion particulière les arguments que la vanité humaine aime à employer pour donner le change sur ses prétentions excessives et sur ses ambitions hors nature. Toutefois, il y a un point de vue auquel le moraliste et le libre-penseur ne pourront hésiter à se placer, lorsqu'ils seront en présence des manifestations hypocrites et des ambitions coupables des religions. S'ils peuvent réserver, dans une certaine mesure, leur opinion définitive au sujet de la théorie de l'immortalité de l'âme, considérée comme question philosophique insoluble, à l'égard de laquelle chacun de nous peut adopter, pour son usage personnel, telle manière de voir qui convient aux besoins de sa conscience comme aux exigences de sa pensée ou de son cœur, ils ne pourront que flétrir les duperies fondées par les religions sur une croyance injustifiée ; ils ne pourront que blâmer l'action démoralisatrice exercée sur les énergies intellectuelles et morales par la perspective des vengeances divines ; ils ne pourront que condamner les spéculations sacerdotales, l'avilissement des consciences, l'abaissement intellectuel et moral, les capitulations de dignité, les lâchetés intimes et les despotismes cléricaux auxquels donnent lieu, chez les exploiteurs ou chez les exploités, la terreur de la mort et la peur des châtiments éternels.

En se plaçant à un point de vue qui présente quelque analogie avec le précédent, l'affirmation de l'immortalité, ou de l'éternité de la personnalité humaine, est une des impostures les plus subtiles et les plus odieuses qu'emploient les religions pour faire le malheur des hommes. Elles partent, en effet, de ce principe : que la justice humaine est précaire et imparfaite, et qu'il est nécessaire, pour donner une satisfaction efficace à la soif de justice qui est inhérente à la conscience humaine, d'admettre une justice divine s'exerçant au delà du tombeau, pour corriger les imperfections de la première.

Si la justice n'est pas satisfaite ici-bas, et s'il est vrai qu'elle ne puisse être réalisée que par une intervention divine et posthume, il en résulte que l'homme est forcément malheureux sur la terre, et qu'il ne peut être heureux que dans un monde meilleur. Cet ordre d'idées les conduit nécessairement à cet autre, que l'homme ne doit pas chercher dans ce monde un bonheur impossible, et par une déduction parfaitement logique, tout ce qui peut améliorer le sort des hommes ici-bas leur apparaît comme une chimère irréalisable, comme une perspective dont il faut détourner les regards, et, en suivant la logique de ces déductions au delà du point où s'arrêtent les religions, j'ajoute à mon tour qu'en vertu du même ordre d'idées, tout progrès devient impossible, toute consolation devient illusoire, et si l'homme se laisse rouler dans les abîmes du désespoir et du blasphème, à qui la faute ?

Plus la logique de ce raisonnement est serrée, plus l'évidence de la fausseté de son principe fondamental devient lumineuse, plus aussi sont odieuses les conséquences qui en découlent, et plus enfin mes déductions personnelles constituent une terrible accusation contre les religions. Ces dernières, s'abusant elles-mêmes et abusant les hommes crédules qui écoutent leurs enseignements, veulent en effet que les faits leur donnent raison, et elles emploient dès lors toutes les ressources de leurs industries et de leurs influences pour que les choses soient ainsi qu'elles les ont affirmées, et si l'évidence des faits les dément, elles nient l'évidence des faits, d'où le mensonge et l'imposture qui sont leurs moyens les plus habituels ; et si l'homme fait des efforts pour échapper à l'étreinte de la misère et de l'ignorance, elles font des efforts en sens inverse pour l'y ramener.

La vie est une vallée de larmes, disent les religions, et Alexandre Dumas fils leur répond avec finesse : *Les religions ne sont pas faites pour qu'on vienne leur dire qu'on est heureux.* Il en résulte que si l'homme malheureux éprouve parfois le besoin regrettable d'une consolation religieuse, l'homme heureux ne peut l'éprouver ; que, par suite, la démocratie socialiste, qui s'est donnée pour mission de rendre les hommes heureux sur cette terre, et qui y réussit, n'a besoin ni des religions ni de la croyance à l'immortalité de l'âme, tandis que les aristocraties et les théocraties, rendant les hommes malheureux, le sachant et le voulant, ne peuvent s'en passer. De là encore le lien qui unit les aristocraties aux théocraties, les gouvernements despotiques aux religions, et de là aussi celui qui unit la démocratie socialiste à la Libre-Pensée.

D'ailleurs, l'homme qui a bien vécu, qui a rempli tous ses devoirs, n'a rien à redouter d'une justice vengeresse hypothétique, quand bien même celle-ci serait une réalité. Mis en possession et en jouissance de la vie sans l'avoir demandé, soumis à des conditions d'existence à la création et à l'arrangement desquelles il n'a pas participé, dont il lui est souvent même difficile ou impossible de comprendre le sens et la portée, ses forces sont limitées pour le bien comme pour tout le reste. Les exigences de ses instincts, de ses appétits, de ses convoitises, dont il est difficilement le maître, tendent souvent à l'entraîner dans des sentiers funestes ou coupables, mais sa conscience et les enseignements de la morale tendent aussi à le ramener dans la bonne voie. La famille, la patrie et la société lui imposent tour à tour des devoirs dont l'accomplissement corrige les imperfections de ses facultés natives ; l'instruction et l'éducation façonnent son esprit et son cœur à l'amour du vrai et du bien, en même temps qu'au sentiment du devoir, et sa docilité à se soumettre aux obligations morales lui fait goûter les joies pures du devoir accompli, de la conscience satisfaite, en même temps qu'elle lui garantit les droits corrélatifs des devoirs remplis, sur lesquels se fonde sa dignité d'homme libre et responsable, conscient de son pouvoir pour le bien, fier de se sentir le maître de sa destinée, heureux d'exercer son action personnelle jusque sur les destinées de l'humanité tout entière. C'est par ces dernières manifestations de sa libre destinée qu'il reçoit vraiment la récompense qui lui est due pour ses efforts vers le bien ; c'est par la pratique du suffrage universel que son élévation morale et son bonheur sont assurés à la fois.

Quant à l'homme coupable, à l'homme révolté contre son devoir, il sera suffisamment puni, soit par le remords s'éveillant dans sa conscience, soit par les témoignages du mépris des honnêtes gens que lui réservera la pratique de la vie, sans parler des rigueurs de la justice humaine qui pourront l'atteindre, lorsqu'il enfreindra les lois civiles et politiques.

Il n'est pas nécessaire de faire appel à une justice divine hypothétique, illusoire, pour corriger les imperfections d'une justice humaine qui aura toute l'efficacité désirable, qui suffira à toutes les exigences de la nature humaine, lorsque la démocratie socialiste aura fait prévaloir ses principes; lorsqu'elle aura façonné les mœurs et les institutions humaines de telle sorte qu'il y aura harmonie complète entre les responsabilités encourues, entre les torts réels mesurés d'après la portée des facultés humaines et leur puissance, entre les punitions et les châtiments par lesquels elle assurera la stabilité des institutions sociales et la pureté des mœurs publiques ou privées.

Le moraliste et le libre-penseur sauront donc se défendre de l'orgueil qui inspire aux esprits superstitieux l'hypothèse de destinées humaines incomplètes; ils tiendront compte de ce que la modestie est une des vertus les plus essentielles du sentiment démocratique et socialiste, de ce que l'hypothèse de l'immortalité de la personnalité humaine blesse cette modestie, lorsqu'elle s'affirme sans vérification possible, lorsqu'elle se produit à l'encontre de tout ce que l'homme peut observer dans les lois de la nature; et ils considéreront qu'il appartient à l'homme sage, à l'homme équilibré dans sa raison et dans ses sentiments, à celui qui a vécu conformément aux prescriptions des lois morales, de ne rien souhaiter au-delà de cette vie, de ne rien désirer de chimérique, de faire taire les suggestions de sa vanité, de se considérer comme suffisamment payé de ses efforts vers le bien par l'hommage de sa conscience, l'estime de son prochain et l'amour de sa famille.

La mort, qui est un objet de terreur pour les superstitieux et pour les fanatiques, ne présente à l'homme en possession de sa raison, de son énergie et de son sang-froid, que les douces perspectives du repos, du calme et de la paix succédant aux agitations de la vie humaine, que les riantes images d'un sommeil sans cauchemars. Elle est le dernier anneau de la chaîne terrestre à laquelle l'homme est attaché; elle met un terme à ses souffrances physiques et à ses responsabilités morales; elle le décharge du fardeau que les infirmités et les sujétions ont fait peser sur sa destinée, et elle l'emporte dans le profond repos des choses inertes et inconscientes.

Nous devons la bénir en envisageant combien le fardeau de la vie nous deviendrait lourd à porter, au delà du terme auquel il nous est imposé ; en songeant au prestige dont notre mémoire sera entourée dans le cœur de nos enfants et de nos petits-enfants, dès que les exigences quotidiennes de notre santé ou de notre caractère n'altèreront plus, dans leur souvenir, l'affection très réelle qu'ils nous avaient vouée ; et nous devons surtout l'accepter sans murmure comme sans regret, pour bien marquer la sérénité de notre conscience, pour bien constater que nous n'avons rien à craindre, ni de la justice humaine ni d'une justice quelconque, et que nous pouvons affronter tous les jugements, même les plus secrets, sans trouble et sans peur.

La mort du prochain est quelquefois douloureuse à envisager pour les cœurs tendres qui sentent leur échapper de chères et douces affections ; elle fait verser des larmes à ceux qui restent dans la vie, le cœur brisé par une séparation sans espoir de retour, mais elle n'est pas un malheur pour ceux qui vont jouir, dans la paix du tombeau, d'un repos qu'ils ont mérité, et elle donne lieu à des regrets qui ne doivent pas dépasser les limites d'un chagrin sans amertume, pour ceux qui restent sur la terre après la disparition d'une personne aimée.

La vénération des aïeux disparus est une des vertus essentielles des cœurs bien placés ; elle est une des formes essentielles de la reconnaissance que nous devons à ceux qui nous ont soigné pendant notre enfance, à ceux qui nous ont instruit et élevé, à ceux qui nous ont donné l'exemple du travail, de la sagesse, de la dignité et de la vertu. Elle se traduit par des manifestations honorifiques à l'occasion des cérémonies de la sépulture, par les soins dont les tombeaux sont l'objet, et par le pieux hommage que les traditions de famille rendent à la mémoire des ancêtres.

La science morale et la Libre-Pensée doivent encourager cette vertu comme elles le font de tout sentiment légitime, moralisateur, doux au cœur, qui honore à la fois ceux qui le pratiquent et ceux qui en sont l'objet.

CHAPITRE X

DU CODE DES LOIS MORALES

Si je résume tout ce qui précède dans une conception d'ensemble destinée à produire un code des lois morales, je verrai d'abord que ce dernier doit se composer de deux livres bien distincts, l'un de morale individuelle et l'autre de morale sociale.

La morale individuelle doit comprendre l'énoncé de tous les devoirs de l'homme et de la femme à tous les âges, dans toutes les conditions, et dans toutes les situations que comporte le cours ordinaire des destinées humaines. Elle sera commune à l'homme et à la femme pour un certain nombre de prescriptions, et distincte pour d'autres ; ce qui donnera lieu à des résumés ou catéchismes différents pour l'éducation morale des enfants de l'un et de l'autre sexe.

Les devoirs énoncés par la morale individuelle se distingueront d'abord en devoirs généraux et en devoirs particuliers : les premiers comprenant tout ce qui est relatif aux prescriptions permanentes et universelles auxquelles il faut obéir pour pratiquer la vertu, et les seconds tout ce qui regarde les obligations à remplir pour se conformer aux indications spéciales de l'âge et de la condition, dans les diverses phases de la destinée humaine.

Les devoirs généraux ou particuliers pourront se décomposer à leur tour en devoirs envers le corps, envers les facultés intellectuelles et envers la conscience morale, soit à l'égard de soi-même, soit à l'égard du prochain ; et ils pourront enfin recevoir les répartitions familiales, professionnelles et fonctionnelles qui permettront de les envisager sous toutes les faces, conformément aux besoins des individus, pour régler, selon les lois du bien, leur conduite et leurs destinées.

Les prescriptions de la morale individuelle devront affecter généralement la forme de sentences. Elles devront être sobrement formulées, et ne pas se perdre dans l'infini détail des mille manifestations des mobiles humains.

Il faudra qu'elles évitent, avec un soin jaloux, les dédales dangereux et perfides de la casuistique, où sombrent et disparaissent les notions morales les plus simples et les plus pures, par une série lente de transformations successives.

La vie humaine présente souvent des conflits de devoirs que le législateur ne doit pas chercher à résoudre d'avance, dans l'impossibilité où il se trouve de prévoir toutes les circonstances devant donner à ces conflits leurs vrais caractères, mais il doit en laisser au contraire la responsabilité aux consciences libres, celles-ci étant seules aptes à juger de ce qu'il convient de faire dans un cas déterminé ; et le rôle du législateur moral est accompli, lorsqu'il a formulé les lois générales du bien, qui doivent servir de points de repère aux consciences libres, pour la direction des destinées individuelles.

Le père de famille se doit certainement à sa femme et à ses enfants, mais il se doit aussi à sa profession ainsi qu'à sa patrie, lorsque cette dernière est en danger. La mère de famille, à son tour, se doit d'abord à ses enfants, mais elle ne doit oublier ni leur père, ni les vieillards qui réclament ses soins.

Le père de famille, en dehors de ses devoirs immédiats de famille, de travail et de sécurité sociale, peut se trouver en présence d'événements subits et imprévus qui lui permettent de porter secours, à un moment donné, à un homme qui se noie, à une maison incendiée. Que doit-il faire? Doit-il se dévouer à ses enfants plutôt qu'à sa patrie, ou inversement? Doit-il voler au secours du voisin, lorsque sa femme et ses enfants réclament sa protection? Doit-il, à l'occasion, se sacrifier pour son ennemi menacé d'un danger fortuit? Doit-il recueillir et soigner comme un frère l'homme qui lui a fait du mal, mais dont le salut dépend de sa grandeur d'âme?

Les déterminations à prendre suivant les cas qui peuvent se présenter, et qui sont variables à l'infini, doivent être laissées à l'appréciation des consciences individuelles libres et responsables.

La loi morale n'a pas autre chose à apprécier que la nature morale ou immorale de chacun des éléments dont se composent les événements de ce monde. Elle doit seulement proclamer, après mûre délibération : ceci est bien ; cela est mal. Le meurtre et le vol sont des crimes; le despotisme est un attentat criminel; la servitude est un avilissement; la passion du jeu et l'ivrognerie sont des vices abjects; la reconnaissance est une vertu; le dévouement et le sacrifice sont des actes du plus grand mérite; la politesse est une qualité; la grossièreté un défaut; chacune de ces désignations étant accompagnée, lorsqu'il est utile qu'il en soit ainsi, de l'argument moral très brièvement formulé qui le justifie, et lorsque la science morale a bien défini ces vérités fondamentales, quand elle a légitimé ses prescriptions par des arguments concis tirés de l'évidence des faits, des axiomes de la raison et des préceptes de la sagesse, elle doit laisser aux consciences libres et responsables le soin de résoudre, suivant leurs propres inspirations et les circonstances, les cas innombrables qui peuvent se présenter au cours de la vie humaine. Elle fait l'éducation des consciences individuelles, en leur enseignant les lois fondamentales du bien, et les consciences éclairées font le reste.

Telle est la seule façon de procéder qui respecte tous les droits, qui laisse chacun et chaque chose à sa place et dans son rôle, qui permette aux uns et aux autres de se mouvoir dans leur initiative légitime et dans leur responsabilité réciproque.

A certains égards, la morale individuelle doit faire en sorte de ne pas s'appliquer seulement à un état social particulier, hors duquel elle n'aurait pas d'emploi; mais elle doit, au contraire, formuler ses préceptes d'une manière assez générale, assez large, assez souple pour être immédiatement applicable, pour entrer dans la vie pratique contemporaine, pour s'adapter aux imperfections des sociétés modernes, aux insuffisances des institutions actuelles, sans les heurter dans ce qu'elles ont de modifiable et de transitoire, sans déclarer une guerre à outrance à des mœurs qu'elle réprouve, de manière à ne pas rendre impossible la marche du progrès par un rigorisme outré; à ne pas se rendre inacceptable elle-même par des injonctions trop impérieuses et trop exclusives.

Il ne faut pas oublier, en effet, que la science morale est essentiellement progressive de sa nature, et qu'elle aura peut-être à désapprouver demain ce qu'elle approuve aujourd'hui, ou inversement; ce qui doit la rendre circonspecte et tolérante, toutes les fois qu'elle abordera des matières susceptibles de modification; ce qui doit la maintenir dans une réserve prudente, lorsqu'elle s'occupera de questions morales controversées, sur lesquelles la conscience universelle ne s'est pas encore prononcée souverainement.

Il est à prévoir, de plus, que ses premiers pas ne seront peut-être point des mieux assurés. Comme il arrive pour toute production humaine, il faudra l'action du temps, de la pratique et de l'expérience, pour lui donner la justesse, la précision et l'assurance qui lui manqueront au début. Ses premiers essais ne seront sans doute que des tâtonnements, et l'important n'est pas de constituer d'abord une œuvre parfaite, ce qui serait d'ailleurs impossible aux hommes du mérite le plus transcendant, mais plutôt de produire une œuvre viable, acceptable et praticable par les hommes de notre génération.

Mais si la morale individuelle, dans beaucoup de cas, doit comporter les tempéraments nécessaires pour l'adaptation immédiate des consciences modernes à son emploi, malgré les préjugés et les superstitions par lesquels les morales religieuses ont oblitéré, plus ou moins profondément, la sensibilité et la perspicacité morales de nos contemporains ; la morale sociale doit, au contraire, formuler les lois du bien sans se préoccuper d'autre chose que de l'aperception la plus exquise qu'en peut faire le législateur.

L'utopie apparente peut y jouer un rôle important, sans qu'il en résulte le moindre préjudice pour la société. Il est même nécessaire qu'il en soit ainsi, car ce qui paraît impraticable aujourd'hui deviendra possible demain et sera peut-être nécessaire après-demain. Dans cinquante ans, ce qui est inadmissible en ce moment sera peut-être rigoureusement imposé par les circonstances les plus impérieuses.

Il suffit d'avoir voyagé avec fruit pour s'être assuré que les principes sociaux les plus extraordinaires, les plus contradictoires et les plus excessifs en apparence, comme les plus modérés et les plus corrects, se sont réalisés tour à tour ou même se réalisent encore sur quelque point du globe.

Pendant que nous rêvons de justice sociale, de paix universelle, de liberté, d'égalité et de fraternité, les sacrifices humains sont encore pratiqués par les prêtres du royaume de Dahomey, et le cannibalisme fleurit encore dans l'Afrique équatoriale et dans diverses îles de l'Océanie. Pendant que nous songeons à soustraire la femme à tout labeur qui pourrait nuire à l'accomplissement de ses devoirs maternels, des peuplades sauvages la réduisent à l'état de bête de somme, et le roi de Dahomey possède une garde prétorienne d'amazones qui participent à ses opérations militaires, et qui combattent avec une bravoure et avec une férocité d'instincts bien faites pour surprendre et pour attrister des hommes de notre espèce.

Il est moins difficile qu'on ne le pense généralement de faire entrer, dans la pratique de la vie et dans le mécanisme des institutions, les théories qui paraissent d'abord les plus invraisemblables et les plus opposées. Tout dépend des impulsions qui se produisent dans les groupes sociaux, en vertu de courants d'idées qui présentent, en général, un caractère successif d'action et de réaction, de flux et de reflux, avec une marche lente et graduelle vers le mieux, vers le progrès.

C'est ainsi que se modifie incessamment la face du monde; c'est par l'oscillation perpétuelle de ses impatiences et de ses résistances que l'esprit humain brise les entraves de ses plus vieilles traditions pour en enfanter de nouvelles; c'est ainsi que les utopies de la veille deviennent les vérités du lendemain.

Dans notre propre civilisation, l'invasion du christianisme a été d'abord un grand progrès sur la barbarie juive, comme celle-ci l'avait été sur la sauvagerie patriarcale dont la Bible, lorsqu'on la lit sans parti pris, nous fait un tableau très réaliste, à travers les divagations poétiques des prophètes.

Le christianisme, d'abord persécuté et martyrisé lorsqu'il était le plus faible, s'est fait persécuteur à son tour, lorsqu'il a été le plus fort; et il a fait verser des flots de sang. Ses excès ont indigné la conscience publique, et la Réforme d'abord, puis la Révolution française se sont produites sous l'influence d'une logique supérieure, dont le secret réside tout entier dans les sentiments de justice inhérents à la nature humaine.

Au point où nous en sommes aujourd'hui, il est hors de doute que la Révolution française a donné le signal d'un remaniement général des institutions humaines qui n'a fait encore que commencer, mais qui se continuera et qui s'achèvera, en dépit des résistances qui se produisent pour comprimer son essor et arrêter son élan. Il est évident pour qui n'a pas de parti pris, pour qui se dégage des préjugés du passé, que l'heure a sonné pour les religions avilies de disparaître, que le moment est venu pour elles de laisser la science et la morale prendre la place qu'elles occupaient, et revendiquer le gouvernement des intelligences et des consciences dont elles ont abusé et trafiqué! C'est ce qu'a éloquemment exprimé Michelet dans les quelques mots suivants (BIBLE DE L'HUMANITÉ, conclusion) : *Une énorme lumière et de rayons croisés, foudroyant le passé en toutes ses sciences de sottise, a montré à la place l'accord victorieux des deux sœurs, science et conscience. Toute ombre a disparu.*

Que le sentiment démocratique et socialiste, déjà puissant dans les nations européennes et américaines, fasse un pas de plus; qu'il se développe encore un peu, et telle utopie d'aujourd'hui, qui fait hausser les épaules à de soi-disant sages, à des myopes inguérissables qui nient le mouvement parce qu'ils se sont immobilisés, et qu'ils rapportent tout à leurs chétives personnes, et cette utopie deviendra, du jour au lendemain, une belle et bonne réalité.

Le rôle de la morale sociale est de préparer cette réalité, de faire le travail d'incubation des progrès sociaux, d'en faciliter l'éclosion, d'assurer leurs premiers pas; et pour cela, elle doit les devancer, en façonner le germe, et dans ce labeur de la plus haute importance, elle doit viser le plus haut possible, et formuler une loi du bien pure de tout mélange, en s'inspirant des injonctions de la conscience universelle, qui est souveraine absolue dans ces questions.

La morale individuelle doit être tolérante à certains égards, à cause de sa perfectibilité, mais elle doit aussi parler avec fermeté sur les questions incontestables, en raison de l'autorité légitime de la conscience publique dont elle émane. Cependant, si elle ne peut admettre qu'une conscience individuelle isolée, pour si cultivée et si exquise qu'elle puisse être, ait le droit de faire prévaloir son appréciation sur celle de la conscience universelle, elle ne doit pas oublier non plus qu'elle s'adresse à des consciences libres, et ses injonctions doivent être accompagnées, toutes les fois qu'il est utile de le faire, des arguments tirés de la science, de la raison et de la morale, qui ont déterminé le législateur moral à les promulguer, et la conscience publique à les provoquer ou à les sanctionner.

D'après la conception première que l'esprit peut se former, à l'heure actuelle, d'une bonne organisation législative garantissant à l'universalité des citoyens la souveraineté que la Révolution française a proclamée légitime et nécessaire, le législateur moral fera la première partie du travail destiné à produire les institutions, et le législateur civil fera la seconde. Le premier conseillera et donnera les raisons pour lesquelles ses conseils doivent être suivis. Il dira au législateur civil : Voici ce qui est bien et voilà ce qui est mal : en vertu de telles raisons, de tels documents et de tels arguments. Il dira encore aux populations : Voici ce que la science, l'expérience, la méditation, l'étude, la discussion approfondie m'ont appris à envisager comme le bien, ou du moins comme le mieux. J'engage la conscience publique à se pénétrer de ces résultats, à les confirmer en me continuant le mandat de législateur moral qu'elle m'a déjà donné, et à marquer de plus cette confirmation, soit en nommant un législateur civil déjà partisan de l'opinion que j'ai émise, et qui saura la réaliser au moment convenable ; soit en imposant, au législateur civil déjà nommé, le mandat impératif de réaliser le bien que j'ai signalé, ou de se démettre de ses fonctions.

Le législateur civil et politique appréciera à son tour, dans les premiers résultats fournis par les délibérations du législateur moral, ce qui est immédiatement pratique et applicable, ce qui peut faire l'objet d'une proposition de loi ferme, dont l'adoption sera devenue possible, en raison des progrès antérieurs déjà réalisés.

De cette façon, la conscience publique restera souveraine incontestable et incontestée. Le législateur moral l'éclairera sur ce que la science et la discussion lui auront démontré être le bien, et le législateur civil la renseignera sur le moment d'application favorable à la mesure proposée comme réalisant le bien ou le mieux.

La conscience publique ainsi éclairée, ainsi renseignée, se prononcera souverainement en toute connaissance de cause. Elle approuvera ou désapprouvera en donnant mission à ceux-ci où à ceux-là de continuer ou de cesser leurs fonctions législatives, ou bien en précisant leur mission, et en leur enjoignant de se conformer, dans leurs délibérations, à ce que le sentiment populaire aura deviné avec l'intuition et le sens profond qui lui appartiennent, et qui constituent son privilège souverain sur lequel ne peut prévaloir aucune autorité despotique.

La mission du législateur moral, conçue comme je viens de le faire entrevoir, est une des plus grandes et des plus nobles que l'esprit humain puisse envisager. Il n'a peut-être manqué à des hommes comme Fourier, Saint-Simon, Cabet, etc., et autres réformateurs utopistes impuissants, que de ne pas confondre le rôle moral avec le rôle civil, que de ne pas incarner dans le même homme la législation morale et la législation civile, que de savoir attendre et saisir l'heure propice, pour rendre à la société des services plus efficaces que ceux qu'elle en a reçu.

Ces hommes avaient certainement de grands cœurs, des consciences droites et vaillantes, des volontés ardentes pour le bien, des forces de dévouement dont l'emploi pouvait donner de bons résultats, si elles avaient été maintenues dans la limite de leur juste répartition des aptitudes humaines, et c'est pour avoir voulu trop embrasser qu'ils ont mal étreint ; c'est en voulant franchir, d'un seul bond, l'intervalle qui sépare la théorie de la pratique, qu'ils ont échoué dans leurs tentatives. Honorons leur courage, et gardons-nous des fautes qu'ils ont pu commettre, par inexpérience plutôt que par mauvaise volonté.

La Libre-Pensée a une mission sublime à remplir, si elle veut bien se pénétrer du rôle moral qu'elle doit jouer dans les revendications démocratiques et socialistes, et si elle sait apprécier en quoi son action législative doit s'exercer, sans donner d'ombrage aux pouvoirs civils et politiques avec lesquels elle doit harmoniser ses efforts; sans porter atteinte à la souveraineté de la conscience universelle dont elle doit être, à la fois, le conseiller fidèle et le serviteur dévoué; et la limite qu'elle ne devra pas dépasser pour cela est celle qui sépare la délibération de l'exécution, la théorie de la pratique; la conscience universelle restant le seul juge suprême de la valeur de ses inspirations.

Cette conscience souveraine, qui doit contrôler à la fois les travaux du législateur moral et ceux du législateur civil, exercera son autorité par les voies normales du suffrage universel, en nommant par délégation les législateurs de l'ordre moral, comme elle nommera par élection les législateurs de l'ordre civil et politique.

La nomination par délégation possède une valeur morale qui manque à la législation par élection, et qui convient parfaitement au but qu'elle se propose d'atteindre.

La première ne se produit, en effet, que dans des milieux homogènes où certaines vérités fondamentales, acceptées par tous, servent de lien commun à la diversité des opinions, tandis que la seconde est livrée à toutes les surprises et à tous les hasards de la mêlée universelle des croyances, des préjugés, des superstitions et des intérêts.

Lorsqu'un groupe de Libres-Penseurs délègue l'un de ses membres pour le représenter dans une assemblée quelconque, le principe fondamental de la liberté de conscience ne peut pas être compromis au sein de cette dernière, parce qu'un groupe de Libres-Penseurs ne déléguera jamais, pour le représenter, pour parler en son nom, un ennemi de sa propre existence et de sa raison d'être.

Dans un groupe de population où se produit une élection législative, il n'en est pas de même. Nous voyons tous les jours des groupes d'hommes, libérés politiquement, qui élisent des candidats partisans du retour à la servitude politique; et ce spectacle affligeant nous autorise à affirmer que la valeur morale d'une assemblée de Libres-Penseurs est supérieure, par cela seul, à celle d'un corps législatif produit par des élections politiques, ce qui donne à son autorité une supériorité incontestable, d'autant plus grande que chaque délégué représente véritablement, par lui-même, une conscience libre et morale.

Mais cette autorité supérieure est surtout assurée par l'internationalité fondamentale de la Libre-Pensée, opposée à la nationalisation d'une assemblée législative civile et politique. Une réunion de Libres-Penseurs est le meilleur de tous les éléments de pacification à espérer entre les diverses nationalités, lorsque les préjugés militaires de gloire et de conquête brutale se seront atténués et auront disparu ; lorsque les intérêts dynastiques ne souffleront plus la discorde entre les divers peuples de la terre. Dès aujourd'hui, la solidarité humaine, qui est le but le plus élevé de toute morale, trouve dans toute assemblée de Libres-Penseurs son expression rationnelle et nécessaire ; mais elle trouve de plus, dans une réunion d'hommes affranchis de tout préjugé et de toute superstition, c'est-à-dire dans un milieu d'hommes libérés dans leur conscience, et par suite moraux, toutes les garanties morales qui doivent présider à la réconciliation de tous les travailleurs, de tous les producteurs des divers pays du monde, trop longtemps divisés et armés les uns contre les autres, à la faveur des malentendus les plus stupides et les plus odieux, et qui doivent de plus fonder la société nouvelle, la société libre, laborieuse et fraternelle, qui peut seule réaliser la totalité des progrès compatibles avec les imperfections de la nature humaine.

En outre de la morale individuelle et de la morale sociale, un code complet des lois morales comprendrait sans doute, avec avantage, divers codes particuliers qui donneraient à l'organisation sociale une grandeur nouvelle.

L'obéissance aux lois de la morale individuelle, destinée à produire l'honnêteté individuelle, n'est pas le seul degré d'élévation morale que l'homme puisse et doive ambitionner. L'application du principe jésuitique, selon lequel tout ce qui n'est pas défendu est autorisé, peut conduire l'homme à un état d'immoralité des plus caractérisés, sans qu'il dépasse pour cela les bornes de l'honnêteté légale, sans qu'il contrevienne ostensiblement aux préceptes de la morale usuelle.

Celle-ci ne peut, en effet, pour si complète et si perfectionnée qu'elle soit, avoir prévu tous les cas qui se présentent dans la pratique de la vie ; elle ne peut avoir paré à tous les imprévus d'une casuistique sans limites, soit en vertu des arguments que j'ai fait valoir plus haut, pour borner son action à l'appréciation des lois fondamentales du bien, soit parce que l'immense variété des mobiles humains, le jeu des passions, des appétits, des intérêts, et les mille incidents de la vie et de la destinée ne lui permettent pas d'aborder des labyrinthes semés de vertiges et de gouffres.

Un code des lois de la délicatesse donnerait sans doute au Code des lois morales, en se superposant ou en se juxtaposant à lui, une valeur que ce dernier n'aurait pas sans cela.

Il appartenait aux sociétés aristocratiques de gâter, par le vice d'orgueil, ce que la distinction des manières et la délicatesse des sentiments ont pu donner de qualités réelles à quelques-uns de leurs privilégiés. Les hommes délicats et distingués qui appartiennent à la Démocratie socialiste et à la Libre-Pensée savent que l'extrême distinction, soit des sentiments soit des manières, ne peut se séparer d'une extrême simplicité de cœur et d'allures. La délicatesse des sentiments repose sur une juste et noble fierté qui puise sa source dans l'hommage intime d'une conscience sans reproche, dans une démocratique fierté qui place au premier rang de ses devoirs ceux qui proviennent de l'application des principes de liberté pour tous, d'égalité et de fraternité; et la distinction des manières n'est pas autre chose, dans ces conditions, que le rayonnement extérieur des sentiments de délicatesse intime, du mérite modeste, du profond respect de soi-même s'alliant avec le respect du prochain.

La formule essentiellement morale dans laquelle le démocrate socialiste, de sentiments délicats et de manières distinguées, doit puiser l'inspiration de ses sentiments, le secret de ses manières et les règles de sa conduite est la suivante :

Sois sévère pour toi et indulgent pour les autres.

Elle n'est d'ailleurs qu'une des formes d'interprétation les plus pures des grands principes de solidarité et de fraternité que la Révolution française a légitimement placés au-dessus de la charité, au-dessus de la bienfaisance elle-même, déjà très supérieure à la charité.

La Démocratie socialiste doit régénérer, dans le sens du bien, ce que les sentiments délicats et les manières distinguées avaient contracté de souillures par l'emploi trop exclusif que croyaient en faire les sociétés aristocratiques. Sous l'influence de ces dernières, l'éducation raffinée des enfants des familles appartenant à la vieille noblesse était devenue le manteau de l'hypocrisie et de la perversité; elle ne servait plus qu'à la dissimulation des vices, des ambitions et de la décrépitude dont ceux qui se croyaient plus délicats et plus distingués que leurs semblables étaient irrémédiablement atteints.

La Démocratie socialiste ne doit pas se borner d'ailleurs à rectifier les abus des sentiments de délicatesse et de la distinction des manières. Elle doit de plus, après cette première œuvre, en accomplir une seconde non moins essentielle, qui consiste à étendre au plus grand nombre le bénéfice de ces sentiments et de ces manières régénérés, de telle sorte que la plus grande partie de l'espèce humaine qu'il sera possible d'y convier puisse jouir des bienfaits d'une éducation, non seulement moralisatrice, mais encore assez soignée pour que les relations sociales entre démocrates socialistes et libres-penseurs soient désormais empreintes de cette parfaite urbanité, de cette fleur de courtoisie qui a fait le charme des sociétés policées du passé, et dont quelques rares privilégiés avaient eu le monopole jusqu'à présent.

Il en sera de même pour l'honneur qui est le plus élevé et le plus exquis des sentiments de délicatesse. Un code des lois de l'honneur est en effet chose urgente à l'heure actuelle. Jamais plus funeste interprétation n'avait été donnée de ce mot, et du sentiment qu'il représente, que celle dont les sociétés aristocratiques nous ont légué la tradition.

L'honneur, pour un gentilhomme d'autrefois comme pour la plupart de ceux qui survivent, n'avait et n'a encore aucun rapport avec l'honnêteté. Un homme d'honneur, selon la définition de nos aïeux, faisait des dettes et ne les payait pas, puis rouait de coups le malheureux créancier qui en sollicitait le paiement. Il séduisait les jeunes filles; il plongeait les familles dans le désespoir en accomplissant, d'un cœur léger, les crimes d'adultère, de rapt, de détournement de mineure, qui devaient satisfaire ses vices ou ses passions; il tuait son meilleur ami pour un mot malsonnant; il vivait dans l'oisiveté, dans les excès de l'orgie, de l'ivrognerie et de la débauche; il se livrait à la passion du jeu; il affichait bien haut son orgueil et le mépris qu'il professait pour ses concitoyens, sa haine pour les honnêtes gens, simples et modestes, auxquels il ne ressemblait absolument pas, sans que son honneur en fût le moins du monde entaché. Il était supposé avoir au fond du cœur, par droit de naissance, de grands sentiments dont il parlait à tout propos, dont il se flattait d'avoir le privilège exclusif, mais qui se traduisaient, suivant les circonstances, soit en provoquant les horreurs de la plus profonde misère, de la famine, de la guerre et du désespoir, au sein des populations sur lesquelles s'étendait son autorité abusive; soit en portant les armes contre sa patrie, en s'enrôlant dans les armées étrangères qu'il appelait à l'invasion du sol natal.

L'énumération des vices que je viens de citer et des crimes dont je viens d'évoquer le souvenir était le programme même de l'homme d'honneur, il y a cent ans à peine, et plus récemment encore sous la Restauration. Si nous prêtons encore aujourd'hui l'oreille aux propos des fils de nos vieilles familles aristocratiques, nous les entendrons donner leur parole d'honneur à tout propos et hors de propos; nous les entendrons dire d'une dette de jeu qu'elle est une dette d'honneur, d'une querelle entre débauchés qu'elle donne lieu à une affaire d'honneur, d'une susceptibilité d'orgueil qu'elle constitue le point d'honneur, etc.

Dans un autre ordre d'idées, lorsqu'une personne, imbue des préjugés consacrés par les morales religieuses ou par les traditions aristocratiques du passé, voudra caractériser les conséquences d'une brutalité criminelle accomplie sur une jeune fille malgré ses résistances, ses cris et ses larmes, elle dira que celle-ci a perdu l'honneur. Elle dira encore qu'un époux est déshonoré lorsque sa femme a été infidèle; qu'un industriel, un commerçant ou un banquier, victime d'une catastrophe imprévue, est déshonoré parce que ses paiements sont suspendus à la suite d'événements indépendants de sa volonté, et le déshonneur, ainsi présumé et prononcé avec une légèreté inconcevable, sera le plus souvent infligé par la voix publique sans appréciation préalable des circonstances qui ont pu le produire, sans le moindre souci de l'injustice, des souffrances imméritées, des désespoirs et des suicides qui peuvent être la conséquence d'un faux point de vue trop facilement adopté, dans des questions aussi graves que celles qui touchent à l'honneur des individus.

Il est essentiel que la Démocratie socialiste et que la Libre-Pensée, s'inspirant des principes de vérité, de moralité, de fierté virile, de saine énergie, de justice, de dignité et de loyauté qui sont le secret de leurs forces croissantes, prouvent aux représentants actuels des vieilles familles aristocratiques que les sentiments des travailleurs ne sont pas ceux qu'ils avaient pu se figurer, ceux qu'ils avaient peut-être trouvés dans le cœur de quelques serviteurs avilis, de quelques laquais fainéants et corrompus dont ils étaient entourés. Il faut qu'elles rectifient les écarts et qu'elles corrigent les défectuosités des traditions aristocratiques. Pour elles, l'honneur ne doit être qu'une fleur exquise de noble fierté et de pure dignité produite par les inspirations des principes de liberté, d'égalité et de fraternité; par le sentiment et la pratique du devoir; par l'accomplissement d'actes d'abnégation, de dévouement et de sacrifice; par le respect bien entendu de soi-même et du prochain; et ces sentiments, à leur tour, ne doivent être que des fleurs d'honnêteté, de moralité et de haute conscience.

Enfin les lois de l'honneur, codifiées à la suite de celles de la délicatesse, seraient elles-mêmes judicieusement accompagnées de celles de l'héroïsme.

Qu'est-ce, en effet, que l'héroïsme, si nous nous en rapportons aux traditions aristocratiques? C'est le privilège exclusif de quelques heureux de ce monde, supposés doués de vertus miraculeuses ou de grâces d'état, par droit de naissance ou de fortune.

Quel est, dans une armée en campagne, l'homme le plus héroïque, du tirailleur d'avant-garde, de la sentinelle avancée qui se trouvent momentanément seuls en face d'une armée ennemie, n'ayant à compter que sur leur vigilance, sur leur arme, sur leur coup-d'œil et sur leur sang-froid, pour défendre leur existence bien aventurée, n'ayant à invoquer que leur amour de la patrie pour marcher en avant, tenir sous le feu ennemi et remplir leur difficile et périlleuse mission; ou du général en chef, qui, dans le bien-être de son quartier général, protégé contre tout péril immédiat par des gardes d'honneur, des aides de camp, des escortes protectrices, des épaisseurs de masses humaines, et pourvu d'autre part de documents, de cartes, de renseignements, prend une détermination conforme à l'opinion de ses chefs de corps, et règle les détails d'une opération militaire comme il le ferait d'une entreprise industrielle ou commerciale?

A chacun selon ses œuvres, telle doit être la maxime de l'homme juste et sage. Au soldat l'héroïsme, dans un grand nombre de cas; au général victorieux l'habileté, la grandeur des conceptions, la puissance intellectuelle s'employant à des opérations de large envergure et de haute responsabilité; l'énergie morale qui fait présenter aux revers inattendus un cœur et un visage impassibles; à l'officier et au sous-officier la bravoure froide, qui dirige les coups plutôt qu'elle ne les porte; le sang-froid, le coup-d'œil qui donnent à l'action militaire toute sa valeur d'utilisation; et, dans l'instant critique où la victoire est hésitante, où une impulsion presque surhumaine est nécessaire pour faire pencher la balance en faveur de la patrie menacée, la puissance d'entraînement qui pousse les timides en avant, et qui éveille dans le cœur même des plus pusillanimes un éclair de vaillance.

Le soldat n'expose pas seulement sa vie au moins autant, si ce n'est plus que l'officier ou que le général, mais il l'expose en outre pour une simple satisfaction de conscience, par esprit de devoir, par inspiration de dévouement, sans aucun bénéfice personnel à prévoir pour son sacrifice, avec la misère en perspective pour lui-même et pour sa famille, s'il est grièvement blessé ; avec l'angoisse d'une destinée de désespoir pour cette même famille, s'il est tué, tandis que l'officier et le général courent les chances favorables d'une carrière brillante, d'une destinée glorieuse toute émaillée de grades, de décorations, de distinctions honorifiques, s'ils survivent ; et ils savent d'avance que leurs familles seraient à l'abri du besoin, au cas où ils viendraient à leur manquer.

La Démocratie socialiste et la Libre-Pensée doivent rectifier les erreurs et combattre les préjugés du passé dans cette grave question comme dans les précédentes. Elles doivent produire un code de l'héroïsme tiré de la conception supérieure qu'elles possèdent seules d'une justice sociale impartiale, afin de bien marquer la vision nette et précise qu'elles possèdent d'un élément supérieur et culminant d'élévation morale, dans la hiérarchie qui a pour degrés antérieurs la probité, la moralité, la délicatesse et l'honneur. C'est leur devoir d'y songer, et l'heure est venue d'y procéder sans retard, puisque le sentiment public s'est affirmé à ce sujet sans méprise possible.

C'est en effet avec bonheur que la Démocratie socialiste et la Libre-Pensée ont vu honorer comme ils l'avaient mérité, pendant ces dernières années, des hommes comme les sergents Blandin et Bobillot, dont l'héroïsme s'est élevé aux plus hauts sommets des forces humaines. Mais il faut qu'elles affirment, qu'elles proclament, qu'elles précisent, qu'elles promulguent le texte formel des principes et des lois, en vertu desquels ces actes de justice se sont produits ; et pour cela, il faut qu'elles produisent un code des lois de l'héroïsme, dont la vraie place est à la suite de celui des lois morales, des lois de la délicatesse et des lois de l'honneur, comme le couronnement de l'œuvre grandiose, mais surtout nécessaire, indispensable et urgente, qui s'impose aux représentants de la Libre-Pensée.

APPENDICE

J'ai été obligé d'apporter une si extrême concision dans l'exposé des considérations que j'ai fait valoir pour légitimer la constitution d'un code des lois morales ; j'ai dû donner un aperçu si sommaire de la physionomie que pourrait revêtir une œuvre de cette nature, que je prie le lecteur de me permettre d'ajouter quelques mots à ce qui précède, afin de lui faire apprécier quelques-unes des raisons supérieures qui m'ont guidé dans mon travail, et de compléter l'argumentation nécessaire pour lui faire envisager, sous le point de vue qui leur convient, les solutions trop rapidement ébauchées de diverses questions de la plus haute importance.

Je dois lui signaler d'abord le point de vue auquel je m'étais placé dans mon rapport au Congrès universel, et duquel il résulte que si la Révolution française a commencé par beaucoup détruire, l'heure a sonné pour elle de songer sérieusement à la reconstruction sociale, à l'édification définitive de l'organisme social nouveau. Cette seconde partie de sa tâche sera longue et difficile; il lui faudra beaucoup de temps, d'énergie et de persévérance pour la mener à bonne fin, mais surtout il lui faudra rejeter les vieux matériaux qui jonchent le sol, afin d'élever l'édifice de l'avenir dans des conditions de solidité et d'harmonie qui ne laissent rien à désirer.

C'est un des plus graves et des plus forts arguments que puissent employer les ministres des religions, pour flétrir et pour enrayer les efforts des démolisseurs des régimes théocratiques, que de leur dire : *Quand vous aurez détruit les religions, que mettrez-vous à leur place ?*

Je serais trop heureux si les pages qui précèdent pouvaient être considérées comme une réponse victorieuse à cette demande. Je serais surtout infiniment satisfait si les Libres-Penseurs y voyaient, non pas précisément un plan d'édifice qui s'impose à la fois dans son ensemble et dans ses détails, soutenu par l'intolérance d'un amour-propre d'auteur qui recherche la glorification de la conception de son esprit, mais surtout un sérieux argument de l'obligation qui incombe au monde moderne de travailler, sans retard, à l'édification du plus important rouage de l'organisme social de l'avenir.

De même que l'homme, ainsi que je l'ai dit dans la première page de mon avant-projet, jouit à la fois d'une existence matérielle et d'une existence morale ; de même qu'il possède à la fois une destinée matérielle et une destinée morale, de même l'humanité, envisagée dans son ensemble, est soumise aux doubles conditions d'existence qui sont celles de l'individu.

Les sociétés ont des destinées matérielles et des destinées morales, à chacune desquelles doivent correspondre des organismes spéciaux et appropriés. Notre société possède des facultés de droit civil et politique, et elle ne possède aucun organe de science morale, et l'enseignement du devoir y est encore inconnu, ce qui fait qu'elle n'est pas en équilibre et qu'elle fait des faux pas à tout propos. Les religions ont pourvu jusqu'ici aux destinées morales ; vous savez comment. Elles ont réagi de plus sur les destinées matérielles des peuples, de manière à perpétuer la misère, l'ignorance, et tout ce qui est de nature à faire le malheur des hommes, afin de bâtir leurs industries sur le besoin de consolation qui s'empare du misérable à l'heure du désespoir.

Jamais plus horrible spéculation n'a été enfantée par le génie du mal ; jamais œuvre d'iniquité n'a plus légitimement sollicité les anathèmes de l'honnête homme ; mais jamais aussi l'urgence d'édifier, de construire, de constituer une morale scientifique, démocratique et socialiste, conçue en dehors de toute donnée religieuse ou surnaturelle, n'a sollicité d'une manière plus impérieuse les méditations de l'homme soucieux du sort de ses semblables, ainsi que l'indique l'admirable énoncé du problème posé par le Congrès universel des Libres-Penseurs, dans le n° 4 de son programme.

Tant que l'organisme nécessaire pour assurer les destinées morales de l'humanité n'existera pas ; tant qu'un code des lois morales n'aura pas été enfanté par la Démocratie socialiste ou par la Libre-Pensée, ce qui revient au même, pour donner à la vie morale des peuples le cordial puissant qui leur permettra d'accomplir leurs destinées conformément aux lois du vrai, du bien et du juste, la société oscillera comme un homme ivre, tantôt entraînée en avant, tantôt rejetée en arrière, fléchissant à droite, à gauche, avec des effondrements dans le ruisseau de la rue et dans l'égout. Telle est l'histoire lamentable de notre siècle, qui a fait de si grandes choses et qui a subi de si grandes hontes.

Notre vieille société s'est effondrée et la régénération s'impose. La plus grave question, pour nous, doit être de savoir si elle se fera par nos propres forces, par un élan de vaillance jailli de nos propres cœurs, ou bien si elle nous viendra de l'étranger, par voie de conquête, comme il est arrivé à tant d'autres.

L'exemple des désastres de la patrie française en 1870 est là, encore saignant dans le cœur de ses enfants, pour leur faire voir ce qu'il en coûte à un peuple de déserter la voie morale, la voie de la liberté. Le peuple français doit comprendre, mieux que tout autre, qu'il ne peut se désintéresser de la corruption des mœurs des classes sociales dites dirigeantes, et que c'est lui, le travailleur obscur, honnête et patient, lui qui cache souvent ses vertus comme une honte, alors qu'il devrait les dévoiler et les glorifier; que c'est lui qui paie de son sang et de ses sueurs les hontes qu'il tolère; et il devrait comprendre enfin que sa longue mansuétude a trop longtemps été la seule raison d'être des duperies dont il a été la victime.

Donc, le peuple doit se lever dans un élan de fierté et d'honnêteté, et il doit non seulement frapper et détruire, mais surtout travailler et bâtir. En frappant et en détruisant, il ne doit viser que le mal, sous peine de faire une besogne en sens inverse de celle qui doit lui être utile. En bâtissant, il ne doit employer que de bons matériaux, sous peine de voir son édifice s'écrouler sur sa tête avant d'être terminé.

L'instrument le plus utile pour une bonne et sérieuse régénération sociale, bienfaisante autant que durable, est donc un code des lois morales jailli du propre cœur du peuple, qui soit l'image de ses vertus fondamentales, de son amour de la liberté, de son attachement au travail, de ce génie des classes laborieuses dont l'Exposition universelle de Paris donne, en ce moment même, le spectacle grandiose et plein d'encouragement.

Ai-je réussi à caractériser, dans l'avant-projet qui précède, les données fondamentales de ce génie du travail, de ce sentiment du devoir dans lequel je vois le secret de la régénération des peuples asservis? C'est au lecteur qu'il appartient d'en juger, afin de pourvoir ensuite, dans le sein des groupes de Libres-Penseurs, aux mesures qu'il y aurait lieu de prendre, le cas échéant, pour faire entrer dans une période d'action et de réalisation les principes que je n'ai qu'indiqués dans une conception théorique.

La forme que j'ai donnée au mode d'instruction et d'éducation de la jeunesse est déjà, non seulement dans la tradition démocratique et socialiste, mais encore en voie d'exécution.

Le grand principe de la hiérarchie sociale basée sur les succès scolaires, obtenus en dehors de tout privilège de naissance ou de fortune, est de ceux dont la Démocratie socialiste peut entrevoir déjà l'application à brève échéance. Je n'ai donc pas à le défendre, et je n'ai fait, en traitant cette question, qu'affirmer, préciser et compléter peut-être un ordre d'idées déjà admis, accepté et appliqué partiellement.

J'ai parlé ensuite du devoir militaire comme d'une nécessité inéluctable, comme d'une chose dont on ne peut même pas entrevoir l'atténuation ou la suppression; et ici je dois quelques explications spéciales.

Je n'ai pas besoin, je pense, d'insister sur cette affirmation, que comme tout bon socialiste, je hais la guerre et ses fléaux, que je rêve la paix entre les hommes, et que je crois à une pacification progressive de l'humanité, entre les diverses nations d'abord, puis entre les diverses classes sociales, et plus tard enfin, entre les différentes races humaines, lorsque l'esprit démocratique et socialiste aura pénétré dans des couches de plus en plus reculées de l'humanité.

J'ai fait la guerre dans de tristes circonstances et je connais ses horreurs. J'ai vu des champs de bataille baignés dans le sang des innocents, pendant que les coupables fuyaient éperdus vers les capitulations honteuses. Je suis de cœur avec les membres de tous les Congrès de la paix, et je fais les vœux les plus ardents pour qu'ils réussissent, par leurs efforts infiniment méritoires, à enrayer la folie belliqueuse issue des exigences dynastiques et traditionnelles sur lesquelles sont fondées les sociétés aristocratiques et théocratiques.

Mais nous vivons dans un monde où nous ne pouvons oublier qu'à l'heure actuelle, c'est la loi du plus fort qui est encore la meilleure, et la Démocratie socialiste jouerait un rôle de dupe et de victime, si elle ne se pénétrait pas de l'obligation primordiale qui s'impose à elle, en raison de l'état actuel du monde, d'être la plus forte pour avoir le droit de jouir des bienfaits de ses principes de civilisation supérieure.

De grands périls l'environnent. L'Europe possède encore de nombreux éléments monarchiques, aristocratiques et théocratiques qui ne se laisseront pas vaincre sans résister de toutes leurs forces. Si le moment de désarmer vient jamais pour la Démocratie socialiste, il est encore si éloigné qu'il vaut mieux le méconnaître que d'ébranler, si peu que ce soit, la force nécessaire pour les luttes très réelles et très imminentes qu'elle aura à soutenir avant peu.

Si je suppose, en effet, et en mettant toutes choses au mieux, que dans une période de temps dont il est encore difficile de préciser la durée, le grand rêve démocratique et socialiste des Etats-Unis d'Europe puisse se réaliser, je suis de ceux qui pensent, non seulement qu'il ne faudra pas désarmer pour cela, mais encore qu'il faudra, plus que jamais, se tenir prêt à repousser une invasion de barbares qui se prépare en Asie, et qui ne tardera même pas beaucoup à se produire, si je m'en rapporte aux leçons de l'expérience acquise pendant mes voyages.

J'ai vu de près le peuple chinois; je sais ce qu'il vaut et ce qu'il peut; je connais son immense fécondité, ses tendances et ses aptitudes colonisatrices; j'apprécie comme je le dois ses vertus et ses vices, et je le considère comme infiniment redoutable pour l'avenir de l'Europe. Son effectif de quatre cents millions d'individus qui s'accroît tous les jours; sa cohésion puissante qui ne se dissout pas à l'étranger, dans l'œuvre colonisatrice; ses vertus de famille que les missionnaires ont calomniées, mais qui existent à un degré que nous ne connaissons plus en Europe; ses qualités de tout ordre telles que la sobriété, la discipline sociale, l'acceptation d'un labeur écrasant pour d'infimes salaires, le besoin d'expansion, la puissance d'assimilation prompte des méthodes européennes, même les plus scientifiques; tout cela réuni permettra à l'empire chinois de lancer avant peu sur l'Europe, pour venger les injures reçues récemment, et pour s'indemniser des dommages subis pendant ces dernières années, de quinze à vingt millions d'hommes armés et exercés qui nous auront emprunté nos moyens de destruction les plus perfectionnés, nos méthodes militaires les mieux étudiées, et qui s'en serviront contre nous.

L'opinion que j'exprime à ce sujet ne m'est d'ailleurs pas personnelle; elle est partagée par la meilleure partie des esprits éclairés qui ont visité l'Extrême-Orient, et qui ont mûrement réfléchi à ce qu'ils y ont vu.

Après l'invasion chinoise, l'Europe aurait encore à redouter, dans un avenir plus éloigné, une nouvelle invasion, celle des peuplades d'Afrique ayant reçu, d'ici là, les bienfaits d'une colonisation progressive de nature à éveiller et à développer leurs appétits et leurs convoitises.

Nous n'avons donc pas à prévoir, avant un temps dont l'appréciation nous échappe, mais qui est encore bien éloigné, une période de pacification qui nous permette de désarmer, et, puisqu'il en est ainsi, sachons utiliser cette obligation où nous sommes de rester forts et puissants, pour en faire un élément d'instruction et d'éducation virile qui donne, à notre jeune Démocratie socialiste, la beauté et la noblesse d'une force qui se possède, d'une liberté bien disciplinée qui sait éviter la licence pour se consacrer spontanément aux obligations du devoir moral, d'une dignité qui doit prendre sa source dans la pratique de la vertu, et non dans les inspirations de l'orgueil.

La formule de la morale persane : *Sois pur pour être fort; sois fort pour être bon,* représente merveilleusement le cercle dans lequel la Démocratie socialiste doit se mouvoir pour ne pas cesser un seul instant d'être pure, ni d'être forte, ni d'être bonne.

Je dis surtout que la Démocratie socialiste doit être forte, si elle veut accomplir son œuvre nécessaire de rénovation sociale, sans laquelle la décrépitude dont les morales religieuses sont la source nous aurait bientôt conduit à un abîme sans fond; et pour cela, elle doit être fortement disciplinée. Les points faibles des sociétés pourries au milieu desquelles elle se constitue sont la licence des mœurs, le relâchement des liens de la famille, l'abus du principe d'autorité, et la concentration des moyens de possession et de jouissance entre les mains d'un petit nombre, au détriment de la généralité.

Ce n'est pas par un simple déplacement d'abus qu'elle arrivera à remplir sa mission. Ce n'est pas en s'asseyant au banquet des privilèges; ce n'est pas en participant aux excès de l'orgie sociale, qu'elle assainira la corruption antérieure. Elle n'accomplira la mission régénératrice qui est en germe dans ses principes de justice sociale, qu'en mettant au-dessus de tout l'obligation morale du travail, qu'en entourant d'un culte le sentiment du devoir, les seules assises vraiment pures et saines qui soient de nature à fonder solidement l'œuvre de l'élévation de la personnalité humaine, l'œuvre de l'ascension de cette dernière vers les rayonnants sommets de la liberté, de la moralité, de la dignité, de la fierté, de l'égalité et de la fraternité qui l'attirent, vers lesquels elle marche, mais qu'elle n'a pas encore atteints.

Or, il en est d'une société comme d'une armée, où la valeur totale est d'abord à rechercher et à établir dans l'unité individuelle. Pour faire une armée puissante, il faut d'abord faire un soldat de bonne santé, bien nourri, bien exercé, bien discipliné et bien instruit. Il en est de même de l'unité sociale, c'est-à-dire du citoyen qui doit être laborieux, moral, libre et équilibré dans sa raison et dans ses sentiments pour remplir, dans le monde, le rôle de l'unité sociale qui convient aux destinées collectives, telles que la morale sociale doit les envisager et les préparer.

Une société basée sur la liberté, sur la science et sur le travail, sur l'égalité et sur la fraternité, sera une société indestructible, telle que nous devons la concevoir pour envisager sans inquiétude la destinée de nos enfants ; et pour cela, il faut qu'une sévère discipline familiale et sociale s'établisse : il faut que le travail s'impose à l'homme et la maternité à la femme ; il faut que la morale règne : il faut que le vrai, le bien et le beau sortent des conciliabules secrets qui se tiennent dans les académies et dans les universités, au sein d'une oligarchie raffinée, hautaine et aristocratique, pour se répandre au grand jour, pour s'humaniser en devenant les moteurs essentiels de l'activité sociale et les inspirateurs de la conscience publique.

Je n'ai pas besoin, je pense, d'insister sur la valeur des garanties sociales et de l'utilité pratique qu'il est rationnel d'attendre de la promulgation de lois concernant la morale professionnelle.

A côté des grands despotismes politiques et religieux dont les sociétés ont eu à souffrir jusqu'à présent, il s'en est créé récemment de moindre importance, mais qui n'en sont pas moins menaçants, et sur lesquels la morale sociale doit veiller, pour ne pas leur permettre de faire peser sur les populations des tyrannies abusives. Tels sont les despotismes financiers, militaires, administratifs, scientifiques et judiciaires que j'ai signalés tour à tour, et qui sont tout prêts à se dresser sur les ruines des premiers, et à se développer d'autant mieux qu'ils trouveraient le sol mieux déblayé.

La Démocratie socialiste et la Libre-Pensée ne doivent pas permettre à ces nouveaux despotismes de se développer et de s'emparer de la société, aux dépens de la vérité, de la morale et de la justice, qui doivent régner sur elle sous la seule forme qui ne puisse pas devenir tyrannique, sous la forme d'une émanation directe et sincère de la conscience publique elle-même.

Il y a, dans le système de législation à deux degrés dont j'ai fait entrevoir le fonctionnement possible, une garantie précieuse pour la souveraineté des consciences libres condensées dans une conscience universelle, pour la seule autorité vraiment acceptable par une conscience individuelle qui se respecte elle-même et qui respecte la conscience du prochain. Mais le législateur lui-même pourrait se faire oppresseur, si l'on n'y prenait garde, et la séparation de l'œuvre législative en législation morale d'abord, puis en législation civile et politique, est ainsi la garantie suprême de la société, le dernier terme, le degré le plus élevé de la sauvegarde de ses intérêts les plus chers et de son indépendance.

Pour donner à ma pensée son expression la plus simple, il me suffira de dire que la seule barrière qui me paraisse efficace contre les tyrannies partielles dont l'humanité peut se trouver affligée demain, comme elle l'a été hier, c'est la souveraineté de tous, bien établie par un système de représentation ou de délégation qui ne donne aucune prise aux velléités dominatrices des uns ou des autres.

En dehors de l'autorité souveraine que peut seule constituer la Fédération universelle des intelligences et des consciences, il ne peut y avoir que des ambitions rivales et oppressives, des luttes, des guerres, et par suite des souffrances, des désastres, des haines, des rancunes, des désespoirs, du sang versé et des larmes répandues.

C'est en me plaçant à ce point de vue que j'ai adressé au Congrès universel des Libres-Penseurs le fruit de mes méditations ; c'est en mettant ma confiance dans la conscience universelle que j'ai pu concevoir l'espérance de faire entendre des paroles efficaces de paix et de justice, de morale et de vérité. Ma voix est bien faible ; mes forces sont bien insuffisantes, mais pour faire pousser le chêne le plus élevé, il suffit du plus modeste gland placé dans un bon terrain, et j'ai la certitude qu'en agissant comme je l'ai fait, le germe de ma pensée se trouve désormais dans les conditions qui lui conviennent pour le plus grand bien de tous.

J'ai conçu l'organisation morale de la famille comme directement liée à trois principes essentiels qui sont les suivants :

1° L'union des sexes ne peut être morale que si elle est libre ;

2° L'union des sexes ne peut être libre que si la jeune femme est dotée ;

3° La moralité et la dignité de la femme résident dans son union avec l'élu de son cœur.

J'ai déjà légitimé le premier de ces principes, qui est évident. De même pour le second, au sujet duquel j'ai donné les principaux arguments destinés à en faire valoir l'efficacité, mais le troisième demande à être examiné avec une attention toute spéciale pour se faire accepter dans l'état actuel de nos mœurs, parce qu'il est basé sur des sentiments intimes, sur des délicatesses de conscience qu'une longue expérience de la vie humaine, et une vision nette des mobiles humains, peuvent seules faire apprécier à leur véritable valeur.

J'ai établi, dans la première partie de mon rapport, que la loi morale doit être basée avant tout sur le vrai, et en particulier sur la connaissance de la nature humaine.

Il résulte de cette connaissance, telle que la raison, l'observation, l'expérience personnelle et l'évidence des faits a pu la constituer en moi, qu'il existe, entre le jeune homme et la jeune fille, une distinction absolument essentielle à établir avec clarté, pour comprendre les divers points de vue successifs auxquels je me suis placé, lorsque j'ai étudié les conditions essentielles à réaliser pour l'union morale des sexes.

La pudeur et la modestie sont des vertus essentiellement féminines. La bravoure et l'audace sont des qualités essentiellement viriles. La nature a voulu que l'homme, conformément à cette répartition de ses facultés et à celle des exigences de sa vie organique, joue dans l'acte de la génération le rôle offensif, tandis que la femme y joue le rôle défensif.

Cette loi brutale de la nature, qui n'a orné la femme de la pudeur que pour l'obliger à sacrifier sa plus belle parure, est immorale comme beaucoup d'autres lois de la nature, comme la loi du triomphe du plus fort, comme celle de la lutte pour l'existence, comme celle d'hérédité, etc., auxquelles l'homme moral se soumet dans les limites du nécessaire, mais qu'il doit subordonner aux inspirations de sa conscience morale, toutes les fois qu'il le peut sans attenter à sa sécurité et aux exigences de son expansion normale.

La femme indéfiniment vaincue, dans sa vertu la plus exquise, par l'homme qui ne peut s'unir à elle sans lui imposer ses pires brutalités, se trouve ainsi condamnée au rôle d'éternelle victime. La nature l'a voulu ainsi, en vertu d'une loi qui est commune à l'homme et à tout le règne animal.

Voilà ce qu'enseigne l'observation des phénomènes extérieurs, mais la vie humaine ne se borne pas à ceux-là. L'homme se distingue des animaux en ce que sa destinée est réglée par des phénomènes internes qui constituent sa vie morale, laquelle a pour devoir et pour mission de corriger les imperfections de sa vie matérielle, de régner sur elle et de la plier à ses exigences supérieures. Tandis que l'animal n'a ni conscience, ni liberté, ni responsabilité, et qu'il est rivé aux lois de la nature, aux inspirations de ses instincts, sans pouvoir s'en écarter tant soit peu, l'homme, au contraire, est libre dans sa pensée, dans sa conscience, dans sa vie morale tout entière, s'il ne l'est pas dans sa vie matérielle, plus rigoureusement esclave que la première des obligations organiques.

L'homme moral, supérieur par ses facultés intellectuelles et morales, à la nature qui l'environne, doit corriger, par les vertus qui émanent de sa raison et de ses sentiments, ce que les brutalités de la loi naturelle ont d'immoral et d'inconciliable avec les destinées supérieures auxquelles il se sent appelé.

Or, comment éluder cette brutalité dont je viens de parler, si ce n'est en établissant des institutions sociales telles que, dans aucun cas, la femme ne puisse s'unir à l'homme qu'à la suite de son acquiescement bien vrai, bien sincère, bien formel, dégagé de toutes les pressions immorales extérieures qui peuvent l'influencer?

L'homme est ainsi fait que la préférence qui peut faire pencher ses sentiments affectueux vers une jeune fille plutôt que vers une autre n'est pas généralement bien caractérisée, tandis que, pour la femme, c'est tout le contraire qui est la vérité. L'homme peut préférer telle femme à telle autre, mais son choix est très rarement absolu; ses sens parlent généralement avant son cœur, et ce qu'il lui faut, avant tout et par dessus tout, c'est une femme quelconque. Aucune pudeur essentielle n'est blessée en lui; aucune de ses délicatesses intimes ne souffre, lorsqu'il s'unit avec une femme à laquelle ne l'attache d'abord aucun lien affectueux. Son cœur se fixe généralement sur celle qui l'aime, qui le soigne, qui lui donne des enfants dont il est assuré d'être le père, qui lui témoigne de la confiance, de la tendresse, et qui lui reste fidèle.

Pour la jeune fille, il n'en est pas de même. Lorsqu'elle s'éveille à la puberté, le cœur parle chez elle presque toujours avant les sens, et souvent il parle seul. La pudeur, la dignité, la morale, l'instinct naturel, tout se réunit en elle pour lui faire accepter un homme, un seul, à l'exclusion de tous les autres. Cet homme choisi par le cœur, toléré plus tard beaucoup plus que recherché par les sens, attendu que la femme est bien plus mère qu'épouse, en vertu d'une loi de la nature sans laquelle l'enfant serait souvent délaissé, sera le seul dont les ardeurs génériques ne constitueront pas pour la femme une souillure et une insulte, le seul dont les caresses ne seront pour elle ni un intolérable supplice, ni une honte et une dégradation.

La femme unie à un homme autre que cet unique élu, de quelque nom qu'elle couvre son infamie, qu'elle la fasse bénir au pied des autels ou consacrer par les lois civiles, qu'elle cherche à la légitimer par des arguments tirés des exigences de sa vie matérielle ou de toute autre façon, est une créature immorale et flétrie, qui joue une indigne comédie, qui foule aux pieds la sincérité, la noblesse de ses sentiments intimes, qui fait commerce de sa pudeur pour un avantage matériel de position ou de fortune à retirer de ses complaisances. Elle n'appartient plus à la vie morale; elle est prostituée dans le fond de sa conscience, sinon dans les apparences extérieures, et le moraliste doit la considérer comme indigne d'élever des enfants dans des sentiments honnêtes, comme impuissante à constituer une famille morale et forte par le cœur.

Ce qui rend nos sociétés modernes si dissolues est précisément l'oubli et le mépris de ce principe fondamental de toute moralité. Une jeune fille de notre époque est parfois ignorante, non pas de ce que l'on suppose généralement, et qui d'ailleurs ne signifie pas grand'chose pour sa vertu, sans quoi il n'existerait pas de femme vertueuse dès le lendemain de sa première union, mais des révoltes que soulèvera en elle son union avec le premier venu, vieux ou jeune, que les convenances sociales ou des raisons de famille et de fortune lui imposeront comme époux.

Si ces révoltes lui sont révélées d'avance par un instinct secret, et si elle fait quelques timides objections contre un projet de mariage qui lui inspire de vagues appréhensions, la jeune fille se voit aussitôt assaillie par les objurgations de sa mère, de son père, de ses parents, de ses amis, qui tous lui donnent à entendre, du haut de leurs préjugés et de leur corruption acquise, que ses craintes sont puériles, et qu'elle reconnaîtra plus tard, lorsque l'expérience de la vie lui aura montré le côté positif et pratique de toute chose, qu'une femme avisée sacrifie ses rêves de jeunesse aux réalités de l'âge mûr.

Cependant, la révélation se produit le jour où il est trop tard pour en conjurer les funestes conséquences, et alors qu'arrive-t-il? La jeune femme, révoltée d'abord, mais vaincue d'avance par la peur du scandale qui résulterait de sa révolte ouverte contre toutes les lois divines et humaines coalisées pour river sa chaîne, sa servitude et son ignominie, se soumet à la fatalité qui pèse sur elle, comprime l'expression de ses protestations intimes, s'habitue à son infamie, se familiarise avec elle, et elle cherche bientôt à en tirer tout le parti et tout le profit qu'elle peut. Elle joue une comédie de tendresse destinée à donner le change à l'homme duquel dépendent toutes les conditions de son bien-être matériel et de la tranquillité de sa vie; elle spécule froidement sur les élans affectueux du cœur de son époux ou sur ses appétits sexuels, et elle arrive ainsi à le dominer par le même procédé que peut employer, dans un but analogue et dans des circonstances semblables, la courtisane la plus habile et la plus éhontée.

Entre la femme mariée et la prostituée, il y a dès lors identité de sentiments, de procédés et d'abjection; et le mariage n'est plus qu'une prostitution comme une autre, que j'ai appelée légale pour la distinguer de la prostitution officielle et de la prostitution clandestine, mais qui donne lieu aux mêmes capitulations de conscience que les deux autres, et qui a des conséquences familiales et sociales plus graves, parce qu'elle pèse sur l'éducation des enfants de tout le poids que représente l'infamie de la mère, et parce qu'elle cause à la fois le malheur de l'époux et sa sujétion.

La femme, dans ces conditions, trouve bon d'avoir un point d'appui, qui est le prêtre, qui est le confesseur, pour l'aider et pour la seconder dans son œuvre de perfidie et de domination, et les religions deviennent ainsi les complices des entreprises les plus antifamiliales et les plus antisociales.

Sous le masque d'une autorité divine redoutable et inflexible, toutes les perfidies féminines et sacerdotales coalisées se donnent libre carrière, et il s'établit ainsi, aux dépens de la légitime autorité de l'époux, aux dépens de ses droits et de son prestige comme à ceux de la paix familiale et de la bonne éducation des enfants, une sorte de conjuration qui a pour effet de briser les ressorts de la volonté humaine, de subalterniser l'époux, de saper son autorité, d'affranchir la femme de la seule tutelle qui soit honorable pour elle, et de faire dominer, dans la famille, la volonté de la femme sur celle de l'époux, et la volonté du prêtre sur celle de la femme d'abord, puis sur celle de l'homme et des enfants.

C'est ainsi que se perpétuent la honte et le malheur de tous; c'est ainsi que le lien familial se relâche en même temps que s'affaiblit l'autorité paternelle; c'est ainsi que s'établissent enfin la dégradation de la femme et le despotisme des clergés.

Si ce qui précède est le tableau triste, mais vrai, de ce

qui se passe le plus souvent dans les familles modernes, si j'ai bien saisi ce que produit le mariage civil et religieux dans un très grand nombre de cas, j'ai découvert en même temps et j'ai stigmatisé la source de toutes les corruptions, de toutes les infidélités conjugales, de toutes les désunions apparentes ou cachées qui entretiennent, en dehors de la famille, la prostitution officielle et la prostitution clandestine, et dans la famille même, l'adultère et toutes ses conséquences de scandale, de meurtre autorisé par les lois civiles, et de souffrances indicibles causées par l'incompatibilité des sentiments, sur lesquelles le prêtre assied sa domination par l'application du principe immoral, mais efficace : *Diviser pour régner.*

Cette situation appelle un remède héroïque. Je la signale comme grave et j'indique ce qui me paraît remédier aux inconvénients constatés, c'est-à-dire l'union libre, la dotation de la femme et le choix de l'époux par la jeune fille, en prenant toutes les mesures nécessaires pour que la pudeur et l'amour-propre de cette dernière soient sauvegardés dans tous les cas.

Au premier abord, cette dernière condition paraît difficile à réaliser. On peut craindre, en effet, que la jeune fille se refuse à intervertir ce que la nature lui révèle comme sa loi, dans l'union des sexes, sans lui donner la notion de ce que cette loi comporte de brutal et d'outrageant pour ses délicatesses intimes. Je pense que la jeune fille livrée à elle-même hésiterait généralement, en raison de sa modestie, de sa timidité et de son innocence naturelle, à compromettre sa pudeur, son amour-propre et son cœur dans une démarche dont elle ne peut comprendre encore toute la portée. Il sera bien difficile, avant qu'elle ait acquis l'expérience de la vie, de lui faire envisager les raisons d'une initiative que ses instincts lui défendent.

Cependant, je pense aussi que l'amour maternel ne sera pas impuissant à résoudre cette difficulté. Dans une famille unie où la confiance réciproque des époux sert de modèle à à ce que doivent les enfants à leurs parents, une jeune fille ne doit pas et ne peut pas avoir de secrets pour sa mère. Celle-ci doit être le vrai confesseur de son enfant, et non pas le cynique spéculateur qui a tendu son piège dans le coin d'un temple, et il n'y a qu'elle qui puisse lui faire pressentir, sans blesser aucune de ses délicatesses, que puisqu'elle est destinée quand même à être vaincue dans sa pudeur, puisque le devoir formel de son sexe et le secret de sa destinée sont ainsi, il est absolument essentiel, pour la sauvegarde de sa dignité et pour la garantie de son bonheur, que cette défaite coïncide avec celle de son cœur, ou plutôt soit la conséquence de la première.

Cette première partie de la tâche maternelle sera relativement facile, en ce sens que la jeune fille arrivera assez facilement à accepter l'hypothèse de sa pudeur vaincue, aussitôt que son cœur aura parlé. La seconde, celle qui consiste à provoquer les préférences de l'homme choisi par la jeune fille, sera plus difficile à réaliser, mais je ne la crois pas inaccessible à l'amour maternel secondé par toutes les finesses d'esprit de la femme arrivée à la maturité.

La mère saura guetter le secret du cœur de sa fille; le faire jaillir dans une confidence, à l'heure où il conviendra, et prendre toutes les précautions et tous les ménagements nécessaires pour provoquer discrètement la préférence réciproque de celui que sa fille aura choisi dans le secret de son cœur, de l'homme qui peut faire le bonheur de son enfant et assurer la moralité de sa vie, à l'exclusion de tous les autres; en laissant à l'élu cette illusion qu'aucune préméditation n'a présidé à la rencontre de deux préférences réciproques, que le hasard seul a rapproché deux cœurs faits pour s'entendre et pour se comprendre. La fatuité naturelle que la virilité récente inspire au jeune homme rendra cette illusion facile à provoquer, et tous les amours-propres, celui de la jeune fille, celui de sa mère et celui du jeune homme choisi, seront sauvés ainsi, pour la plus grande satisfaction de tous.

J'arrive enfin à la solution, d'apparence utopique, que j'ai donnée de la répartition des richesses entre l'homme et la femme, de manière à arriver à la fois à fortifier la famille, à combattre l'oisiveté et la débauche, à supprimer la prostitution, à libérer la femme des servitudes qui pèsent sur elle, à assurer le sort des faibles, des femmes, des enfants et des infirmes, et à rendre possible la réalisation, dans les sociétés humaines, du grand principe de morale économique : *A chacun selon ses œuvres*.

Cette solution est simple en théorie, mais elle se heurtera, dans la pratique, à la difficulté d'obtenir un jour, de ceux qui détiendront alors le capital, cette concession d'apparence invraisemblable qu'ils s'en laissent dépouiller en faveur de la femme. Je ne pense pas cependant qu'il soit impossible de la réaliser avant un temps bien long, si la Démocratie socialiste et la Libre-Pensée comprennent les avantages qu'elles trouveraient dans son accomplissement.

Les excès commis tous les jours par la haute banque; les désordres du monde de la haute finance; les ruines accumulées par l'agiotage et par le tripotage des gens de Bourse ne peuvent, en effet, se prolonger encore longtemps sans donner à l'indignation publique qu'ils provoquent, la forme d'un mouvement révolutionnaire ou évolutionniste qu'il est facile de prévoir, et dont il sera possible de faire jaillir un immense progrès moral, si la conscience publique est préparée à son avènement.

C'est encore en vue de cette préparation des consciences à l'utilisation immédiate des incidents révolutionnaires pouvant surgir, d'un instant à l'autre, de la force majeure des événements imprévus, que j'envisage comme infiniment utile et urgente la fondation d'un code des lois morales, et que j'en recommande l'élaboration sans retard.

Il est certain que la solution théorique du problème dont je parle, et que j'ai étudiée avec la sollicitude la plus vive, doit rencontrer des résistances acharnées et soulever de furieuses colères; mais je crois aussi qu'elle aurait, le cas échéant, de fermes soutiens, et que les femmes, à qui elle promet une libération si imprévue et si désirée, feraient en sa faveur, le jour où elles auraient apprécié ce qu'elles peuvent en attendre, une vigoureuse campagne de laquelle pourrait résulter, pour la Libre-Pensée, son triomphe définitif sur les religions coalisées.

C'est à ce point de vue que je demande surtout au lecteur de se placer pour juger de la valeur intrinsèque de la solution que j'ai indiquée, et dont les détails d'application pratique sont trop faciles à imaginer pour que j'aie cru devoir m'y appesantir, voulant établir seulement les considérations morales qui en recommandent l'emploi, les seules dont j'avais à m'occuper pour rester dans la question que je traitais.

Dans les sociétés antérieures, la femme n'a jamais eu d'autres appuis sérieux que les ministres des diverses religions, et c'est ce qui fait la force de ces derniers.

Sans le mariage sacré, sans le double serment matrimonial, sans l'engagement solennel contracté devant Dieu et devant les hommes, sans les obligations rigoureuses que les religions et les lois imposent à l'homme, pour assurer la subsistance et la protection de sa femme et de ses enfants, que serait la femme dans les sociétés aristocratiques et démocratiques?

Rien qu'une malheureuse et misérable créature, exposée à l'abandon du père de ses enfants, manquant de tout, sans liberté, sans droits d'aucune sorte, sans ressources quelconques.

La femme est douée d'une finesse de perception intellectuelle qui dépasse celle de l'homme dans beaucoup de cas. Elle connaît depuis longtemps, depuis plus longtemps que l'homme, le vide des enseignements religieux, le néant des légendes surannées, le creux des rêveries mystiques, et elle en ferait rapidement justice, le jour où elle n'aurait plus besoin d'y voir le gage de sa sécurité sociale.

La femme est plus positive que ce qu'elle le laisse paraître. N'ayant pas la force pour elle, mais seulement la ruse, elle est plus comédienne que l'homme et excelle à donner le change sur les mobiles qui la guident. Lorsqu'elle argue de sa sentimentalité, de ses croyances, de sa foi, pour se précipiter au pied des autels et y entraîner son époux et ses enfants, elle triche un peu et se propose beaucoup plus de river la chaîne de sa sécurité et de son autorité, que de donner à son esprit et à sa conscience des satisfactions morales indispensables. Je ne lui en fais pas un reproche, en ce sens qu'elle ne possède actuellement aucun autre moyen de s'affranchir de la servitude et de la misère que la société laisse peser sur elle, mais je suis convaincu que la femme libérée serait bien plus franche dans son caractère, bien plus sincère dans ses sentiments, bien plus noble dans ses pensées, bien plus affectueuse dans ses relations que ce qu'elle l'est actuellement, si elle se sentait absolument maîtresse de sa destinée par l'indépendance de ses ressources et par la liberté de son union.

Je pense aussi, pour les mêmes raisons, que l'homme serait plus heureux et les enfants mieux élevés, si la femme était telle que je viens de la supposer. Que la Démocratie socialiste lui tende la main, que la Libre-Pensée lui fasse entrevoir une base plus solide de sa sécurité que celle qu'elle trouve dans les religions, qu'elle l'honore dans ses sentiments maternels, dans ses vertus familiales, où elle excelle, et les religions s'effondreront avec fracas, abandonnées par la femme qui les soutient seule aujourd'hui, et qui n'accepte le joug du prêtre que parce qu'on l'oblige à y avoir recours.

Il est de mode, dans un monde frivole et immoral, de considérer la femme comme un être sans consistance, sans valeur morale, sans aptitudes intellectuelles, à qui il est de bon goût de vouer un culte voisin de l'insulte, sous les hypocrites apparences d'un hommage, et d'exalter d'autant plus sa beauté, sa grâce, ses charmes, ses séductions et le prix de ses faveurs que son intelligence, son énergie morale et ses vertus sont l'objet d'un plus profond mépris.

Cette basse idolâtrie de la femme a été provoquée par le clergé catholique, et plus spécialement par les jésuites.

Ceux-ci, rompant avec les traditions du christianisme primitif et du judaïsme, pour lesquels la femme était un être vil, immonde, sans âme, et l'objet comme le générateur de toutes les souillures, sont passés d'un excès à l'autre et ont adulé la femme en faisant proclamer le dogme de l'Immaculée-Conception, en inventant les mille manifestations de la Mariolâtrie, en donnant au culte du Sacré-Cœur un essor démesuré qui a fait, du catholicisme moderne, une sorte de paganisme renouvelé de celui des Grecs, sans avoir son charme et sa grâce poétique.

Les jésuites ont ainsi divinisé la femme pour exalter son orgueil et s'attirer ses bonnes grâces. Ils l'ont corrompue en surexcitant sa vanité et en brûlant à ses pieds un encens destiné à en faire leurs dupes. Ils se la sont attachée par les pressions les plus immorales pour en faire l'instrument le plus puissant de leurs ambitions inavouables, foulant aux pieds, sans le moindre scrupule, les considérations essentiellement morales qui dominent tout ce qui se rapporte à la femme, la paix intérieure des familles, l'union et l'harmonie nécessaires entre époux, et la religion catholique tout entière a suivi l'impulsion donnée par les jésuites, et la femme adulée, divinisée, séduite par les inspirations de l'orgueil, déserte la famille pour aller s'ensevelir dans le silence des cloîtres, ou si elle consent à remplir les devoirs de la maternité, elle considère cette concession comme une déchéance.

Fanatisée par les adulations jésuitiques, la mère elle-même professe la croyance que la virginité est la marque d'une grande pureté de conscience, qu'elle est le caractère le plus élevé de la supériorité morale, et elle en arrive à mépriser ainsi son époux, le père de ses enfants, soit comme un brutal, soit comme un tyran, soit comme un être inférieur, voué aux occupations et aux préoccupations matérielles, sollicité par les basses passions charnelles, bon tout au plus à jouer, dans la famille, le rôle de pourvoyeur de la subsistance nécessaire aux besoins de la vie animale.

Cet époux, ainsi avili dans l'esprit de sa femme, ainsi chassé de son cœur, est considéré comme incapable de comprendre et d'apprécier les exquises puretés de la nature féminine, les idéales perfections de la virginité, et enfin, le mérite surnaturel de ce pauvre jésuite, qui, supposé vierge à son tour, devient ainsi le vrai maître de la femme, le tyran de sa conscience, le pilote de sa destinée, et par elle, le maître de l'homme et l'arbitre des destinées sociales dirigées dès lors vers la conservation théocratique.

La Libre-Pensée a une mission de sauvetage à accomplir

dont elle peut tirer autant de gloire que d'avantages. En regard de la sanctification de la vierge et de la basse adulation de la femme par les religions, la Libre-Pensée doit dresser la sanctification, la glorification de la mère, et pour que son culte envers elle soit efficace, elle doit la libérer en la dotant.

La femme reviendra ainsi tout entière à son époux et à ses enfants. L'homme choisi deviendra ainsi le dépositaire de tous les trésors du cœur de la femme, le guide de sa conscience, l'objet de ses prédilections, le possesseur incontesté du cœur féminin, si riche en effusions, en tendresse, en dévouement, que cette possession est l'un des plus grands facteurs du bonheur accessible à l'homme ; et la femme elle-même, confiante désormais dans la supériorité de son titre d'épouse et de mère, tout entière à sa famille, libérée des stupéfiantes vanités sacerdotales, trouvera le bonheur entre son époux et ses enfants, puisqu'elle n'aura plus aucun intérêt à tromper, à exploiter et à dominer le premier, et qu'elle n'aura plus rien à craindre pour son propre avenir ainsi que pour celui de ces derniers.

Si la Démocratie socialiste se pénétrait de cette vérité ; si la Libre-Pensée y voyait le présage de sa victoire sur les religions, je n'hésite pas à penser que la grandeur et l'importance du résultat que je signale, et à la réalisation duquel je crois fermement, ne fût de nature à faire abandonner à l'homme quelques privilèges pécuniaires, en vue du bénéfice moral à en retirer, et c'est en cela que réside la considération majeure dans laquelle se résume toute l'économie de la solution que je recommande à l'attention des Libres-Penseurs.

C'est une question de salut, de victoire et de triomphe pour la Libre-Pensée et pour la Démocratie socialiste. C'est une question de libération de l'humanité tout entière. Il faut enlever la femme aux religions, aux clergés quelconques, pour son plus grand bien comme pour celui de l'homme et des enfants. Tant que cette œuvre ne sera pas accomplie, la femme s'accrochera de toutes ses forces aux religions sans les discuter, sans se demander même ce qu'elles peuvent valoir. Elle se mettra sous la direction spirituelle et sous la sauvegarde morale du prêtre, quelque répugnance que lui inspire le joug de ce dernier ; quelque étrange, immorale, absurde ou odieuse que soit la foi dont ce prêtre se fera l'apôtre, et elle agira ainsi pour se garantir de la situation misérable, sans ressources, que lui a fait jusqu'à présent la société, et qui est à la fois injuste et pernicieuse pour l'homme comme pour elle.

Tant que la Libre-Pensée n'aura pas obtenu les suffrages féminins, elle se heurtera à des résistances d'autant plus fortes qu'elles seront moins apparentes et plus difficiles à combattre; elle luttera contre un ennemi insaisissable et perfide qui prendra toutes les formes pour lui échapper; elle dirigera des attaques impuissantes contre des fantômes, pendant que l'esprit du mal cheminera par des sentiers dont elle ignorera la direction.

La preuve de l'inanité des religions n'est plus à faire, ni pour la femme, ni pour l'homme. La science et la raison s'en sont chargés et la foi, ou plutôt la crédulité, s'est enfuie pour ne plus revenir. Je crois que ce serait une grande faute pour la Libre-Pensée, que de s'acharner sur le fantôme, sur le mannequin vide des croyances disparues, dont elle n'a plus grand'chose à craindre, ce qui l'empêcherait de travailler dans le sens des efforts utiles.

Les religions n'ont plus pour elles que les aristocrates et les femmes, c'est-à-dire tous ceux et toutes celles qui ont un intérêt matériel à les soutenir. Ceux-là sont encore nombreux, malheureusement. Nos institutions actuelles sont encore trop favorables à l'esprit de domination pour qu'un certain nombre d'ambitieux ne cherche pas dans les religions le point d'appui qui leur parait le meilleur, d'après l'expérience du passé. Mais si les femmes se tournaient vers la Libre-Pensée comme vers le salut, la défaite des autoritaires et des ambitieux serait facile et prompte. La Démocratie socialiste a pour elle le nombre et le suffrage universel, et n'aurait-elle que la neutralité des femmes, elle serait déjà certaine de la victoire.

Ce qu'il faut aujourd'hui par dessus tout, pour livrer le bon combat, c'est de constituer un organisme moral efficace pour apporter aux maux de la société, à ceux de la femme comme à ceux de l'homme, un remède héroïque.

Je crois que ce remède consiste dans le moyen que j'ai indiqué, dans la moralisation de la famille, et je crois aussi que la conscience publique est toute prête, à l'heure où nous sommes, à revendiquer ses droits et ses privilèges. Cette conscience publique, dont les religions se sont jouées trop longtemps, me parait assez riche pour produire, par l'essor spontané de ses trésors méconnus, un édifice moral grandiose, dont la majesté, la beauté et l'harmonie sont destinées à éclipser celles des morales religieuses les plus prônées et les plus divinisées.

L'idée majeure que je vous ai fait entrevoir, si j'ai eu le bonheur de me faire comprendre, demanderait à être largement développée pour se ramifier dans les mille détails de l'organisation sociale, mais sa conception est simple, elle peut se résumer dans les quelques mots suivants : Pour produire un honnête homme, il ne faut pas lui inspirer l'amour de Dieu, c'est-à-dire l'amour d'une entité chimérique et arbitraire, d'une personnalité vague et fantaisiste qui n'est que l'idéalisation du moi, c'est-à-dire l'amour de soi-même, un amour fait d'égoïsme et d'orgueil; mais l'amour de la liberté et l'amour du travail, par lesquels il se respectera lui-même et il respectera son prochain, par lesquels les droits et les devoirs de chacun seront établis sur une base positive de laquelle jailliront la paix, l'harmonie et la fraternité, sans lesquelles les destinées humaines se partagent entre le despotisme d'une part, et le servilisme de l'autre, sans lesquels l'homme, voué au mal, poursuivra vainement un bonheur impossible.

La mise en pratique des diverses solutions par lesquelles j'ai cherché à résoudre les problèmes partiels de la destinée humaine, je la déclare moi-même utopique et irréalisable, si je suppose que la société soit encore imprégnée de préjugés aristocratiques ou religieux; mais, dans un milieu démocratique, socialiste et libre-penseur, dans un monde libéré de toute pression extérieure, où les consciences obéissent à la loi de leur expansion normale et spontanée, où les intelligences se déploient dans la science et dans la vérité comme les consciences dans la connaissance du bien, il ne peut me venir aucun doute sur sa réalisation, parce que je considère le socialisme démocratique et la Libre-Pensée comme fondés sur une base de vérité, de morale et de justice assez pure et assez solide pour défier les attaques de l'esprit du mal.

Je n'ajouterai rien à ce qui précède. Je pense qu'il est bon de ne pas alourdir, par des considérations accessoires dont il me serait facile de multiplier le nombre, la perspective majeure que je viens de vous faire envisager. Pour coucher sur le sol l'ennemi le plus redoutable, le colosse le plus vigoureux, une seule balle suffit, pourvu qu'elle soit bien dirigée et qu'elle atteigne l'adversaire au cœur. Mon seul souci est la crainte où je suis que mon insuffisance dans l'art d'écrire, sur laquelle je ne me fais aucune illusion, puisque je sais que rien ne s'improvise, et que les forces actives de ma vie ont été employées à l'accomplissement des devoirs d'une carrière de marin, d'une vie toute d'action, n'ait été funeste à la grandeur du sujet que j'ai osé traiter. Si le lecteur peut faire abstraction des défauts d'exécution de mon exposé, et arriver jusqu'à la pensée qui m'occupe, sans avoir égard aux imperfections d'argumentation ou de style qui la déparent, il trouvera peut-être, dans les pages qui précèdent, quelques arguments de nature à lui prouver qu'il est temps, pour les groupes de libres-penseurs, de travailler, de s'unir, de prendre des résolutions viriles, des déterminations propres à faire jouer à la Libre-Pensée le rôle qui lui appartient dans le monde moderne et dans la société de l'avenir.

JEAN-PAUL CÉE.

Documents manquants (pages, cahiers...)

NF Z 43-120-13

www.ingramcontent.com/pod-product-compliance
Ingram Content Group UK Ltd.
Pitfield, Milton Keynes, MK11 3LW, UK
UKHW020324230726
13925UKWH00002B/613